텃밭
농사
무작정 따라하기
2편

텃밭 농사 무작정 따라하기 2편

초판 발행 · 2023년 3월 2일

지은이 · 심철흠
발행인 · 이종원
발행처 · (주)도서출판 길벗
출판사 등록일 · 1990년 12월 24일
주소 · 서울시 마포구 월드컵로 10길 56(서교동)
대표전화 · 02)332-0931 | **팩스** · 02)322-0586
홈페이지 · www.gilbut.co.kr | **이메일** · gilbut@gilbut.co.kr

기획 및 책임편집 · 이지현(lee@gilbut.co.kr)
제작 · 이준호, 손일순, 이진혁, 김우식 | **마케팅** · 정경원, 김진영, 최명주, 김도현, 이승기
영업관리 · 김명자 | **독자지원** · 윤정아, 최희창

디자인 · 장기춘 | **교정교열** · 안종군 | **전산편집** · 김정미
CTP 출력 및 인쇄 · 예림인쇄 | **제본** · 예림제본

ISBN 979-11-407-0348-7 13320
(길벗 도서번호 070407)

정가 32,000원

독자의 1초까지 아껴주는 길벗출판사

(주)도서출판 길벗 | IT교육서, IT단행본, 경제경영서, 어학&실용서, 인문교양서, 자녀교육서 www.gilbut.co.kr
길벗스쿨 | 국어학습, 수학학습, 어린이교양, 주니어 어학학습, 학습단행본 www.gilbutschool.co.kr

텃밭농사
무작정 따라하기

2편

베테랑 농부의 텃밭 농사
완벽 가이드

심철흠 지음

길벗

프롤로그

'농사는 자식을 키우는 일과 같다', '쌀 한 톨을 얻기 위해서는 무려 88번의 손길이 닿아야 한다'라는 말이 있습니다. 농사를 지을 때는 많은 정성을 기울여야 한다는 것을 비유적으로 이르는 말입니다. 이러한 측면에서 볼 때 농사는 생계를 유지하거나 먹거리를 생산하는 것 이상의 의미가 있습니다.

지인들이나 친구들이 가끔 저에게 "본전도 안 나오는 농사를 뭐 하러 힘들 게 짓느냐"라고 묻습니다. 심지어 "차라리 그 돈으로 사다 먹어라"라고 말하기도 합니다. 그러면 저는 "한번 지어 보세요"라고 대답합니다.

그들은 '농사가 힘들고 의지만으로는 되지 않지만, 돈으로는 따질 수 없는 기쁨이 있고 마음의 여유와 휴식을 준다'라는 사실을 알지 못합니다. 이런 사실을 글이나 말로 납득시킬 수는 없습니다. 농사는 책을 보거나 이야기를 듣고서는 제대로 이해할 수 없기 때문입니다.

저는 한때 평범한 직장인으로 농사에는 전혀 관심이 없었습니다. 쉬는 날에는 드라마나 사극을 보면서 무미건조한 시간을 보내곤 했습니다. 그러던 중 우연한 기회에 시작한 텃밭농사가 어느새 15년이 흘렀습니다. 지금에 와서 생각해 보면 제 인생에서 가장 잘한 선택인 것 같습니다.

10년이면 강산이 변한다고 했습니다. 길다면 길고 짧다면 짧은 세월이고 남들보다 몇 번 더 경험한 것에 불과한, 아직도 갈 길이 먼 초보 농부지만 그동안의 농사 경험을 바탕으로 이 책을 펴냅니다. 지식이 얕고 필력이 부족한 탓에 오류가 있을 수 있고 여러 환경 조건이 반영돼 있지 못하더라도 너그러운 마음으로 이해해 주시기 바랍니다.

이 책은 전문 농업인을 위한 것이 아니고 전문 지식이 담겨 있지도 않습니다. 하지만 이 책에는 처음 농사를 시작하는 사람이나 이미 농사를 짓고 있지만 생각만큼 잘 안 되는 사람들이 쉽게 따라 할 수 있도록 작물의 재배 과정이 참고가 될 만한 사진과 함께 수록돼 있습니다.

농사는 애를 키우는 것과 같아서 딱히 정해진 답이 없습니다. 재배 환경이 각기 다르기 때문입니다. 하지만 기본은 분명히 있습니다. 이 책이 농사를 지으면서 느꼈던 답답함을 조금이나마 해소해 줄 수 있는 안내서 또는 텃밭농사의 기쁨과 즐거움을 느끼고 작물 재배의 기초를 습득할 수 있는 입문서가 되기를 바랍니다.

끝으로 이 책이 나오기까지 수고해 주신 출판사 담당자 여러분과 함께 농사를 지으며 동고동락하는 전우(田友) 유현진, 윤기봉, 이창희, 이창호, 김미숙 그리고 깐부 농사꾼 장명숙, 권미경, 윤차원 님에게 깊은 감사를 전하며, 대한민국 모든 농부의 건승을 기원합니다.

2023년 3월

심철흠

차
—
례

셋째마당 3 농사 이모저모 044

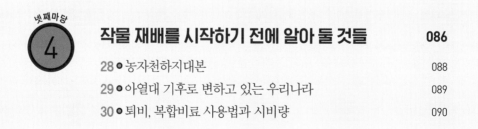

PART 2 | 고난이도 작물부터 수입 식물까지! 38종 작물 성공 재배법

넷째마당 4 작물 재배를 시작하기 전에 알아 둘 것들 086

다섯째 마당 5 · 푸르름 가득한 영양소 대장, 잎채소   098

여섯째 마당 6 · 수확의 기쁨, 열매채소   254

PART

1

FARM WORK

베테랑 농부의

15년 텃밭
노하우

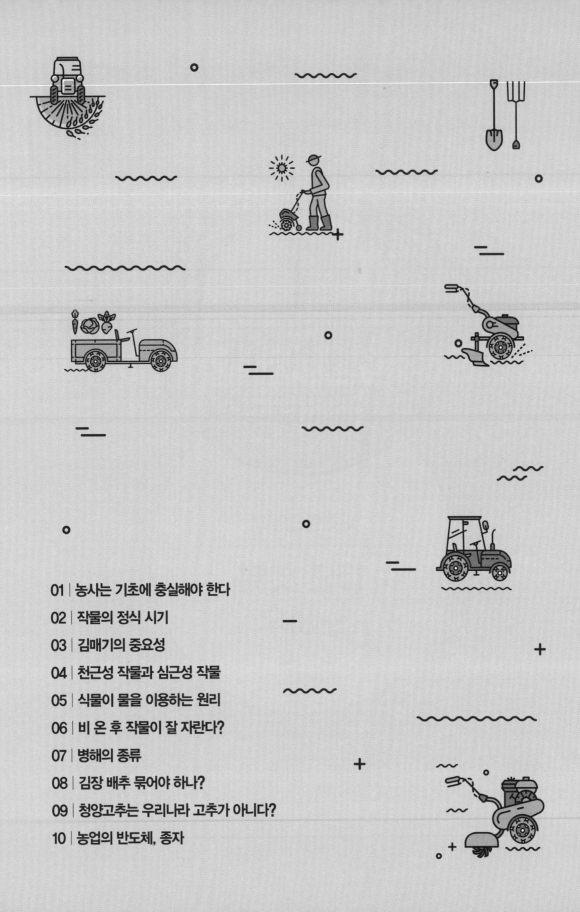

농사 기초 다지기

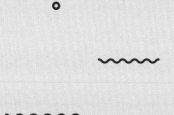

농사는 기초에 충실해야 한다

농사는 그해의 기후 및 재배 환경에 따라 예측 불가능한 변수가 생기지만, 어느 정도 기본은 정해져 있습니다. 그러려면 그 작물을 재배하는 데 필요한 지식을 갖춰야 합니다. 우선 심을 작물을 정한 후 토양에 퇴비와 비료를 투입해 밭을 갈고, 선택한 작물을 제때에 알맞은 간격으로 심고, 잘 자랄 수 있도록 알맞은 시기에 물을 공급하고 양분이 모자라지 않도록 비료도 줘야 합니다. 병이나 해충도 적절히 예방해야 합니다.

농약을 쓰지 않는 것이 농사의 목적은 아닙니다. 농약을 쓰지 않아도 될 여건을 만드는 것이 중요합니다. 이 중 가장 중요한 것은 '땅을 살리는 일'입니다. 이것이 바로 '농사의 정석'입니다. 땅은 하루아침에 좋아지지도 나빠지지도 않습니다. 꾸준히 농사의 기초를 다져 나가야 우리가 원하는 토양을 갖게 됩니다. 농사는 기초에 충실해야 합니다. 좋은 농사꾼에게 나쁜 땅은 없습니다. 하농(下農)은 잡초를 기르고 중농(中農)은 작물을 기르고 상농(上農)은 땅을 기릅니다.

작물의 정식 시기

작물의 정식 시기

흑인들의 운동 신경은 유난히 뛰어납니다. 그래서인지 대부분의 운동에서 선두를 유지합니다. 그러나 유명한 흑인 등산가는 없습니다. 또한 동계 스포스에서도 좋은 성적을 내지 못합니다. 동계 스포츠가 활성화되지 못하는 지리적 여건도 있지만, 추울 때 몸 자체가 적응되지 않는 이유가 더 큽니다. 농사도 이와 비슷합니다. 서리(추위)에 강해 일찍 심어도 되는 작물이 있는 반면, 서리에 약해 5월에 심어야 하는 작물도 있습니다. 꼭 구분해서 심어야 합니다. 추위에 강한 작물은 각종 상추류를 비롯한 치거리, 로메인, 오크린 등 쌈채류 작물과 완두, 파, 미나리, 당귀, 감자 등이 있습니다. 반면, 서리에 약한 작물은 고추, 토마토, 오이, 호박, 야콘이 있습니다. 추위에 더 약한 수박, 참외 고구마는 제일 나중에 심어야 합니다.

봄 농사는 조금 게으르게, 가을 농사는 조금 부지런하게!

03 김매기의 중요성

실험실 직원이 우장춘 박사에게 "장 마나 태풍 등 큰 비 끝에 가장 서둘 러야 할 일은 무엇입니까?"라고 묻 자 우 박사는 전 직원에게 호미를 들 고 모이게 한 후 풀을 매면서 땅을 두드리게 했다는 일화가 있습니다. 큰 비가 오면 빗방울이 흙에 떨어지 는데 이때 흙 알갱이가 튀면서 작물 에 묻습니다. 또한 물길이 만들어지 면서 흙을 쓸어 내리기도 하고 비가

김매기

그치면 흙이 굳고 피막이 만들어져 작물의 뿌리 호흡에 장해를 줍니다. 이를 두드려 토 양을 깸으로써 뿌리 호흡을 도와 작물 생육을 촉진시켜야 합니다. "비 온 뒤 땅이 굳는 다"라는 속담도 있습니다. 농사에 있어 흙은 부드러워야 합니다. 김매기는 풀을 제거하 는 목적도 있지만, 작물 사에에 굳어진 겉흙을 부숴 공기가 잘 통하고 수분이 잘 유지될 수 있도록 하는 목적이 더 큽니다.

천근성 작물과 심근성 작물

천근성 식물　　　　　심근성 식물

출처: 제이아그로

작물은 뿌리의 발달 여부에 따라 천근성 작물과 심근성(직근성) 작물로 구분할 수 있습니다. 천근성 작물은 대파, 오이, 딸기, 블루베리, 감자, 고추 등과 같이 뿌리가 길게 뻗지 못하고 지표면 근처에서 옆으로 뻗는 작물을 말합니다. 이런 작물의 공통점은 키가 작거나 덩굴을 뻗어 감고 올라간다는 것입니다. 따라서 천근성 작물은 얕게 심고 토양이 쉽게 건조해지기 때문에 가뭄에 약합니다. 물은 한 번에 많이 주기보다는 자주 여러 번 주는 편이 좋습니다. 반면, 심근성 작물은 무, 당근, 가지, 옥수수, 콩, 고구마, 호박 등과 같이 뿌리를 땅속 깊이 뻗는 작물을 말합니다. 심근성 작물은 천근성 작물에 비해 밭은 깊게 갈고, 깊게 심고, 물은 한 번 줄 때 흠뻑 줍니다.

식물이 물을 이용하는 원리

식물은 어떻게 물을 흡수할까요? 대부분 식물의 뿌리에서 물을 흡수한다고 생각할 것입니다. 사람처럼 입이 있는 것도 아니고 뿌리에 모터가 달린 것도 아닌데 말입니다. 식물이 물을 이용하는 원리는 2가지로 나눠 볼 수 있습니다.

물은 농도가 짙은 곳으로 옮겨간다

세포는 눈으로 볼 수 있을까요? 볼 수 있습니다. 달걀이 하나의 세포이며 속껍질이 세포막입니다. 이는 과거 초등학교 자연 책에서 본 내용으로, 달걀 속 껍질로 용기 가운데에 칸을 만들고 그중 한곳에 물을 부으면 물은 세포막을 통과해 수평을 이룹니다. 다시 한쪽에 설탕이나 소금물을 넣으면 이 물은 세포막을 통과하지 못하고 농도가 옅은 다른 칸의 물이 옮겨와 물의 높이가 높아집니다. 이런 원리로 뿌리 내의 농도에 의해 밖의 수분을 흡수하는데(정확히는 수분이 옮겨 옴), 이때 물에 녹아 있는 비료분도 함께 흡수합니다. 결국 삼투압에 의해 수분이 이동해 식물에게 이용됩니다.

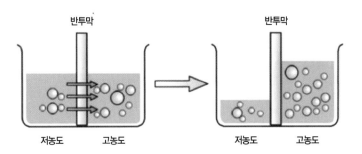

삼투압 현상

수분 증발

잎 뒤편에 있는 기공을 통해 호흡을 하면서 수분 증발이 이뤄지고 수관부를 통해 뿌리 끝까지 연결돼 뿌리 끝에서 수분을 흡수하는 힘이 생깁니다. 여기서 중요한 사항은 비료를 과하게 시비하면 수분을 빨아들이지 못하고 오히려 식물 체내의 수분이 빠져나가는 역삼투압 현상이 일어나 작물의 속잎이 우산처럼 되고 끝이 타는 현상이 종종 생깁니다. 이때의 응급 조치는 물을 흠뻑 주어 짙은 비료분을 묽게 해 주는 것입니다.

배추를 소금물에 담그는 것은 삼투압을 이용해 배추 자체의 수분을 빼내는 방법입니다. 배추 내부의 수분보다 바깥의 농도가 높아 배추 내부의 수분이 빠져 나가게 되기 때문입니다. 미국 캘리포니아 레드우드 국립 공원에는 높이가 115m인, 세계에서 제일 큰 나무가 있습니다. 이 나무 역시 삼투압으로 수분을 이용합니다.

비 온 후 작물이 잘 자란다?

지구를 둘러싸고 있는 공기 중의 약 79%가 질소입니다. 그러나 식물은 이 질소를 직접 이용하지 못합니다 (콩과 식물은 예외). 만약, 모든 식물이 이 질소를 직접 이용할 수 있다면 질소 과잉 현상이 일어날 것입니다. "천둥 번개가 심한 해는 풍년 든다" 라는 속담이 있습니다. 비 온 후 밭에 나가 보면 작물이 부쩍 자라 있는 것을 볼 수 있습니다. 수돗물이나 지

비 오는 텃밭

하수를 주는 것과는 확연한 차이를 보입니다. 그 이유는 바로 빗물에 질소 성분이 함유돼 있기 때문입니다. 비가 내릴 때 공기 중에 있는 질소가 번개로 인해 빗물에 합성됩니다. 우리가 볼 수 있는 번개도 있지만, 눈에 보이지 않는 미세한 번개가 더 많습니다. 필자는 "물을 100번 주는 것보다 비 한 번 오는 게 낫다"라는 말에 100% 동의합니다.

병해의 종류

아파서 병원에 가면 의사는 눈을 들여다 보고 입도 벌려 보고 열과 혈압도 체크해 봅니다. 사람의 얼굴빛이 유난히 검은색이면 먼저 간(肝)을 의심해 봐야 합니다. 얼굴이 누렇다 못해 노랗게 되는 것을 '황달'이라고 하는데, 이 역시 간의 건강이 나쁘기 때문입니다. 물론 이런 방법으로 모든 병을 진단할 수는 없지만, 의사는 어느 정도 압니다. 농사도 마찬가지입니다. 사람이 아픈 것처럼 식물도 병에 걸립니다. 식물의 잎은 사람의 얼굴과 같습니다. 영양이 부족해도, 물이 부족해도, 병이 들어도 잎에 병증이 나타나며 이후 열매에도 나타납니다. 병에 걸린 식물은 잘 자라지 못할 뿐 아니라 일부가 고사하거나 식물 전체가 고사하는 등 정상적인 생육이 어려워집니다. 병해에는 곰팡이성(진균), 세균성(박테리아), 바이러스성이 있으며 그 특징은 다음과 같습니다.

곰팡이성 병해(전체 병해의 살균제 계열 약제 사용)

곰팡이성 병해의 공통적인 특징은 공기 중을 떠돌다가 조건이 맞으면 그곳에서 기생한다는 것입니다. 곰팡이가 기생하기 좋은 곳으로는 햇볕이 들지 않고 바람이 통하지 않는 곳, 습기가 많은 곳이며 잎과 줄기 열매, 심지어 뿌리에도 기생합니다. 살아 있는 식물에 기생하거나 심지어 죽게 만들어 양분을 섭취합니다. 봄, 가을보다 주로 여름철에 기승을 부립니다. 대표적인 곰팡이성 병해에는 녹병, 흰가루병, 잿빛곰팡이병, 노균병, 탄저병, 균핵병 등이 있습니다. 흰가루는 오이, 참외, 멜론, 수박, 호박 등 박과 작물에서 많이 발생합니다. 특히, 오이나 참외 등은 흰가루만 잡아도 농사를 다 지었다고 할 정도로 피해가 큽니다. 잿빛곰팡이병은 딸기에서 가장 골치 아픈 병 중 하나로, 기온이 내려가고 습할 경우에 많이 발생합니다. 곰팡이성 병해 중 가장 극복하기 힘든 병해는 '탄저'입니다. 대부분 고추에 발병하는데 고온다습한 장마철에 유독 발병률이 높습니다.

곰팡이성 병해, 탄저병

세균성 병해(항생제 계열 약제 사용)

비바람과 같은 자연재해나 벌레 등에 의한 상처를 통해 발병하는 경우가 많으며 고온다습한 조건에서 급속히 확산하는 경향이 있습니다. 고추나 가지에 발병하는 풋마름병(시들음병 청고병)과 역병, 감자나 고구마에 발병하는 더뎅이병, 뿌리혹병, 뿌리가 물러 썩어버리는 무름병 등이 있습니다.

세균성 병해, 무름병

바이러스성 병해(약제가 없음)

바이러스 병해는 걸리면 약이 없다고 할 정도로 그 피해가 큽니다. 농작물에 발병하는 바이러스는 주로 진딧물, 총채나방, 응애 등 곤충과 바이러스에 감염된 종자에 의해서도 감염됩니다. 따라서 원인을 제공하는 매개충을 방제하거나 종자 소독 후 파종하는 것 말고는 마땅한 대안이 없습니다. 현재 바이러스성 병해에는 박과류에 발생하는 오이녹반모자이크바이러스(CGMMV), 배추와 무에 발생하는 순무모자이크바이러스(TUMV), 토마토반점위조바이러스(칼라병) 정도가 알려져 있습니다. 감염 여부는 색의 변화, 생육 이상, 식물체 또는 조직 변형 등으로 판단할 수 있는데, 육안으로는 판단이 어려운 병해입니다.

토마토반점위조바이러스(TSWV)에 의한 피해 증상

김장 배추 묶어야 하나?

카페나 블로그에 해마다 반복되는 질문 중 하나입니다. 묶으려고 하는 이유를 물어보면 "날 추워지기 전에 속이 안 찰 것 같아서"라고 대답합니다.

그럼 저는 '이 배추들을 묶어야 할까요?'라고 재질문합니다. 함께 생각해 봅시다. 저 배추들을 묶어야 할까요? 대량으로 배추를 심는 전업 농가에서도 배추는 묶지 않습니다. 배추는 된서리가 오고 날이 추워져 동해의 염려가 있을 때 추위를 견디라고 묶어 줍니다. 오히려 일찍 묶으면 햇볕을 덜 받아 속이 덜 차게 됩니다. 김장 배추는 묶지 않아도 반드시 결구됩니다.

묶어야 속이 찬다=꼰대, 묶지 않아도 속이 찬다=신세대, 글쎄?=쉰세대

배추는 묶지 않아도 결구된다.

청양고추는
우리나라 고추가 아니다?

매운맛을 지닌 청양고추의 국적은 어디일까요? 청양고추는 1983년 국내 종묘사인 중앙종묘에서 태국의 고추와 제주도 고추를 교배해 개발했습니다. 당시 경북 청송군과 영양군 일대에서 임상 재배에 성공했으며 현지 농가의 요청으로 청송의 '청(靑)' 자와 영양의 '양(陽)' 자를 따서 '청양고추'가 된 것입니다. 그러나 1997년 외환 위기 때 중앙종묘가 미국 몬산토에 매각되면서 더 이상 청양고추는 우리나라 종자가 아니게 됐습니다. 참으로 애석한 일이 아닐 수 없습니다. 그뿐 아니라 1998년 당시 업계 1위로 우리나라 종자 산업을 대표했던 홍농종묘는 멕시코의 세미니스, 1997년 당시 업계 2위였던 서울종묘는 스위스계 노바티스, 4위였던 청원종묘는 일본 사카다종묘에 각각 매각됐습니다. 종묘사와 함께 종자의 주권도 넘어간 것입니다. 선진국은 미래에 발생할지 모르는 식량 전쟁에서 주도권을 선점하기 위해 발빠르게 움직이고 있습니다. 우리가 모르는 사이 '총성 없는 전쟁'이 벌어지고 있는 것입니다.

연도별 국내 종자 수출입액 (단위: 만 달러)

연도	2014	2015	2016	2017
종자 수출액	4,001	4,695	5,403	5,854
종자 수입액	12,148	11,369	11,189	11,589

자료: 농림축산식품부

농업의 반도체, 종자

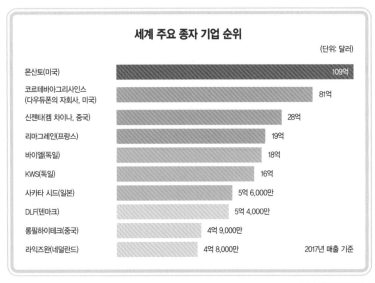

세계 주요 종자 기업 순위

(단위: 달러)

기업	매출
몬산토(미국)	109억
코르테바아그리사인스 (다우듀폰의 자회사, 미국)	81억
신젠타(켐 차이나, 중국)	28억
리마그레인(프랑스)	19억
바이엘(독일)	18억
KWS(독일)	16억
사카타 시드(일본)	5억 6,000만
DLF(덴마크)	5억 4,000만
롱필하이테크(중국)	4억 9,000만
라익즈완(네덜란드)	4억 8,000만

2017년 매출 기준

자료: 아그로 페이지스

IMF 때 금융사와 대기업들이 줄도산의 위기에 직면했을 때 나라를 국민 세금과 금 모으기로 살려 냈던 일을 기억하는 사람이 많을 것입니다. 하지만 우리는 종묘사에 별 관심이 없었습니다. 종묘사가 외국 기업에 넘어가면 종자의 주권도 함께 넘어간다는 사실을 간과했고 종자가 무기가 돼 돌아온다는 사실을 아는 사람도 많지 않았습니다. 우리나라는 지금 그 대가를 혹독하게 치르고 있습니다. 한때 우리나라 종자였던 농산물을 먹을 때마다 돈을 내고 있는 것입니다. 2006년부터 2015년까지 다른 나라에 지급한 종자 로열티는 1,457억 원에 달합니다. 반면, 한국이 해외에서 벌어들인 로열티는 고작 9억 5,000만 원에 불과합니다. 정말 안타까운 일이 아닐 수 없습니다.

하지만 이러한 상황에도 불구하고 우리 민족은 자생력을 키워 나가고 있습니다. 그 대표적인 예로 딸기를 들 수 있습니다. 지난 2000년대 초반까지만 해도 국내에 유통되는 딸기의 대부분은 일본산 품종이었습니다. 하지만 종자 개발을 거듭한 끝에 뛰어난 맛과 당도를 자랑하는 국산 딸기 '설향'이 개발됐고 보급률도 90%대를 넘어섰습니다. 종자 전쟁에서 역전승을 거둔 셈입니다. 이로써 국산 딸기 품종이 일본 품종을 압도하게 됐고 거액의 종자 로열티를 일본 측에 지급해야 할 필요도 사라졌습니다. 농사의 시작은 바로 '종자'입니다.

출처: 국립원예특작과학원

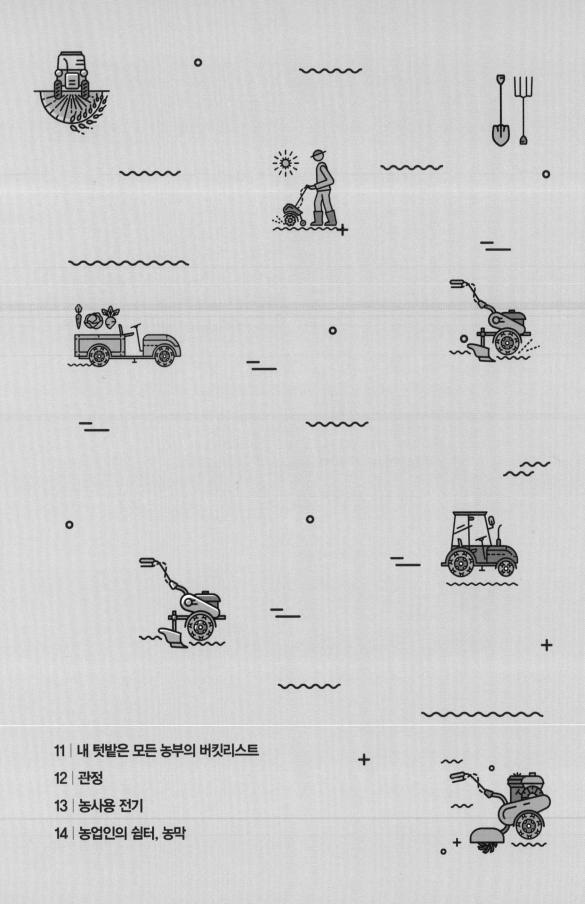

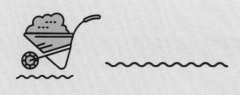

둘째마당

내 텃밭에서
농사짓기

내 텃밭은 모든 농부의 버킷리스트

내 텃밭에서 누구의 간섭도 받지 않고 눈치를 보지 않으며 마음껏 농사를 지어 보는 것은 모든 텃밭 농부들의 로망일 겁니다. 전·월세를 살면서 내집을 마련하고 싶은 경우와 같다고 할까요? 언젠가 그날이 왔을 때를 상상하면서 농지 매입 시 알아야 할 것과 어떤 행정적인 절차를 거쳐야 하는지 간단하게 알아보겠습니다.

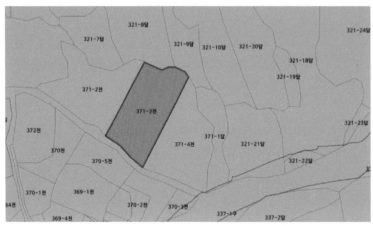

지적도

농지는 매입 시 면밀하게 따져보고 결정해야 합니다. 땅값이 한두푼하는 게 아니니까요. 농지를 매입하려면 어느 정도 지식을 갖춰야 하는데 이게 쉽지가 않습니다. 부동산용어가 농사 용어만큼 복잡하고 이해하기도 어렵기 때문입니다. 우선 토지의 이용 형태를 알 수 있는 지목이라는 용어가 있습니다. 농사를 지을 수 있는 지목은 크게 전(田), 답(畓), 과수원, 임야 등이 있습니다. 지목은 개인이 바꿀 수 있습니다.

용도 지역이라는 용어도 있습니다. 용도 지역은 「국토의 계획 및 이용에 관한 법률」에 의해 전국의 모든 토지를 도시 지역, 관리 지역, 농림 지역, 자연 환경 보전 지역으로 구분합니다. 용도 지역은 개인이 바꿀 수 없으며 중앙 정부에서만 바꿀 수 있습니다. 더욱이 당장은 길이 있는 것처럼 보이지만, 다른 사람의 땅을 거쳐 들어가야 하는 맹지 여부 등 알아야 할 것이 제법 많습니다. 그래서 땅을 살 때는 전문가의 도움을 받는 것이 좋습니다. 다만, 내가 사고자 하는 땅의 지목, 농가 주택을 지을 수 있는 곳인지, 맹지 여부 정도는 알고 사야 하겠지요? 이 책에서는 농사가 목적인 만큼 어떤 농지를 구입해야 손해가 없는지, 어떤 농지를 구입해야 돈이 되는지, 어떤 농지가 좋은 농지인지는 거론하지 않겠습니다.

농지 취득(매입)하기

농지 취득 절차
농지 취득 자격 신청서 + 농업 경영 계획서 제출 → 농지 취득 증명원 발급 → 등기(농지 취득 증명원 제출)

농지를 살 때는 내가 감당할 수 있는 적절한 크기의 텃밭이 좋습니다. 부부가 함께 농사를 지을 경우, 100~300평 규모가 적절합니다. 하지만 300평 이상을 경작하지 않을 경우, 농업인 자격을 받을 수 없다는 불리함은 감수해야 합니다. 농지는 보통 부동산을 통해 사게 되는데, 소유권 이전 등기를 마쳐야 내 땅이 됩니다. 등기는 절차가 복잡하기 때문에 대부분 법무사에게 맡깁니다.

농지 취득 자격 증명원

농지를 취득하기 위해서는 가장 먼저 농지 취득 자격 신청서와 농업 경영 계획서를 함께 제출해 농지 취득 자격 증명원(농취증)을 발급받은 후 등기 서류에 원본을 제출해야 내 명의의 땅이 됩니다.

발급 신청은 '농지 소재지'의 시·군·구·읍·면 사무소를 방문하거나 인터넷으로 신청할 수 있습니다. 신청은 절차가 어려울 수 있어서 대부분 부동산의 도움을 받습니다.

① 농지 취득 자격 신청서

농지 취득 자격 증명원은 신청만 하면 농사를 지을 수 없는 미성년자나 노약자를 제외하고 누구에게나 발급해 줍니다. 다만, 지목이 농지이더라도 농사를 지을 수 없는 농지인 경우에는 발급이 거절됩니다.

② 농업 경영 계획서 제출

농업 경영 계획서는 취득할 농지의 내역을 기재하고 재배 작물과 영농 착수 시기를 적으면 됩니다. 재배 작물란에는 콩, 고추, 감자, 배추 등 많이 있어도 내가 제일 주력하는 작물 하나만 적으면 됩니다. 이때 영농 착수 시기 등은 농작물의 재배 상황에 맞게 적어야 합니다. 한겨울에 벼농사를 한다고 적으면 안 되니까요. 신청서를 제출한 후 심사를 거쳐 '농지 취득 자격 증명'이 발급됩니다. 이 원본을 등기 서류와 함께 제출해야 내 명의의 땅이 되는 것입니다. 다만, 농지 취득 후 주의해야 할 점이 있습니다. 정당한 사유 없이 땅을 놀리면 공지지가의 25%의 벌금(이행 강제금)을 매년 물어야 한다는 것입니다. 따라서 농지 취득자가 농사를 짓는 것이 원칙이지만 부득이 농사를 짓지 못할 경우 임대를 줘서라도 땅을 놀리지 말아야 합니다.

농지대장 등록

농지대장은 행정 관서에서 농지의 소유나 실태를 파악해 효율적으로 관리하기 위해 작성하는 장부를 말합니다. 농부의 입장에서는 '농사 자격증'이라고 할 수 있겠습니다. 참고로 2022년 4월 15일부터 농지법 시행령 규칙 개정에 따라 명칭이 농지원부에서 농지대장으로 변경됐으며 주요 개선 사항은 다음과 같습니다.

변경 내용	2022. 4. 15.(이전)	2022. 4. 15.(이후)
명칭	농지원부	농지대장
작성 기준	농업인(세대)	농지 필지(지번)
작성 대상	303평 이상인 농지	모든 농지(면적 제한 폐지)
관할 행정청	농업인 주소지	농지 소재지

① 대상

농지대장은 면적에 관계없이 모든 농지를 대상으로 합니다. 신청 당시 농사를 짓고 있어야 하며 뭐라도 심어져 있어야 합니다. 간혹 농한기인 겨울철에 신청을 하게 경우가 있는데, 이때는 밭에 아무것도 심어 있지 않아 경작 여부를 확인할 수 없으므로 등록이 안 됩니다. 따라서 겨울철에는 가급적 신청하시 않는 것이 좋습니다. 통상 매년 5월 이후에 만들어집니다.

② 농지대장 발급 기관

농지대장은 '농지 소재지'에 신청합니다. 농지가 있는 곳의 담당자가 현장 확인을 꼭 하기 때문에 거짓으로 농사를 지어서도 안 되며 원칙적으로는 남이 아닌 본인이 지어야 합니다.

농업경영체 등록

농지대장은 농지 소유주, 면적, 지목 등 농지와 관련된 기록이라면, 농업경영체는 농업인에 대한 기록이라고 할 수 있습니다. 농업경영체 등록을 하는 이유는 각종 지원 사업이나 보조금을 받을 수 있기 때문입니다. 농업경영체 등록은 의무 사항이 아닙니다. 등록하지 않았다고 해서 불이익을 받는 일은 없습니다.

농업경영체 등록 자격은 다음 3가지 중 하나만 해당하면 신청할 수 있습니다.

1. 농지 면적 303평 이상(303평 이하의 농지는 해당 없음)
2. 연간 농산물 판매 120만 원 이상
3. 연간 90일 이상 농업 종사자

농업경영체 등록 서류: 1. 신청서 2. 경작을 증명할 수 있는 서류

농업경영체 등록 신청은 주민등록 주소지 관할 '농산물품질관리원'에 신청서와 함께 경작을 증명할 수 있는 서류를 같이 제출합니다. 경작을 증명할 수 있는 서류에는 경작사실확인서나 농자재 영수증, 농산물 판매 영수증 등 추가로 증빙 가능한 서류를 첨부합니다. 판매를 목적으로 하지 않는 경우, '경작사실확인서'를 작성해 제출하는데 농지 소재지 이(통)장의 확인을 받거나 이(통)장의 확인을 받지 못했을 경우, 마을 주민 두 사람의 확인을 받아 제출해도 됩니다.

농업경영체 역시 담당자가 농사를 짓는지 여부를 확인하기 때문에 밭에 작물이 심어져 있어야 합니다. 따라서 겨울에는 신청하지 않는 것이 좋습니다.

농업경영체에 등록되면 다음과 같은 혜택이 있습니다.

1. 국민연금과 건강보험료 지원

2. 공적 직불금 혜택

3. 여성 농업인 생생 카드

4. 농지 취득 시 취·등록세 50% 감면

5. 농지전용부담금 면제

6. 양도세 100% 감면

7. 자경(자기 스스로 농사를 지음) 8년 후 농지 양도 시 양도 소득세 감면

8. 농기계용 면세유 구입 가능

9. 농지연금 가입 가능

10. 자녀 대학 장학금 우선 지원 대상자

11. 대출 시 등록세나 채권 면제

12. 단위 농협의 조합원에 가입 가능

13. 지자체에서 시행하는 지원 사업 신청

농협 조합원 가입

농협 조합원 가입에 앞서 농협이 어떤 기관인지 먼저 알아보겠습니다. 농협은 농업 생산력 증진과 농민의 경제적·사회적 지위 향상을 목적으로 농민들이 모여 출자한 생산자 단체입니다. 주변에서 흔히 볼 수 있는 농협은행, 하나로마트, 경제사업소 등이 있습니다. 초봄 논이나 밭 주위에 퇴비가 쌓여 있는 것을 볼 수 있습니다. 이 퇴비는 농협에서 조합원에게 저렴한 가격으로 공급하는 것입니다. 농협 조합원의 기본 혜택 중 하나입니다.

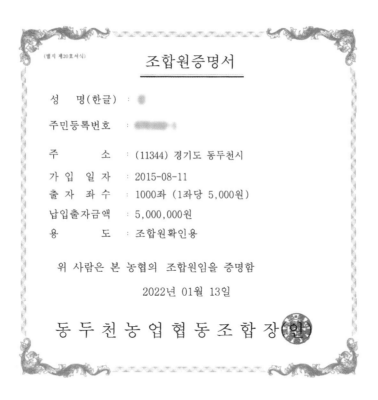

농협 조합원 자격

농협에서 정하는 자격 기준을 충족하는 사람만 출자금을 내고 조합원으로 가입할 수 있으며 각 지역의 특성에 따라 조금씩 차이가 있습니다. 조합원 가입은 '주민등록상 주소지 또는 농지 소재지 농협' 중 한 곳을 선택해 가입할 수 있습니다. 대부분 농지 소재지 농협에 신청합니다.

가입 준비 서류

농협 조합원에 가입하기 위해서는 반드시 1) 농지대장 2) 농업경영체 등록 확인서가 있어야 합니다. 위 2가지 서류와 신분증, 주민등록등본을 함께 준비해 주민등록상 주소지 또는 농지 소재지 농협은행에 신청하면 농협 이사회의 심의를 거쳐 가입 여부가 결정됩니다.

출자금 납부

가입이 확정된 후 200~5,000만 원 한도 내의 출자금을 내면 조합원 자격이 주어집니다. 농협은 이렇게 조합원들의 출자금을 기반으로 생산, 유통, 가공, 소비 금융 등 여러 가지 경제 사업을 운영해 얻은 수익금으로 출자금의 비율에 따라 배당합니다.

농협 조합원 혜택

농협 조합원은 다음과 같은 혜택이 있습니다.

1) 출자한 금액에 대한 이익 배당(은행 이자보다 높습니다)

2) 일반 대출 및 정책 자금 대출 시 우대 금리 적용

3) 영농 기술 교육 혜택 부여

4) 방역 관리 및 영농 기술 지도 지원

5) 조합원 자녀 장학생 선발 장학금 지원

6) 조합원 무료 건강 검진

7) 해외 연수 참여 지원

8) 부녀자 교육 혜택 부여

9) 명절 선물

10) 농업 관련 신문 보급

11) 경조사비 지급

12) 각종 조합 사업 참여 및 이용 혜택

농협 조합원 유지

농협에서는 매년 조합원 자격 유지 여부를 확인합니다. 또한 농지 소유 실태를 조사하기도 하고 농지대장의 제출을 요구하기도 합니다.

농지 매입은 전문가와 협의

구분	농지 취득(전)		농지 취득(후)		
	농지 취득 자격 증명	농업 경영 계획서	농지대장 등록	농업경영체 등록	농협 조합원 가입
관할 기관	농지 주소지 시·군·구(읍·면·동)		농지 주소지 시·군·구(읍·면·동)	주민등록 주소지 관할 국립농산물품질관리원	주민등록상 주소지 또는 농지 주소지 농협 중 선택
303평 이상	필수	필수	필수	선택(의무 아님)	선택(의무 아님) 가입 시 농업경영체 등록 필수
303평 이하	필수	필수	필수	해당없음	해당없음

농지원부라는 명칭이 농지대장으로 변경된 후 303평 이상에만 적용되던 농지원부 작성 의무가 모든 농지로 확대됐습니다. 또한 농지를 취득하려는 자의 농업 경영 의지, 실현 가능성, 직업, 영농 경력, 영농 거리를 의무적으로 기재해야 하며, 제출해야 하는 증명 서류도 구체화됐습니다.

그 밖의 지자체 담당자가 단독으로 농지 취득 자격을 심사하는 체계를 보완하기 위해 시·군·구·읍·면에 농지 위원회를 설치해 기존 농지 취득 자격 심사 제도 운영상에 나타난 미비점을 보완하고 필요시 투기 우려 지역, 농지 쪼개기 등에 대한 심사를 강화함으로써 투기를 목적으로 하는 농지 취득을 억제해 농지 거래가 실수요자 중심으로 활성화할 목적으로 농지 취득 자격 심사가 대폭 강화됐습니다. 농지 매입 시 신중하게 결정하고 전문가의 도움을 받을 것을 권장합니다.

12 관정

개울물을 농사에 이용

농사를 지으려면 반드시 물이 있어야 합니다. 밭에서 가까운 곳에 깨끗한 개울물이 없어 끌어다 쓸 수 없거나 수질이 나빠 농사에 적합하지 않는 경우, 지하수를 파야 합니다. 지하수를 파는 일을 '관정(灌頂)을 판다'라고 합니다(이하 관정이라고 하겠습니다). 관정을 팔 때는 장비를 갖추고 있는 허가된 업체에 의뢰합니다. 소공과 대공이 있으며 소공은 지하 30m, 대공은 100m를 기준으로 하며 '케이싱(casing, 파이프)'의 구경에도 차이가 있습니다. 물론 비용 차이도 크게 납니다. 지역에 따라, 업체에 따라 다르겠지만, 보통 소공은 150~200만 원, 대공은 800만 원 정도입니다. 대공은 대규모로 농사를 짓거나 식품의 세척, 축사 등에서 사용하며 소공은 소규모 텃밭에서 주로 사용합니다. 다만 파고자 하는 곳에 지하수가 모자라는 농지는 대공을 파거나 경우에 따라 포기를 해야 합니다.

관정을 파는 모습

농·어업 용수	1일 양수 능력 150톤(토출관 지름 50mm) 초과	허가
	1일 양수 능력 150톤(토출관 지름 50mm) 이하	신고

관정을 판 후에는 관할 시·군에 신고 또는 허가를 받아야 합니다. 신고 대상 시설인데도 신고하지 않은 경우, 「지하수법」 제39조에 의거 350만 원 이하의 과태료 처분을 받을 수도 있습니다. 신고 절차가 어려울 수 있으므로 시공 업체에 맡기는 것이 좋습니다.

농사용 전기

농사용 관정을 판 후 양수기를 설치하고 양수기를 가동하려면 전기가 있어야 하겠죠? 그럼 지금부터 전기를 끌어와 보겠습니다.

신청 절차

농사용 전기 신청은 농지 면적에 관계없이 신청할 수 있으며 한전내방, FAX, 우편 또는 인터넷으로 신청합니다. 필요한 서류는 신청서, 토지대장, 신청자의 주민등록등본이며 농지대장은 필요하지 않습니다. 통상 지역의 전력업체에서 알아서 해 줍니다. 시설 비용은 지역에 따라 다르지만, 40~60만 원 정도이고 기본 거리 200m 초과 시 또는 근처에 전주가 없을 시 추가 비용이 발생할 수 있습니다.

(요금: 2022. 12. 31. 기준)

용도 구분	농사용(갑)	농사용(을)
	논농사	밭농사
적용 전력(계약전력)	3kW 이상	3kW 이상
수전 전압	저압 전력	저압 전력
		고압 전력
kW당 기본 요금(원)	360	1,150
kW당 기본 요금(원)	21.6	39.2
검침	연 2회(11월, 3월)	매월 검침

농사용 전기의 종류

현재 농사용 전기에는 갑과 을이 있습니다. 농사용(갑)은 논농사용 전기, 농사용(을)은 밭농사용 전기이며 양수기, 작물 보온을 위한 난방, 탈곡기, 건조기 등 농사와 직접적인 연관이 있어야 합니다. 용도를 벗어난 전기 사용은 부정 사용으로 과징금(벌금)을 물게 될 수도 있습니다. 만약 밭에서 시원한 물을 먹으려고 냉장고를 가동하거나 선풍기를 돌린다면? 원칙적으로는 농사와 직접적인 연관이 없으므로 부정 사용으로 간주합니다.

적용 전력(계약 전력)

사용할 전기량을 미리 예측해서 신청합니다. 설치 비용이 다르기 때문에 사용할 전력을 잘 산출해야 합니다. 예를 들어 양수기, 난방기, 고추 건조기를 사용해야 할 경우, 그에 맞는 전력을 산출해서 모자라지 않는 용량을 신청해야 하며 추후 증설 시 추가 비용이 발생합니다. 1톤 화물차를 샀는데 실어야 할 짐이 많아 더 큰 차가 필요한 경우라고 할 수 있습니다. 잘 모를 경우 시설 업체에 문의하면 알맞은 전력을 알려 줍니다. 참고로 통상적인 가정용 계약 전력은 3kW이며, 고추 건조기 12 채반 건조 용량 100kg(생고추 기준)의 소비 전력은 3kW, 24 채반 건조 용량 200kg 소비 전력은 6kW 정도입니다.

수전 전압

(요금: 2022. 12. 31. 기준)

구분		기본 요금(원/kW)	전력량 요금(원/kW)	
갑		360	21.6	
을	저압	1,150	39.2	저압 전력
	고압 (A, B)	1,210	여름철	41.9
			봄철, 가을철	39.9
			겨울철	41.9

갑의 경우는 저압 전력에 해당하지만, 을의 경우는 고압 A, B가 있습니다. 저압 전력은 단상, 고압은 삼상으로, 전기가 많이 필요할 때 유리하며 요금 체계는 다소 다릅니다. 단상은 전압이 220V로 가정용 전기는 단상입니다. 반면, 3상은 380V이고 대부분 산업 현장에서 사용합니다.

기본 요금

농사용 갑의 기본 요금은 1kW당 360원, 을은 1,150입니다. 갑과 을의 기본 요금을 계산해 보겠습니다.

갑과 을의 계약 전력이 각 3kW인 경우, 갑의 기본 요금은 월 1,080원(360원×3kW), 을의 기본 요금은 월 3,450원(1,150원×3kW)이 됩니다.

단, 전기를 전혀 사용하지 않았을 경우, 기본 요금은 고시하지 않습니다.

사용 요금

농사용 갑은 1kW당 21.6원, 을은 39.2원입니다. 갑과 을의 월 사용량이 100kW인 경우, 갑의 사용 요금은 2,160원(21.6원×100kW), 을의 사용 요금은 3,920원(39.2원×100kW)이 됩니다.

그럼 각각의 기본 요금과 사용 요금을 합산해 보겠습니다.

(요금: 2022. 12. 31. 기준)

구분	농사용(갑)	농사용(을)	비고
기본 요금(3kW)	1,080	3,450	
사용량(100kW)	2,160	3,920	
부가세(10%)	324	737	원 미만 4사5입
전력 산업 기반 기금(3.7%)	119	272	10원 미만 절사
청구 금액	3,680	8,370	원 단위 절사

같은 용량의 전기를 사용했더라도 농사용(갑)과 농사용(을)의 요금 차이는 2배 이상 차이가 나는 것을 볼 수 있습니다. 한편 농사용(갑)은 농사의 특성상 한겨울에는 사용량이 없어야 합니다. 다른 용도로 사용 시 부정 사용으로 문제가 될 수 있습니다.

농업인의 쉼터, 농막

농막은 창고 용도 외에도 잠시 쉬거나 먼 거리에서 농사를 짓는 사람들이 머물면서 간단한 취사나 샤워 시설 설치 등 임시 주택과 같은 시설물입니다. 최근 들어 텃밭 농사 인구가 증가하면서 컨테이너나 럭셔리한 이동식 주택 등으로 고급화되고 있습니다.

농막은 $20m^2$(6평)까지는 신고 대상이며 그 이상이면 건축물로 보아 허가를 받아야 합니다. 또한 농막을 주택으로 사용할 목적이라면 그에 따른 인허가 절차를 마쳐야 합니다. 즉, 건축 신고를 하고 사용 승인(준공)을 받아야 문제가 없습니다. 하지만 농사를 지으면서 창고처럼 사용하고 하룻밤 잘 정도라면 관할 시·군에 신고만으로 설치할 수 있습니다. 다만, 지역마다 설치 기준이 다르므로 반드시 확인해야 합니다.

그럼 농막에 농사용 전기를 사용해도 될까요? 안 됩니다. 농막에서는 농사용 전기가 아닌 주택용 전기를 사용해야 합니다. 물론 농막에 가전제품이 없으면 농사용 전기를 사용해도 되지만, 전기가 들어오면 전등, 선풍기, 냉장고 등을 안 쓸 수가 없습니다. 또한 전력업체에서도 용도에 맞지 않는 시설을 해 주지 않습니다. 결국 농사용과 농막용을 구분해서 사용해야 하는데 농사용 전기 사용량이 적을 경우 주택용 전기를 사용해도 부담이 없지만, 그 반대라면 2가지 전기를 모두 가설해야 하는 경우도 발생합니다.

농사
이모저모

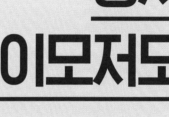

F2 종자 심어도 될까?

F1 종자는 부와 모의 우수한 형질이 유전되지 않기 때문에 후대를 기약하기 어렵습니다. 물론 F2 종자를 심었는데 별 문제가 없었다는 얘기를 접하기도 합니다. 그래서 제가 F1 종자를 심어 채종한 F2 종자를 심어 봤습니다. 품종은 A 종묘사의 '미니 단호박'과 '땅콩 호박'입니다.

A 종묘사의 미니 단호박 F1 종자를 심어 F2 종자를 채종한 후 두 포기 심었습니다. 발아 및 생육은 모두 정상적이었지만, 잎은 본래의 모습을 찾아볼 수 없었습니다.

미니 단호박(F1 종자의 잎 모습)

미니 단호박(F2 종자의 잎 모습)

열린 호박의 개수는 F1 종자와 비슷했지만, 전혀 예상하지 못한 모양과 크기의 열매가 달렸습니다.

미니 단호박(F1 종자의 열매 모습)

미니 단호박(F2 종자의 열매 모습)

이번에는 A 종묘사의 땅콩 호박 F2 종자를 채종해 두 포기 심었습니다. 발아 및 생육은 모두 정상적이었고 호박도 섞어 놓으면 구분하지 못할 정도로 F1 종자의 호박 모양과 같았습니다.

땅콩 호박(F2 종자의 열매 모습)

땅콩 호박(F2 종자의 열매 모습)

그럼 맛은 어떨까요? 정확성을 기하기 위해 같은 품종의 F1 종자를 심은 이웃 3명에게 제가 F2 종자를 심어 수확한 호박을 나눠 준 후 F1, F2 종자에서 수확한 호박을 같은 방법(같은 요리)으로 먹었을 때 식감, 맛, 당도로 나눠 평가를 부탁했습니다. 그 결과 F2 종자에서 수확한 호박이 F1 종자에서 수확한 호박에 비해 식감, 맛, 당도가 다소 떨어진다는 것을 확인할 수 있었습니다. 수치로 표현하면 80% 정도 되는 것 같습니다. 이로써 F2, F3 종자를 심는 건 모험이라는 것을 알 수 있습니다.

16 작물의 수정과 교잡

작물은 크게 잎채소, 열매채소, 뿌리채소로 나눌 수 있습니다. 이 중 열매 채소는 곤충 또는 바람에 의해 수정돼야 열매를 맺습니다. 이를 '타가 수정'이라고 합니다. 타가 수정을 하는 작물로는 호박을 비롯한 딸기, 참외, 수박, 옥수수 등을 들 수 있습니다. 반면, 매개충의 도움 없이도 열매를 맺기도 하는데, 이를 '자가 수정'이라고 합니다. 자가 수정을 하는 작물로는 오이를 비롯한 대부분의 작물을 들 수 있습니다. 호박의 타가 수정 과정을 살펴보겠습니다.

◀ 6월 19일
호박은 수꽃과 암꽃이 따로 피는데 암꽃에는 열매와 꽃봉오리가 같이 발생합니다.

◀ 6월 26일
열매가 커지면서 꽃봉오리도 함께 커집니다.

◀ 6/30일
꽃이 활짝 폈습니다. 이때 수정돼야 하는데 수정이 이뤄지지 않은 열매는 며칠 지나면 더 이상 자라지 못하고 떨어져 버립니다. 수정은 대부분 벌에 의해 이뤄집니다. 벌이 수꽃과 암꽃을 옮겨다니는 과정에서 수꽃에 있는 꽃가루가 암꽃에 묻게 되는 것입니다. 이를 수분(受粉)이라고도 합니다. 수정을 마친 암꽃은 꽃잎을 닫고 이후 시들어 버립니다. 그러나 모든 암꽃이 100% 수정되지는 않습니다. 이는 재배 환경 및 기후에 따라 달라집니다. 벌의 이동의 자유롭지 못한 고층의 옥상이나 베란다의 경우, 인위적으로 수꽃을 따서 암꽃에 묻혀 주거나 붓 등으로 꽃가루를 묻혀 줘야 하며, 노지의 경우 장마나 태풍 등 기상의 영향을 받기도 합니다. 또한 벌이 없는 겨울이나 이른 봄에 하우스에서 재배하는 전업 농가는 수정액을 뿌리거나 수정 벌을 이용하기도 합니다.

만약, 벌이 파업을 하거나 사라져 버린다면 어떤 일이 일어날까요? 상대성 이론으로 유명한 물리학자 알베르트 아인슈타인(Albert Einstein)은 "꿀벌이 사라지면 인류도 4년 내 지구상에서 사라지게 될 것"이라고 말했다고 합니다. 꿀벌의 존재는 꿀의 생산 이상의 중요한 의미를 갖습니다. 필자는 밭에 거미줄이 있으면 보이는 대로 없앱니다. 지나다니면서 거미줄을 뒤집어쓰는 게 싫은 이유도 있지만, 벌이 거미의 먹이가 되는 게 더 싫기 때문입니다. 벌은 인류에게 매우 고마운 곤충입니다.

정상적인 호박

교잡된 호박

그런데 벌이 고맙지 않을 때도 있습니다. 사진을 보면서 생각해 보겠습니다. 왼쪽 호박은 모양이 매우 예쁘죠? 그런데 오른쪽 호박은 뭔가 이상합니다. 과피가 울퉁불퉁한 게 징그럽기까지 합니다. 둘 다 같은 품종, 같은 씨앗인데 왜 그럴까요? 다른 종의 호박 꽃가루가 수정돼서 그렇습니다. 이를 '자연 교잡'이라고 하는데, 주 매개충은 '벌'입니다. 교잡 피해는 당해에 바로 나타나기도 하고 다음 대에 나타나기도 하는데, 교잡이 발생하면 본래의 형질을 회복하기 힘듭니다. 교잡은 자가 수정을 하는 작물에서 나타나기도 합니다. 제가 조선오이를 심은 적이 있었는데, 어느 해부터는 모양이 이상하게 되더군요. 바로 옆에 다다기 오이를 같이 심은 것을 원인으로 추정하고 있습니다. 일반 고추와 청양고추를 가까이 심으면 일반 고추가 청양고추만큼 매워지는 것을 볼 수 있습니다. 그럼 교잡을 피할 수 있는 방법은 없을까요?

격리 재배

교잡할 염려가 있는 것과 멀리 떨어진 곳에서 재배해 곤충에 의해 꽃가루가 혼입되는 것을 막는 방법이 있습니다. 그러나 나 홀로 두메산골로 들어가 농사를 짓지 않는 이상 현실성이 없는 방법입니다.

망실 재배

조류나 해충 등이 침입하지 못하게 망으로 둘러싸 곤충의 유입을 차단하는 방법입니다. 작물용 모기장이라고 생각하면 될 것 같습니다. 종자를 판매하는 종묘사에서 주로 사용합니다. 결국 소규모로 농사를 짓는 농부들이 자연 교잡을 피하기는 사실상 불가능합니다. 호박 몇 개를 따자고 격리 재배를 하거나 망실 재배를 할 수는 없는 노릇이니까요.

모기와 맞짱 뜨기

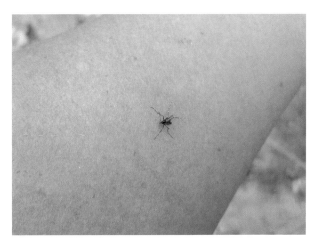

텃밭에서 흔히 볼 수 있는 모기

농사는 이른 봄부터 늦가을까지 계속 됩니다. 풀, 병충해, 더위와 싸워야 합니다. 이 세상에 농사만큼 힘들고 고된 일도 없을 것입니다. 가뜩이나 힘든 농사를 더욱 힘들게 하는 건 '모기'입니다. 모기는 지역마다 차이가 있지만, 7월이 시작되면서 기승을 부립니다. 죽기살기로 덤벼들어 무자비하게 흡혈하는데, 물린 자리는 죽을 만큼 고통스럽습니다. 필자의 밭에는 모기에 물렸을 때 바르는 모기약이 준비돼 있습니다. 그럼 모기에 물리지 않는 근본적인 방법은 없을까요? 필자는 그동안 여러 가지 방법을 사용해 봤습니다. 기피제를 몸과 옷에 바르거나 뿌려 보기도 했습니다. 하지만 땀을 많이 흘려야 하기 때문에 효과는 거의 없었습니다. 혹시나 해서 모기 퇴치 어플도 설치해 봤습니다. 물론 효과는 전혀 없었지요.

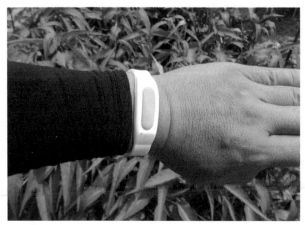

모기 퇴치용 팔찌

모기 퇴치용 팔찌도 사용해 봤습니다. 하지만 어이없게도 손등을 물리고 말았습니다. 요즘 말로 개빡치는 일이지요.

모기향 연소기(가격 1,000원)

그래서 한동안 모기에 물리지 않는 방법을 고민해야만 했습니다. 그러던 중 알게 된 것이 있습니다. 바로 '모기향 연소기'입니다. 시중에 여러 종류의 제품이 판매되고 있고 가격은 1,000원부터 만 원까지 다양합니다. 가격 대비 가성비가 이만한 게 없습니다. 현재 많은 농부가 사용하고 있습니다. 100% 물리지 않는다고 말할 수는 없지만, 거의 안 물립니다. 추천합니다.

모기향 연소기(가격 2,500원)

옷에 부착한 모기향 연소기

모기향 연소기는 모기향을 피운 후 연소기에 넣어 사용합니다. 몸을 계속 움직여야 하는 농사의 특성상 휴대가 편리해야 합니다. 대부분 몸에 부착합니다. 모기가 많을 때는 2개를 달고 다닌 적도 있습니다. 농사를 지을 때 사용하므로 고리가 있어 걸 수 있거나 허리띠에 매달아 사용하는 제품이 적당할 것 같습니다. 구입 시 휴대성을 꼼꼼하게 체크하세요!

블로그이웃들의수다

동** 밀림 속에서 고추 몇 개 따다가 모기떼의 습격에 온몸이 울퉁불퉁~ 긁느라 바쁩니다. ㅋㅋ

덤** 저희 밭에도 모기가 하두 많아서리 ㅠㅠ 몇 년 전부터 모기향 연소기를 등에 달고 다녀요. 거의 안 물려요.

포** 오늘 다이X에 가서 모기향 연소기 2개 사왔어요. 기대됩니다.

닭** 1개는 뒤 허리, 또 1개는 배에 차고 농장 일을 합니다. 모기가 너무 많고 모기의 천적인 잠자리는 점점 보기 어려워지고….

홍** 저희는 아디다스 모기를 '깔따구'라고 부르는데요. 모기 타령하는 친구에게 스마트폰 모기 퇴치 어플을 깔면 된다고 말해 줬다가 욕만 실컷 먹었네요. ㅠㅠ

텍** 전 모기 패치 기피제 스프레이도 뿌리는데 아디다스 산 모기에는 아무런 소용이 없네요. ㅠㅠ

총** 이것저것 다 해 봤는데 산 모기에 장사 없습니다. 전 요즘 가슴 장화를 신고 밭일을 합니다. ㅎㅎ

써** 오후 3시 30분 이후에는 도망옵니다. 수확물 다듬느라 늦어지면 큰 모기장을 네 기둥에 묶어 설치해 놓고 엉방 깔고 앉아 일합니다. 전 모기에 물리면 정신이 혼미해지거든요.

배추 뿌리혹병

뿌리혹병은 십자화과 작물인 배추, 무, 양배추, 케일, 브로콜리, 콜라비, 갓, 청경채, 유채에서 발생하는 병해로, '무사마귀병'이라고도 부릅니다. 이 중 배추에서 가장 흔하게 볼수 있는데, 초기에는 무름병과 증상이 비슷해 구분하기가 어렵습니다.

뿌리혹병은 말 그대로 뿌리에 암덩어리처럼 혹이 생기는데, 수분 및 양분을 흡수치 못해 결국 죽습니다. 뿌리혹병에 감염된 배추는 낮에는 시들시들하지만 밤이 되면 쌩쌩해지기 때문에 판단하기가 어렵습니다. 이를 정확히 알 수 있는 방법은 의심스러운 배추를 뽑아 뿌리 부분을 살펴보는 것입니다. 뿌리혹병 배추가 한두 포기라도 보이면 이 밭에는 내병계(CR) 배추를 선택해 심어야 합니다. 그런데 내병계도 몇 차례 심으면 뿌리혹병이 생기는 경우가 있습니다. 이때는 살균제를 물에 탄 후 뿌리를 담그고(침지) 정식합니다. 그래도 병이 생기면 살균제를 토양에 뿌린 후 정식합니다. 그래도 뿌리혹

뿌리혹병으로 시들어가는 배추

배추 뿌리에 생긴 혹

병이 생기면 밭을 바꾸는 방법밖에는 마땅한 대안이 없습니다. 그래서 대부분의 농부들은 안전하게 내병계 배추를 선택합니다. 필자 역시 매년 내병계 배추를 심습니다. 우리는 여기서 의문이 생깁니다. 내병계 배추만 육종하면 되지 않을까요? 이에는 2가지 타당한 이유가 있습니다.

판매 중인 CR계 배추 종자   (출처: 다농원예가든)

첫째, 가격입니다. 내병계 배추가 일반 배추보다 종자 기준 2~2.5배 비쌉니다.
둘째, 내병계 배추에 비해 일반 배추의 맛이 좋습니다.

맛은 과학적으로 입증되지 않았지만, 농부 대부분의 의견입니다. 일반 배추를 심을 것인지, 내병계 배추를 심을 것인지를 선택하는 것은 결국 나의 몫입니다.

19 유박 비료

필자가 농사를 시작했을 때의 일입니다. 종묘상에서 씨앗, 모종을 산 후 어떤 비료를 사야 하는지를 고민하고 있는데, 종묘상 주인이 부산물 퇴비와 유박 비료를 추천하더군요. 2가지를 섞어 사용하라고 했습니다. 그런데 유박은 가격이 상대적으로 비싼 비료였습니다. 가격적인 부담이 있었지만, '그래야 하나 보다'라고 생각하고 구입했습니다. 지금이라면 유박 비료를 살 돈으로 부산물 퇴비를 더 샀을 겁니다. 물론 유박 비료가 나쁘다는 얘기는 아닙니다. 그럼 유박은 어떤 비료이고 부산물 퇴비(이하 퇴비)와 어떤 차이가 있는지 살펴보겠습니다.

현재 우리나라 친환경 농업에서는 화학 비료를 사용할 수 없습니다. 화학 비료를 사용하면 농사가 잘 안 되기 때문에 이를 대체할 만한 비료가 유박 비료라고 생각하면 이해하기가 쉬울 것입니다. 유박은 아주까리(피마자), 유채, 대두(콩), 옥수수 등으로 기름을 짜고 난 찌꺼기를 압축시켜 만든 비료로, 퇴비에 비해 사용하기 편리하고 비료의 함유량도 높고 비효도 빠르기 때문에 사용량이 증가하는 추세입니다. 유박 비료는 가축의 사료처럼 작은 '펠릿' 모양으로 생겼으며 고소한 냄새가 납니다. 그래서인지 반려 동물이나 야생 동물들이 논·밭 등에 뿌려진 유박을 먹고 죽는 사례도 있습니다. 아주까리는 유박에 가장 많이 사용되는 원료로, 리신(Ricin)이라는 독성이 포함돼 있습니다. 참고로 리신은 청산가리의 약 6,000배의 독성을 지니고 있습니다.

유박 비료의 종류와 원료

유박의 종류

혼합 유박	식물성 원료 사용
혼합 유기질	식물성 + 동물성 원료 사용

유박의 원료

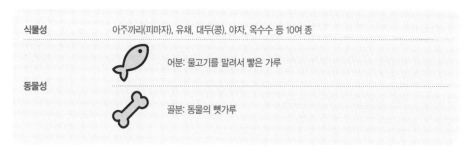

식물성	아주까리(피마자), 유채, 대두(콩), 야자, 옥수수 등 10여 종
동물성	어분: 물고기를 말려서 빻은 가루
	골분: 동물의 뼛가루

유박은 혼합 유박과 혼합 유기질 비료가 있는데, 흔히 '유박 비료'라고 합니다. 그럼 어떤 유박 비료를 사용하는 것이 좋을까요?

혼합 유박 비료   혼합 유기질 비료

시판 중인 혼합 유박 비료와 혼합 유기질 비료입니다. 두 비료의 성분을 살펴보겠습니다.

혼합 유박 혼합 유기질 비료 성분 비교

구분	질소(N)	인산(P)	칼리(K)	유기물 함량	가격(2019년 소매 기준)
혼합 유박(식물성)	4	2.1	1	70%	8,000원
혼합 유기질(식물성 + 동물성)	4.6	1.4	1	65%	7,800원

두 유박 비료의 N, P, K 성분은 비슷합니다. 유기물 함량 또한 큰 차이가 없습니다. 가격은 제조사마다 약간 차이는 있지만, 큰 차이는 없습니다. 따라서 어느 비료가 좋다고 단정 지을 수는 없지만, 대부분 유기물 함량이 높은 혼합 유박을 더 많이 사용하고 있습니다.

유박은 발효 과정을 거치지 않는다

퇴비의 경우, 미생물의 활동에 의한 발효 과정을 거치지만, 유박은 별도의 발효 과정을 거치지 않고 만들어집니다. 물론 유박에도 미생물이 없는 것은 아니지만, 정상적인 발효 과정을 거친 퇴비와는 비교하기 어렵습니다. 유박은 미발효된 유기물입니다. 따라서 유박은 토양에 들어가 발효 과정을 거칩니다. 따라서 유박은 15~20일 전에 토양에 미리 투입돼야 하며 기비로 사용합니다.

펠릿 모양의 혼합 유박 비료

유박은 지력을 증진시키는 데 한계가 있다

지력(地力)은 토양의 점토 함량과 유기물 함량에 의해 결정됩니다. 따라서 토양의 유기물 함량을 높여 줘야 지력이 높아집니다. 유박도 유기물로 구성돼 있어 토양 유기물 증진에 전혀 도움이 안 된다고 볼 수는 없지만, 퇴비에 비해서는 토양 유기물 함량 증진에 미치는 영향이 극히 미미합니다.

유박은 속효성이다

유박은 화학 비료보다 비효가 늦지만, 퇴비에 비해서는 빠릅니다. 비효의 지속 기간도 2개월을 넘지 않습니다. 퇴비의 경우에는 1년 이상이 경과돼도 비료 효과를 서서히 발휘하지만, 유박은 짧습니다. 따라서 친환경 농업 측면에서 살펴봤을 때 유박 비료는 속효성이라고 볼 수 있습니다.

대부분 수입 원료를 사용한다

유박은 대부분 수급이 용이하고 가격이 저렴한 수입산 원료를 사용합니다. 일반적으로 제일 좋은 등급은 식품으로 사용하고 그다음 등급이 사료용, 제일 낮은 등급이 농업용으로 사용됩니다.

구분	부산물 퇴비	유박 비료	화학 비료	비고
지력 증진	높음	미비	없음	
비효	늦음	보통	빠름	
발효 여부	○	X	X	
사용 구분	기비	기비	기비 및 추비	

장일 식물과 단일 식물

밭 주변에 가로등이 있으면 농사가 잘 안 됩니다. 식물은 햇볕의 영향을 많이 받습니다. 바로 광합성(탄소동화 작용)을 하기 때문입니다. 광합성은 낮의 길이인 '일장'에 따라 식물 생태계에 많은 변화가 일어납니다. 잘 관찰해 보면 어떤 식물은 일장이 짧은 계절에 꽃을 피우고 어떤 식물은 일장이 긴 계절에 꽃을 피웁니다. 즉, 낮의 길이가 길어질 때 꽃을 피우는 식물을 '장일 식물'이라고 합니다. 대표적인 식물로는 상추가 있습니다. 상추는 봄 파종 후 낮의 길이가 길어지면서 꽃을 피웁니다. 이때가 6월 중·하순경입니다. 반면, 가을 재배는 꽃을 피우지 않습니다. 이와 반대로 낮의 길이가 짧아질 때 꽃을 피우는 식물을 '단일 식물'이라고 합니다. 대표적인 작물로는 국화와 가을의 전령사 코스모스가 있습니다. 한편, 일장에 관계없이 꽃을 피우는 식물도 있는데, 이를 '중일 식물'이라고 합니다. 대표적인 식물로는 오이, 고추, 호박 등이 있습니다.

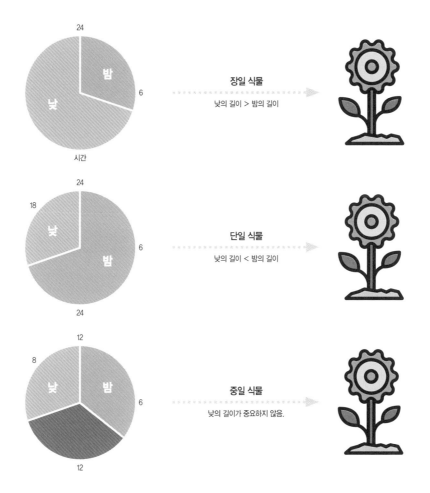

가을을 대표하는 꽃인 국화는 '단일 식물'이라고 했습니다. 그런데 요즘은 사계절 내내 국화꽃을 볼 수 있습니다. 특히, 장례식장에 가면 말이죠. 어떻게 재배하는 것일까요? 국화는 대부분 비닐하우스 재배를 하는데 온도, 습도 등과 같은 재배 기술도 중요하지만, 차광을 해서 인위적으로 단일 조건을 만들어 주는 것이 중요합니다.

단일 식물인 들깨잎 또한 사계절 식탁에 올라옵니다. 잎이 목적인 들깨는 꽃이 피면 잎이 자라지 않기 때문에 밤에는 전등불을 켜서 일장을 길게 해 줍니다. 그러면 꽃이 피지 않거나 꽃 피는 시간을 늦춰 잎을 오랫동안 수확할 수 있습니다.

21

PLS

PLS(Positive List System)는 '농약 허용 물질 목록 관리 제도' 또는 '농약 허용 기준 강화 제도'라고도 합니다. PLS는 국산 또는 수입 식품에 대해 잔류 허용 기준이 설정된 농약 이외에는 모두 검출 한계 수준(0.01ppm)으로 엄격하게 관리하는 제도로, 안전한 농산물을 생산하고 올바른 농약 사용을 유도하기 위해 실시되고 있습니다. 생산자는 농산물 출하 시 기준치가 설정되지 않은 농약이 0.01ppm 이상 검출된 경우, 해당 농산물의 판매할 수 없게 됩니다. 농민은 농약을 살포하기 전에 제품 표시 사항을 반드시 확인해 자신이 키우는 농작물에 쓸 수 있는 농약인지 확인하고 안전 사용 기준을 준수해 사용해야 하는 책임과 의무가 따릅니다. PLS 제도는 지켜야 할 사항이 몇 가지 있지만, 그중 2가지만 알아보겠습니다.

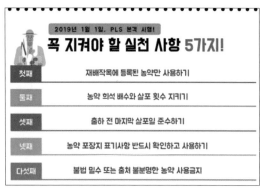

2019년 1월 1일부터 시행된 PLS 제도

잔류 농약 허용 기준 강화

PLS 시행 전(2018. 12. 31. 이전)	PLS 시행 후(2019. 1. 1. 이후)
농약 잔류 허용 기준이 설정된 경우, 기준에 따름	동일
농약 잔류 허용 기준이 설정되지 않은 경우, 잠정 기준 적용 (0.05PPM)	농약 잔류 허용 기준이 설정되지 않은 경우, 잠정 일률 기준 적용(0.01PPM)

* 0.01PPM=국제 표준 수영장 50m(길이)×20m(폭)×1.98m(깊이)에 물을 가득 채우고 잉크 한 수저 반을 희석한 양

재배 작목에 등록된 농약만 사용

작물명	적용해충	사용적기 및 방법	1,000㎡ (10a)당 사용량	안전사용기준
감자	진딧물(복숭아혹진딧물)	파종 직전 토양 혼화 처리	3kg	파종 전까지 1회 이내
고추	목화진딧물, 복숭아혹진딧물 온실가루이	정식 전 토양 혼화 처리	3kg	정식 전까지 1회 이내
국화	목화진딧물	정식 전 토양 혼화 처리	3kg	—
담배	복숭아혹진딧물	정식 전 토양 골처리	2kg	정식 전까지 1회 이내
백합	목화진딧물	발생초기 토양 파구 처리	3kg	—
소나무	솔잎혹파리	4월 하순~5월 하순경 유충기 및 용기처리	흉고직경 1cm당 20g	—
수박	진딧물(목화진딧물, 복숭아혹진딧물)	정식 직전 파구 처리	1주당 3g	정식 전까지 1회 이내
벼(육묘 상)	애멸구	어린모 이앙전 육묘상자처리	75g/상자	이앙당일까지 2회이내
참외	목화진딧물	정식 전 토양 혼화 처리	3kg	정식 전까지 1회 이내
팥	큰검정풍뎅이	파종전 토양혼화처리	3kg/10a	파종전까지 1회 이내

진딧물 토양 살충제

위 사진은 모회사의 진딧물 살충제입니다. 제조사는 2~3년, 길게는 5년간의 성적 시험을 거친 후 농촌진흥청의 허가를 받아 생산 및 판매합니다. 위 살충제는 감자, 고추, 국화, 담배, 백합, 소나무, 수박, 벼, 참외, 팥에만 사용 허가를 받은 제품입니다. 그럼 위 살충제를 오이, 무, 배추에 사용해도 효과가 있을까요? 당연히 효과가 있습니다. 그 진딧물이 그 진딧물이니까요. 그래서 PLS가 시행되기 전까지는 위 살충제를 오이, 무, 배추에도 사용했습니다. 그러나 PLS가 시행되고 있는 지금은 사용해선 안 되며 해당 작물에 사용할 수 있는 살충제를 선택해야 합니다.

적용병해충 및 사용량					
작물명	적용해충	사용적기 및 방법	물20ℓ/당 희석약량	1,000㎡(10a)당 사용량 약량	살포량
콩	노린재류	발생초기 10일 간격 경엽처리			
감(단감포함)	미국선녀벌레 / 갈색날개매미충	다발생기 경엽처리 / 발생초기 10일간격 경엽처리		-	-
복숭아	복숭아순나방 / 갈색날개노린재	발생초기 7일 간격 경엽처리 / 발생초 10일 간격 경엽처리			
포도	애무늬고리장님노린재	다발생기 경엽처리			
벼	벼룩바구미	본답초기 잎도열병발생초기 경엽처리	20g	140~160g	140~160ℓ
	먹노린재 벼멸구	다발생기 경엽처리			
	애멸구	발생초기 경엽처리			
	이화명나방(1화기)	발아하성기 10~18일후 경엽처리			
	이화명나방(2화기)	발아하성기 5~7일후 경엽처리			
	흑명나방	발생초기 경엽처리			
사과	노린재류 / 응애(꼬마각시)	발생초기 10일간격 경엽처리			
배	남게매미충 / 복숭아순나방	다발생기 경엽처리 / 발생초기 7일간격 경엽처리			
블루베리	갈색날개매미충	다발생기 경엽처리			

🧿 농협케미컬 경기도 성남시 분당구
황새울로 312번길 26

노린재류 살충제

약제를 하나 더 살펴보겠습니다. 콩에 노린재가 꼬일 때 위 약제를 사용하면 됩니다. 하지만 전업 농가에서 위 약제를 녹두나 팥에 사용하면 문제가 발생합니다. 왜 그럴까요? 바로 출하 전 잔류 농약 검사 때문입니다. 잔류 농약이 허용 기준치를 초과하지 않았더라도 녹두나 팥에 등록되지 않은 농약이 검출되기 때문입니다. 따라서 농약 판매처에서는 판매 시 신중해야 하고 농민 역시 포장지 라벨을 재차 확인해 해당 농작물에 사용할 수 있는지 여부를 꼼꼼히 확인해야 낭패를 당하지 않습니다. 결국 PLS 제도는 전문 재배 농가에 해당되는 얘기이고 소규모 텃밭에까지는 적용하지 않습니다. 그 이유는 무엇일까요? 내가 먹을 것이고 파는 것이 아니니까요. 물론 PLS 제도를 무시하자는 말은 아닙니다. '우음수성유(牛飮水成乳) 사음수성독(蛇飮水成毒)'이란 말이 있습니다. '같은 물이라도 소가 마시면 우유가 되고 뱀이 마시면 독이 된다'라는 뜻입니다. 본디 세상에 존재하는 모든 것은 그 옳고 그름이 정해져 있지 않습니다. 잘 쓰면 약이 될 수 있고 잘못 쓰면 독이 될 수도 있습니다. 안전하고 올바른 농약 사용! 아무리 강조해도 지나치지 않습니다.

블로그이웃들의수다

광**　PLS 제도는 좋은데 불만이 많네요.

1. 싸고 잘 듣는 약이 없어졌다.

2. 약은 비싸졌는데 잘 듣는 약이 없다.

3. 농약을 사면서 어떤 작물에 쓸 건지 꼬치꼬치 물어서 일일이 설명해야 한다.

안**　과일 농사를 하면 해충 때문에 약을 꼭 쳐야 하는데, 약 값이 너무 들어갑니다. 금년에는 예전에 거의 없던 매미나방 애벌레를 퇴치해야 하는데 마땅한 약이 없어 고민입니다.

농약 사용 설명서

화학 농약은 크게 살균제, 살충제, 제초제, 전착제로 나뉘며 토양 또는 작물에 살포합니다. 사용 방법에 따라 세제와 같이 생긴 입제와 밀가루처럼 고운 분제는 직접 살포하고 수화제 액제 유제는 물에 희석해 사용합니다.

농약을 조제할 때 면적과 살포량을 계산해 꼭 필요한 양만 사용합니다. 조제한 농약은 당일 사용이 원칙이지만, 부득이한 경우 2일 이내에만 사용해도 큰 문제는 없습니다. 사용 후 남은 농약을 보관할 때는 잘 밀봉해 햇볕이 들지 않은 서늘한 창고에 두고 음료수 병과 같은 용기에 옮겨 담지 말아야 하며 특히 어린이의 손이 닿지 않는 곳에 보관해야 합니다. 농약은 겨울에도 얼지 않으므로 별도의 보온은 필요하지 않습니다.

또한 농약은 생산자가 제시한 사용 적기 및 사용 방법을 잘 숙지한 후에 사용해야만 효과를 볼 수 있습니다. 다음 농약은 토양 살충제(입제)입니다. 입제는 세제처럼 가루로 돼 있습니다. 희석하지 않고 토양에 직접 사용하는데, 적용 작물 및 해충에 따라 사용 방법이 달라집니다. 사용 방법은 약제를 토양에 섞는 혼화 처리 또는 토양 표면에 뿌리는 전면 처리를 합니다. 이를 지키지 않았을 경우, 약제의 효과를 기대하기 어렵습니다.

토양 살충제(입제) 사용 설명서

경엽 처리	희석하여 분무기로 작물에 뿌려 줌	살균·살충제
침지	희석하여 작물의 뿌리를 담금	살균제
침종	희석하여 씨앗을 담금	살균제
분의	약제를 씨앗에 묻힘	살균제
토양 전면 처리	경운 후 흙 표면에 살포(파종 또는 정식 전)	토양 살충제
토양 혼화 처리	약제를 흙에 섞음	토양 살충제
파구 처리	흙을 파고 약제를 살포(파종 또는 정식 전)	토양 살충제
골 처리	작물과 작물 사이에 골을 내고 살포	토양 살충제

무, 배추 경엽 처리(희석해 작물에 뿌림)

고추 침지(약제에 작물의 뿌리를 담금)

마늘 침종(약제에 씨앗을 담금)

파구 처리(작물이 심어지는 곳만 약제를 살포)

골 처리(작물과 작물 사이에 약제를 살포)

전착제는 용기 및 포장이 회색 계열

전착제는 농약의 효과를 높이는 보조제로, 농약을 뿌릴 때 약제를 균일하게 분산시키고 침투량을 높이거나 빗물에 쓸려 내려가는 것을 막기 위해 사용합니다. 일종의 접착제 성분이라고 생각하면 이해하기 쉽습니다. 물이 묻지 않고 굴러떨어지는 토란잎 등에 약제를 뿌려야 할 경우에 효과적입니다. 현재 농약은 인터넷 등 통신 판매나 전화 등으로 구입할 수 없습니다. 다만, 유기 농업 자재로 등록된 농약은 온라인 구매가 가능합니다.

텃밭 농사의 필수 아이템, 가정용 식품 건조기

농사를 지으면서 수확물을 말릴 일이 많습니다. 자연 건조가 가장 좋겠지만, 황사나 미세먼지 때문에 쉽지 않습니다. 또한 고온다습한 장마철에는 잘 마르지 않아 곰팡이가 피어 버려지는 일도 허다하게 일어납니다. 이때 꼭 필요한 것이 가정용 건조기입니다. 가정용 건조기의 모양과 크기는 제조사마다 다르지만, 식품을 넣을 수 있는 트레이와 트레이 바닥에 까는 그물망으로 구성돼 있습니다. 트레이는 높이가 낮은 것과 높은 것 2가지가 있으며 높이를 최대 12단까지 조절할 수 있습니다. 트레이의 재질로는 플라스틱과 스테인리스가 있습니다.

7단 건조 중인 뚱딴지

자연 건조 중인 무 말랭이

플라스틱 트레이와 그물망

가정용 건조기의 장점은 자연 건조에 비해 말리는 시간이 빠르고 먼지 없이 깨끗하게 말릴 수 있다는 것입니다. 건조기에는 건조 시간을 조절할 수 있는 타이머와 온도 설정 기능이 있습니다. 온도 설정 범위는 35~70℃이며 설정 온도가 높으면 빨리 마르지만 색이 예쁘지 않고, 낮은 온도에서는 색은 예쁘지만 말리는 시간이 오래 걸립니다. 말리는 적정 온도는 제조사에서 배포한 사용 설명서에 자세히 나와 있습니다. 필사의 경우, 말릴 때마다 일일히 찾아보기 번거로워 대부분 50℃에서 말립니다. 말리는 중간중간 상태를 봐 가면서 위, 아래의 트레이 위치를 바꿔 주고 어느 정도 말라 부피가 줄어들면 한곳으로 몰아 건조 시간을 단축시킵니다. 그럼 전기 요금은 많이 나오지 않을까요? 필자 역시 건조기 구매 시 전기세 부분이 제일 궁금했습니다. 결론적으로 전기세 폭탄을 맞을 일은 없습니다. 필자의 경우(건조기 사용 횟수 및 사용 시간에 따라 차이는 있지만), 월 평균 8,000~10,000원 정도 나오는 것 같습니다.

530W 하루 10시간×한 달(30일) = 12,000원(제조사가 산출한 예상 전기 요금)

가정용 건조기는 선택이 아닌 필수 아이템입니다.

푸**	저는 50℃로 하니 너무 안 말라서 60℃로 하고 있어요.
얼**	낮은 온도 45~50℃로 설정하면 오래 마르지만 색이 좋고요. 온도가 높으면 빨리 마르지만 검붉게 돼요.
엘**	건조기 있어야 합니다 . 비트도 말리고, 무도 말리고, 호박도 말리고, 취나물도 말리고~~
뽀**	전 고구마 말랭이하려고 샀어요. ㅎㅎㅎ 저희 막둥 딸램 간식이랑 ㅎㅎㅎ 근데 좋더라고요 ^^
마**	없으면 아쉽죠. 텃밭하면 꼭 있어야 해요. ^^
깜**	가정용 식품 건조기 사용 중인데 전기세는 얼마 안 나오는 것 같습니다. 10,000원 정도?

상추의 재발견

상추는 장일 식물이며 고온에 추대합니다. 지역마다 차이는 있지만, 6월 중·하순경부터입니다. 추대에 강한 품종이 있지만, 며칠 차이일 뿐 추대를 근본적으로 막진 못합니다. 추대되면 잎이 자라지 않고 먹을 수 없을 정도로 쓴 맛이 나며 꽃이 피기 시작합니다. 채종이 목적이 아니라면 뽑아야 합니다.

추대된 상추(6월 21일)

아깝게 버려지는 상추를 치아 미백에 활용해 보겠습니다. 상추는 치아 미백에 효과가 있는 채소로 알려져 있습니다. 바로 상추의 섬유질 성분 때문입니다. 과일이나 채소를 이루고 있는 섬유질 성분이 치아에 붙어 있는 플라그를 없애는 역할을 하는 것입니다. 상추로 치아 미백을 하려면 가루를 만들어야 합니다. 상춧잎을 잘 씻은 후 말려 분쇄기로 곱게 가루를 내어 칫솔질할 때 치약 위에 묻혀 사용합니다. 치아 미백은 물론 양치 후 치아의 청량감도 좋습니다.

건조기에 상추 말리기

상추 가루는 치약과 함께 사용

25 농사와 물

농사에 있어서 물은 무엇보다 중요합니다. 작물은 뿌리에서 물을 공급받아 광합성을 합니다. 또한 여러 영양분을 흡수합니다. 그럼 텃밭의 물 관리는 어떻게 해야 할까요? 가장 바람직한 것은 작물의 뿌리가 활동하는 층의 흙이 늘 축축한 상태로 남아 있는 것입니다. 이런 상태가 유지되기 위해 비가 매일 와야 한다는 뜻은 아닙니다. 흙은 비가 가끔 오더라도 물을 상당 기간 동안 머금고 있을 수 있는 성질을 갖고 있기 때문입니다. 이를 '보수력'이라고 합니다. 흙이 적절히 축축한 상태를 유지할 수 있다면 비는 가급적 자주 오지 않는 편이 농사에 유리합니다.

물은 얼마만큼 줘야 할까? "배추는 2일에 한 번씩 땅거미가 질 무렵 포기당 3리터의 물을 줘야 하고 무는 3일에 한 번씩 줘야 한다"라는 식으로 공식화돼 있다면 물을 관리하기가 쉽습니다. 그렇지만 기후가 다르고 토양이 제각각이기 때문에 물을 주는 시기, 횟수 및 양을 정한다는 것은 억지일 수 있습니다. 다만, 내 토양의 수분 상태를 살펴보면 물을 줘야 하는 시기를 알 수 있습니다.

비멀칭 재배 시에는 겉흙이 마르면 물을 줍니다. 물을 줄 때는 작물의 뿌리까지 스며들도록 충분히 줍니다. 그럼 물은 언제 주는 것이 좋을까요? 작물 생육이 왕성한 이른 아침이 좋습니다. 다만, 여름철 폭염에는 수분의 증발이 빠르고 잎에 묻은 물기가 증발하면서 화상을 입을 염려가 있기 때문에 해가 기우는 저녁 무렵에 주는 것이 효과가 좋습니다.

비멀칭 재배는 겉흙이 마르면 물을 준다.

비닐 멀칭 재배의 경우, 흙이 보이지 않기 때문에 판단하기가 어렵습니다. 이럴 때는 흙을 손가락 한 마디 정도 파 보고 흙을 만져 토양 수분을 확인해 보기 바랍니다. 비닐 멀칭 재배는 틈새로 스며드는 물보다 흘러내리는 물이 더 많기 때문에 물 주기가 어렵습니다. 틈새가 없는 경우에는 비닐을 뚫고 물을 줘야 합니다.

소규모 텃밭에서는 대부분 물뿌리개를 이용해 물을 줍니다. 관수 시설이 돼 있는 텃밭에서는 물 호스(편사 호스)에 분사기를 연결해 물 주기를 합니다. 물 주는 일이 쉬워 보이지만, 결코 만만한 일이 아닙니다. 특히, 무더운 여름철에 10ℓ의 물을 들고 수차례 물을 퍼 나르거나 고랑 사이로 물 호스를 끌고 다니면서 물을 주는 일은 고통스럽기까지 합니다.

작물의 틈새로 물 주기

패트병을 꽂아 물 주기

좀 더 편하고 효과적인 물 주기 방법에 대해 알아보겠습니다. 단, 수도나 양수기로 물을 공급할 수 있고 물 호스는 가정용(안지름 15mm)을 기준으로 합니다.

가장 먼저 생각해 볼 수 있는 것은 '스프링클러'입니다. 헤드가 회전하면서 물을 뿌려 줍니다. 시계 방향 또는 반시계 방향으로 360도 회전시킬 수도 있고 원하는 만큼만 좌우 회전각을 맞출 수도 있습니다. 하지만 수압이 약하면 헤드가 회전하지 않고 제자리에서만 물을 뿌리고 중간중간 위치를 바꿔 줘야 하는 단점이 있습니다.

다음은 분수(분사) 호스를 이용하는 방법입니다. 분수 호스를 사용하기 위해서는 분수 호스, 분수 밸브, 마감꽂이가 필요합니다. 인터넷이나 농자재 판매상에서 구입할 수 있습니다. 분수 호스는 비닐 재질입니다. 찢어지지만 않으면 생각보다 오랫동안 사용할 수 있습니다. 필자는 2년간 사용한 적도 있습니다.

스프링클러로 물을 주는 모습

분사기로 물을 주는 모습

분사 호스는 물을 뿌려 주는 살수 형태에 따라 크게 3가지로 나눌 수 있습니다. 필자는 살수 폭이 넓은 1번 분수 호스를 사용하는 데 만족합니다.

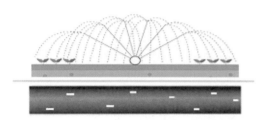

살수 폭 3m 이내

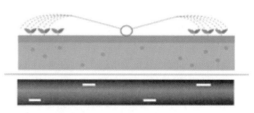

살수 폭 30cm 이내

원하는 곳에 직접 구멍을 뚫어 사용(살수 폭 3m 이내)

분수 호스는 설치하기가 매우 쉽습니다. 다음은 설치 방법입니다.

1) 설치하고자 하는 끝지점에 마감꽂이를 땅에 박은 후 분수 호스를 마감꽂이에 끼워 물을 막아 줍니다.

2) 분수 호스를 바닥에 늘어지지 않게 깔고 물이 나가는 분수 밸브 토출구에 체결합니다.

3) 물 호스를 분수 밸브의 입력 쪽에 연결합니다.

4) 물을 틀어 새는 곳이 없는지 확인합니다.

5) 분수 밸브의 물 조절 밸브로 물의 양을 조절합니다.

1. 마감꽂이 2. 분수 밸브 3. 분수 호스(200m)

분수 호스를 고랑에 설치한 모습입니다(왼쪽 사진). 고랑을 지나다닐 때 밟지 않으려고 신경을 써야 하지만, 1회 설치로 두 이랑에 물을 한꺼번에 줄 수 있습니다.

두둑에 설치한 모습입니다(오른쪽 사진). 분수대처럼 시원하게 물을 뿜고 있는 모습을 보면 속이 다 시원해집니다. 수압이 약하거나 특정한 곳에만 물을 줘야 할 경우에 적당한 방법입니다.

고랑에 설치

두둑에 설치

분수 호스의 장점

1. 넓은 면적에 물을 고르게 줄 수 있다.
2. 뿌려지는 양이 많기 때문에 물을 빠르게 줄 수 있다.
3. 물 주는 시간 동안 다른 밭일을 할 수 있다.

분수 호스의 단점

1. 한 번 설치하면 다른 곳으로 이동하기가 번거롭다.
2. 수압이 약하거나 물의 양이 적은 곳에서는 사용하기 어렵다.
3. 경사지에서는 뿌려지는 물 양의 편차가 발생한다.

작물에 물을 줘야 하는데 급한 볼일이 생겼습니다. 그래서 함께 농사를 짓는 전우(田友)에게 1시간 후 물을 잠가 달라고 부탁하고 밭을 떠났습니다. 그런데 전우(田友)가 깜빡하고 4시간 후에야 물을 잠갔다고 하면서 물을 너무 많이 줘서 작물이 잘못되지나 않을까 걱정하더군요. 필자가 말했습니다. "걱정하지 마세요. 밤새 비 온 셈치죠." 작정하지 않는 이상 인위적인 물 주기로 과습이 돼 작물이 잘못되는 일은 거의 없습니다.

다음은 점적 호스를 이용하는 방법입니다. 점적 호스는 분수 호스에 비해 물이 나오는 구멍이 적게 뚫려 있어 물이 매우 조금씩만 나옵니다. 필자는 점적 호스 대신 분수 호스를 사용하는데, 물을 약간만 틀어 조금씩만 나오게 합니다. 점적 호스를 먼저 깐 후 그 위에 멀칭합니다. 설치 시 신경 써야 하는 점은 호스를 작불이 심어지는 곳을 피해 깔아야 한다는 것입니다. 추비할 때는 대개 비료를 물에 녹인 액비를 사용합니다. 탄저 피해가 많은 고추에 많이 이용하는 방법입니다.

1. 점적 호스 설치: 호스를 먼저 깔고

2. 점적 호스 설치: 멀칭 비닐을 덮음.

지금까지 텃밭에서 사용할 수 있는 여러 형태의 물 주기 방법을 알아봤습니다. 물뿌리개, 분사기, 스프링클러, 분수 호스, 점적 호스 등 여러 방법이 있는데, 어떤 방법이든 물을 줄 때는 미세하게 뿌려 작물에 흙이 튀거나 작물이 쓰러질 정도로 세게 주지 않는 것이 좋습니다. 또한 물 호스는 햇볕을 차단해 물이끼가 끼지 않는 검은색이 좋습니다. 햇볕이 투과되면 내부에 이끼가 생기고 내구성도 약해집니다.

26 토종과 재래종

토종(土種): 본디부터 그곳에서 나는 종자

재래종(在來種): 예전부터 전해 내려오는 농작물이나 가축의 종자

사전에는 위와 같이 정의하고 있습니다. 어렵네요. 좀 더 쉽게 접근해 보겠습니다. 토종은 과거로 태곳적부터 우리 땅에서 재배돼 온 종자, 재래종은 우리 땅에 있던 것은 아니지만, 오랫동안 재배돼 온 종자라고 보면 무리가 없을 것 같습니다.

여주의 원산지는 아시아 열대 지방

앞 사진의 여주를 흔히 '토종 여주'라고 부릅니다. 필자가 이릴 적에도 봤으니 30년이 족히 넘었네요. 그럼 토종 여주라고 부르는 게 맞을까요? 여주의 원산지는 아시아 열대 지방입니다. 그런 여주가 언제부터인지 우리나라에서 오랫동안 재배돼 온 것으로 추정되므로 '재래종 여주'라고 불러야 하지 않을까요?

고추의 경우, 옛날에는 '수비초', '칠성초'가 흔하게 재배됐습니다. 이 고추들은 현재 극소수의 농부들이 재배하면서 그 맥을 이어가고 있습니다. 이들은 이 고추들을 '토종 고추'라고 부릅니다. 그러나 고추의 원산지는 남아메리카입니다. 따라서 '재래종 고추'라고 불러야 하지 않을까요?

언제부터인지 우리나라도 아열대성 기후로 점차 바뀌고 있습니다. 그래서 많은 종류의 아열대성 작물이 전국에서 재배되고 있습니다. 대표적인 작물이 '야콘'입니다. 이 야콘은 후대에도 계속 재배될 것이고 매우 오랜 시간이 지나면 야콘을 '토종'이라 부르게 될지도 모릅니다.

고추의 원산지는 아메리카 대륙의 열대 지역

야콘의 원산지는 남아메리카 안데스 지방

결국 토종의 개념은 '원산지'인데, 우리나라로 치면 콩 이외에는 별로 없습니다. 토종과 재래종의 경계는 명확하지 않습니다. 어찌보면 차이가 없다고 봐도 무리가 없을지 모릅니다. 현재 관련 카페나 운동 본부에서는 토종보다 토착종으로 정의하고 있는 추세입니다. 한편, 토종과 재래종이라는 용어가 현장에서는 구분되지 않고 경우에 따라서는 혼용되거나 엇갈려 사용되기도 합니다. 두부의 모를 자르듯이 구분하기 애매하고 구분하는 실익도 없겠지만, 이제는 이제는 정부나 관련 기관에서 명확한 정의를 내려야 할 때가 된 것 같습니다.

세** '재래종도 토착화돼 토종과 별반 다르지 않다'라고 생각합니다. 토종인지 재래종인지 명확하게 구분하기도 어렵습니다.

곰** 토종이라고 해서 구해 놓았는데 밥에 넣어 보니 정말 경험해 보지 못한 맛이 났어요. 꼬투리가 얼마나 작은지…. 농부들이 심지 않으니 자꾸 없어지는 것 같아요.

홍** 우리나라에서 오랫동안 재배됐다고 하더라도 우리나라가 원산지로 등록돼 있고 혈통을 증명할 수 있는 경우를 제외하고는 재래종이라 부르는 게 맞는 것 같습니다.

ba** 토종(본토박이)의 의미와 재래종의 의미는 거의 같다고 알고 있습니다. 예를 들어 중국에서 넘어온 성 씨를 가진 사람들도 '토종 한국인'이라고 하지요. 그 땅에서 오랜 시간 나고자라면 다 토종이라는 말이 적용되지 않을까 싶습니다.

불** 지금은 막 섞어 쓰고 있어 구분하기 어려운 지경에 이르렀습니다. 농촌진흥청에서조차혼용하고 있으니 '어찌 하오리까'입니다. 정부 기관이 정리를 못하니 그냥 이대로 흘러갈것 같습니다. 외국 소도 국내에 데려와 6개월만 지나면 한우라고 분류하는 것이 정부니까요.

키** 저도 그게 그거 같아요. 사람들이 토종이라고 알고 있는 삼동파도 이집트에서 온 거더라고요. 옛날 조선 시대나 그 이전 시대에 교류돼 넘어온 것 같은데, 실제로 생각해 보면우리나라에 처음부터 있던 건 아니죠.

하** 토(착)종과 재래종의 구분은 모호하죠. 어느 시점을 기준으로 구분할 것인지도 명확하지않고요. 오히려 토종을 외래종과 구분하기 위한 용도로 재래종이라는 단어를 사용했다고보는 것이 맞을 듯합니다.

농산물의 거래 단위

우리나라 농산물의 거래 단위로는 말, 되, 홉, 근, 섬, 관(官) 등이 있습니다.

우리 선조들은 됫박을 이용해 무게가 아닌 부피를 기준으로 곡물의 단위를 쟀습니다. 됫박은 사진과 같은 크기이며 깎아서 수북하게(?) 담으면 한되, 10되면 한 말입니다. 또한 한 되를 물로 환산했을 때 1.8ℓ(1.8kg)이고 한 말은 18ℓ(18kg)입니다. 하지만 우리는 주로 무게에 더 익숙하므로 되나 말보다는 kg으로 환산해 사용하고 있습니다. 그런데 되의 무게는 지역마다 다릅니다. 소두를 사용했던 서울, 경기, 강원권은 한 되 = 0.8kg, 대두를 사용했던 경상, 전라권은 한 되 = 1.6kg입니다. 또한 곡물의 종류에 따라 무게가 달라집니다.

지역별로 달라지는 곡물 한 되의 무게 (단위: kg)

곡물(한 되)	서울, 경기, 강원	경상도, 전라도
쌀	0.8	1.6
보리쌀	0.7	1.4
수수	0.75	1.6
율무	0.75	1.6
좁쌀	0.8	1.6
흰콩, 검은콩	0.7	1.4
들깨	0.45	0.9
참깨	0.6	1.2
검정 참깨(흑임자)	0.5	1

이처럼 아래 지방과 위 지방의 '되'는 절반의 차이가 있습니다. 들깨나 참깨는 한 말 단위로 기름을 짜게 되는데, 내가 사는 지역에서는 몇 kg인지 미리 알아보고 가야 낭패가 없습니다. 한편, 마늘은 '접'이라는 단위를 사용합니다. 보통 거래가 반 접과 한 접 단위로 이뤄지는데, 마늘 한 접은 100통, 한 통은 6~10쪽(한지형 마늘 기준)입니다. 감자와 고구마는 종이상자에 담아 거래되는데 감자는 4kg, 10kg, 20kg 고구마는 10kg, 20kg씩 거래됩니다.

양파는 망을 기준으로 거래되며 표준 거래 단위는 각각 5kg, 8kg, 10kg, 12kg, 15kg, 20kg입니다. 배추 한 망은 3개이고 가격은 시세에 따라 달라집니다. 채소와 고기는 '근'이라는 단위를 사용하는데 고기 한 근은 600g, 채소 한 근은 400g입니다. 이 밖에 무, 오이, 호박, 당근은 무게를 달거나 개수를 세어 거래됩니다.

PART

2

FARM WORK

고난이도 작물부터 수입 식물까지!

38종 작물
성공 재배법

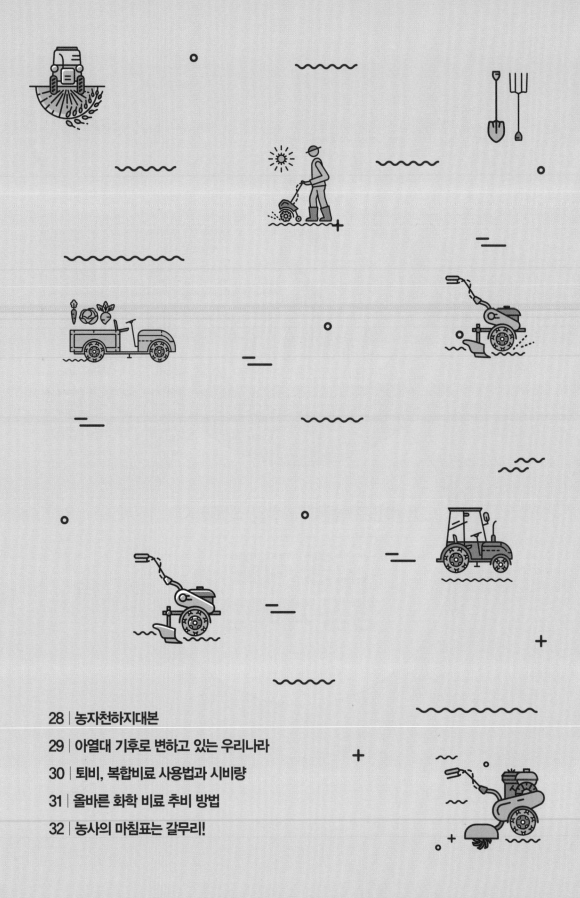

넷째마당

작물 재배를
시작하기 전에
알아 둘 것들

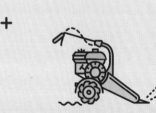

28

농자천하지대본

1차 산업인 농업은 한 나라의 근간이며 농업이 무너지면 나라가 무너집니다. 우리 선조들은 '농업은 세상의 근본(根本)', 즉 '농자천하지대본(農者天下之大本)'이라고 했습니다. 아무리 시대가 변해도 농업은 여전히 우리 삶의 근간이자 기초가 되는 산업이라는 점을 부인할 사람은 없습니다. 노벨경제학상 수상자인 사이먼 쿠즈네츠(Simon Kuznets, 러시아 출신의 미국 경제학자)는 "후진국이 공업의 발전을 통해 중진국이 될수는 있지만, 농업의 발전 없이는 선진국이 될 수 없다"라고 말했습니다. 농사는 생계를 유지하거나 먹거리를 생산하는 것 이상의 의미가 있습니다. 농사는 참으로 위대한 것입니다.

29

아열대 기후로
변하고 있는 우리나라

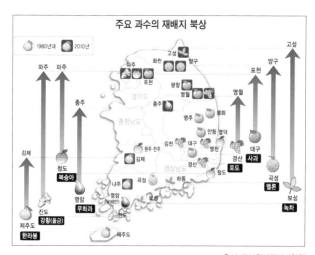

주요 과수의 재배지 북상

출처: 국립원예특작과학원

어릴 적 교과서에서 '대구는 사과'라고 배웠는데, 이제는 '강원도 사과'가 최상품이 됐습니다. 지구 온난화로 인한 기온 상승으로 남쪽에서 주로 재배됐던 사과, 복숭아, 감귤 등이 기후에 맞지 않아 북상하고 있기 때문입니다. 지구 온난화는 과수뿐 아니라 채소 작물 재배에도 많은 변화를 주고 있습니다. 공심채, 차요테, 히카마, 아피오스 등 이름도 생소한 아열대 작물들이 전국에서 많이 재배되고 있습니다. 이 책에서도 소규모 텃밭에서 손쉽게 길러 볼 수 있는 아열대 작물을 몇 종 소개합니다. 그러나 우리나라에서는 재배 역사가 짧고 표준 재배법이 없다 보니 농가에서는 각 상황에 맞게 재배하고 있는 실정입니다. 필자 역시 그동안의 재배 경험을 바탕으로 다른 재배 농가의 의견도 일부 참고했습니다.

퇴비, 복합비료 사용법과 시비량

곧 설명할 작물별 재배에서는 파종 시기 재식 거리와 비료 시비량을 제시하겠습니다. 파종 시기는 서울, 경기를 기준으로 합니다. 비료 시비량은 편의상 2평을 기준으로 퇴비와 완효성 복합비료 시비량을 제시하겠습니다. 단, 퇴비와 완효성 복합비료의 시비량은 절대치가 아니며 토질이나 비옥도에 따라 달라질 수 있습니다.

퇴비는 웃거름으로 사용하지 않는다.

퇴비는 퇴비 제조업체에서 생산하는 부산물 퇴비를 기준으로 하고, 시비량은 이미 농사를 짓고 있는 농부들의 의견을 반영했으며, 복합비료는 제조사의 권장 사용량을 참고했습니다.

퇴비와 복합비료는 기비(밑거름)로 사용합니다. 간혹 퇴비를 추비(웃거름)으로 사용하기 위해 흙 위 또는 작물 주변에 뿌리는 것을 종종 볼 수 있는데, 이는 올바른 방법이 아닙니다. 퇴비는 반드시 기비로 사용해야 합니다.

완효성 복합비료 1컵의 무게는 깎아서 200g 정도이며 기비(밑거름)로 사용한다.

완효성 복합비료(전체 20kg 중 질소 18%, 인산 6%, 칼리 11%, 마그네슘 3%, 붕소 0.1%)

추비용 비료는 'NK(엔케이) 비료'라고도 합니다. 추비용 비료에는 인산(P)이 없으며 비효가 빨라야 하기 때문에 속효성으로 만듭니다. 비효 기간은 토양 환경에 따라 달라지지만, 보통 20일 정도이며 가급적 흙에 섞어 줍니다.

속효성 NK 비료(전체 20kg 중 질소 17%, 인산 0%, 칼리 10%, 고토(마그네슘) 1%, 붕소 0.1%)

올바른 화학 비료 추비 방법

31

작물이 건강하게 자라고 좋은 결실을 맺기 위해서는 작물의 성장 단계에 맞춰 추비해야 합니다. 작물마다 시기 및 횟수가 다르기 때문에 이를 잘 숙지해야 하며 시기를 맞추지 못하면 시비 효과가 떨어집니다. '키 작은 어른, 보약 백날 먹어도 키 안 크듯이' 말이죠. 올바른 추비법을 다음 사진을 보면서 알아보겠습니다.

고추에 질소 비료를 시비한 모습입니다. 초보 농부들이 많이 실수하는 경우입니다. 무엇이 문제일까요? 너무 가까이 주고, 많이 줬습니다. 뿌리에 가깝게 시비하면 빨리 자랄 거라고 생각한 것 같습니다. 위 고추는 과비로 죽을 확률이 높고 살더라도 정상적인 생육이 어렵습니다.

김장 배추에 추비한 모습입니다. 배추가 시들시들한 게 당장이라도 죽을 것처럼 보입니다. 필자가 처음 봤을 때는 '가물어서 그런가?', '병이 왔나?'라고 생각했습니다.

자세히 살펴보니 역시 너무 가까이 주고, 많이 줬습니다. 더욱이 비료가 잎에도 묻어 급속히 시들어갑니다. 필자는 비료를 최대한 회수하고 물을 흠뻑 주어 희석하라고 알려줬습니다. 다행스럽게도 위 배추는 몸살을 심하게 앓긴 했지만, 곧 회복했습니다.

생강에 추비하는 모습

배추에 추비하는 모습

김장무에 추비하는 모습

파에 추비하는 모습

올바른 화학 비료 추비법을 알아보겠습니다. 작물에서 20cm(한 뼘) 정도 떨어진 곳에 얕은 골이나 홈을 파고 비료를 준 후 흙을 덮어 줍니다. 비료의 양은 작물 성장 상태에 따라 달라지지만, 생육 초기에는 티스푼으로 한 수저 정도, 작물이 많이 성장했을 때는 밥 숟가락으로 한 수저(약 10g) 정도 시비합니다.

작물 간격이 20cm 정도 좁은 곳은 얕은 골을 파고 비료를 씨앗 줄뿌림하듯이 준 후 흙으로 덮어 줍니다. 흙을 덮어 주는 이유는 질소 비료가 녹는 과정에서 공기 중으로 날아가기 때문입니다.

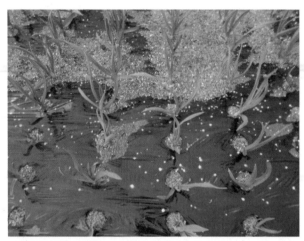

마늘에 추비하는 모습

유공 비닐에 작물을 심은 경우는 비료의 손실을 감수하고서라도 비닐 위에 뿌려 주고 할 수만 있다면 물을 주어 비료를 녹여 흙에 스며들게 합니다. 비가 오기 전에 시비하면 물 주는 수고를 덜 수 있습니다. 비료는 흙 속에 줘야 마땅하지만, 어쩔 수 없는 경우도 발생합니다.

농사의 마침표는 갈무리!

농사는 1년 내내 쉬지 않고 계속 됩니다. 수확하는 작물 또한 계절에 따라, 작물에 따라 달라집니다. 그런데 농사의 속성상 없을 때는 모든 게 궁합니다. 봄에 상추씨를 뿌리고 손바닥 만한 잎을 수확하기까지는 40~50여 일이 걸립니다. 그동안에는 상추를 사 먹어야 합니다. 반면, 본격적인 수확기에 들어서면 감당이 안 될 만큼 넘쳐 납니다. 그래서 개개인의 기호에 맞게 다양한 방법으로 소비를 합니다. 쌈, 샐러드, 국, 즙, 잼, 튀김, 생으로 또는 데쳐서 무치거나 겉절이, 김치, 장아찌, 술 담기, 청 담기, 볶음, 삶기, 찌기, 묵나물, 말랭이, 덖거나 말려서 차로 이용하는 등 수없이 많은 레시피가 있습니다.

농사와 요리의 공통점

농사	요리
좋은 토양에서 농사가 잘된다.	신선한 재료가 맛있다.
비료는 감으로 시비한다.	양념은 감으로 사용한다.
• 비료 사용량이 과하면 독이 될 수 있다. • 작물에 따라 시비량이 달라지므로 적당한 양을 사용해야 한다. • 경험이 필요하다.	• 양념이 과하면 요리를 망칠 수 있다. • 소금은 심혈 관계 질환의 원인이 되므로 약간 싱겁게 사용한다. • 경험이 필요하다.

이 책에서는 작물 재배를 중심으로 재배 과정을 소개합니다. 또한 수확한 작물의 일반적인 보관법, 작물의 효능과 이용 방법 정도만 소개하며 레시피는 언급하지 않겠습니다.

우선 필자는 농사꾼일 뿐, 요리사가 아닙니다. 설령 제가 백주부처럼 요리를 잘하더라도 언급하지 않겠습니다. 그 이유는 농사와 요리의 경계가 모호해져서 이도저도 아닌 책이 돼 버리기 때문입니다. 요리는 농사와는 전혀 다른 분야입니다.

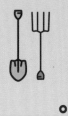

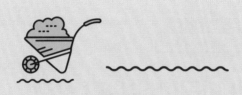

다섯째마당

푸르름 가득한 영양소 대장, 잎채소

부드러운 식감과 향긋한 알싸함 쑥갓

분류 국화과

원산지 지중해

재식 거리 포기 간격 20~25cm, 줄 간격 20cm

직파 ◯ **육묘** △

퇴비 5kg **복합비료(완효성)** 없음

추비 없음

비고 2평 기준

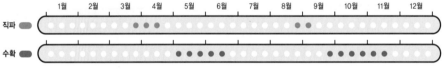

	1월	2월	3월	4월	5월	6월	7월	8월	9월	10월	11월	12월
직파			● ●	●				● ●				
수확					● ● ● ●	●			● ● ● ●	● ● ●		

향긋한 향이 매력적인 쑥갓은 예로부터 위를 따뜻하게 하고 장을 튼튼하게 하며 소화가 잘되는 알카리성 작물입니다. 쑥갓에는 칼슘 성분이 많고 비타민 A, B, C가 풍부한 작물입니다. 쑥갓은 상추에 곁들여 쌈으로 먹거나 튀김으로도 섭취할 수 있고 어떤 음식과도 잘 어울립니다. 특별한 병충해가 없어 초보자도 재배하기 쉬운 작물 중 하나로, 상추와 함께 조금만 심어도 많은 수확을 할 수 있습니다. 기온이 15℃ 이상 올라갈 때 파종하고 10℃ 이하이거나 30℃가 넘으면 발아율이 떨어지므로 한여름 재배는 피하는 게 좋습니다. 이식성이 좋아 옮겨 심기를 해도 잘 자랍니다. 원줄기를 잘라 수확하면 곁가지에서 새로운 줄기가 계속 자랍니다.

쑥갓 파종 시기

봄 파종은 3월 하순~4월 중순경, 가을 파종은 8월 하순~9월 상순이 적당합니다. 쑥갓은 육묘를 하거나 줄뿌림 또는 흩어뿌림을 하며 발아율이 높지 않기 때문에 다른 씨앗에 비해 조금 넉넉하게 뿌립니다. 쑥갓의 최적 발아 온도는 15~20℃이며 보통 3~5일이면 싹이 납니다. 파종일 기준으로 봄 파종은 30~40일, 가을 파종은 50일 전후에 수확할 수 있습니다.

쑥갓 품종 선택

쑥갓은 잎의 크기로 대엽쑥갓, 중엽쑥갓, 소엽쑥갓으로 나뉩니다. 이중 중엽쑥갓은 내한성이 강하고 곁가지 발생 수와 마디 생장이 왕성하여 가장 많이 재배되고 있습니다. 농협이나 종묘상에서 판매하는 것은 대부분 중엽쑥갓 씨앗입니다.

판매 중인 중엽쑥갓

쑥갓 씨앗

쑥갓밭 만들기

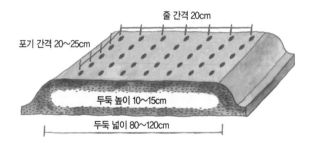

쑥갓밭은 평이랑으로 만듭니다. 두둑의 넓이는 80~120cm 정도, 포기 간격은 20~25cm,

줄 간격은 20cm 정도로 합니다. 쑥갓은 자라는 동안 비료가 많이 필요하지 않습니다. 퇴비만 줘도 잘 자라며 추비는 하지 않습니다.

쑥갓 재배 과정

20cm 간격으로 쑥갓 파종하는 모습

◀ **4월 13일**

종묘상에서 중엽쑥갓 씨앗을 샀습니다. 씨앗의 양 대비 가격은 저렴한 편입니다. 포기 간격은 20cm, 줄뿌림했습니다.

쑥갓 싹

◀ **4월 28일**

싹이 나기 시작합니다. 쑥갓은 건조에 약하므로 겉흙이 마르지 않도록 자주 물을 줍니다.

솎음은 2~3회한다.

◀ **5월 17일**

날이 따뜻해져서 하루가 다르게 잘 자라고 있습니다. 쑥갓은 파종 후 30~50일이 지나면 솎음 수확을 할 수 있을 만큼 잘 자라는 작물입니다. 밀집된 곳을 뿌리째 뽑아 2~3회 솎음 수확합니다. 필자는 솎음한 쑥갓을 제일 좋아합니다. 이때의 잎줄기는 부드럽고 연해서 뿌리를 제외한 모든 부분을 먹을 수 있습니다.

솎음 수확한 쑥갓

생장점을 잘라 수확

◀ **5월 28일**

쑥갓의 키가 한 뼘 이상 자라면 원가지의 생장점을 잘라 수확합니다. 그러면 곁가지가 여러 개 나와 자라게 되고 자라는 곁가지를 계속 수확할 수 있습니다.

쑥갓 꽃봉오리

◀ **6월 7일**

꽃봉오리가 발생했습니다. 쑥갓은 비교적 짧은 기간에 수확이 끝나는 작물입니다. 보통 6월 중·하순경에는 꽃이 피기 때문에 수확할 수 있는 기간은 길지 않습니다. 꽃봉오리의 발생 시기는 그해의 기후와 수확 시기에 따라 차이가 있습니다. 원가지에서 먼저 꽃이 피는데 원가지를 수확했을 경우, 곁가지에서 꽃이 핍니다.

추대된 쑥갓(꽃말은 상큼한 사랑)

◀ **6월 14일**

꽃이 만개했습니다. 꽃이 피면 잎이 자라지 않고 줄기가 질겨져 먹지 못하게 됩니다. 추대된 쑥갓은 꽃이 예뻐서 관상용으로도 좋고, 몇 포기 남겼다가 채종해도 됩니다. 하지만 소규모 텃밭에서는 쑥갓 한 봉지를 사면 양이 많고 값도 저렴해 산 씨앗도 다 못쓰고 버리게 됩니다. 결국 채종의 실익이 없어 대부분 뽑아버립니다.

서리 맞은 쑥갓

◀ **11월 3일**

된서리를 맞은 쑥갓입니다. 가을 재배는 추대하지 않습니다. 국화과의 쑥갓은 장일 식물입니다. 또한 쑥갓은 추위를 견디는 능력이 강해서 새벽 기온이 영하로 떨어지거나 된서리를 맞아도 문제 없습니다. 그렇다고 추위를 무한정 견딜 수 있는 건 아닙니다. 날이 지속적으로 추워지기 시작하는 11월에 투명 비닐을 씌워 보온하면 생육 기간을 다소 연장할 수 있지만, 그 기간은 길지 않습니다.

쑥갓 추대를 막을수 있을까?

밑동을 베어 수확

◀ **6월 16일**

쑥갓은 생장점을 잘라 수확을 하거나 벌초를 하듯이 포기를 베어 수확합니다. 이때 줄기는 10cm 정도 남겨 두고 자릅니다. 베어 낸 포기는 다 먹을 수 없고 연한 잎과 줄기만 골라 수확합니다.

다시 자란 쑥갓

◀ **7월 7일**

또 다른 곁가지가 발생해 무성하게 자랐습니다. 일단 꽃이 피는 건 막았습니다. 그러나 여름철의 고온다습한 기후로 인해 잘 자라지 않습니다. 결국 가을까지 계속 수확할 수 있지만, 맛이 떨어지는 건 감수해야 합니다.

쑥갓 옮겨 심기

쑥갓 옮겨 심기

◀ **9월 10일**

쑥갓을 옮겨 심는 모습입니다. 한곳에 1~2포기를 붙여 심습니다. 뿌리에 흙이 없는 데 살 수 있을까요?

쑥갓은 옮겨 심어도 잘 자란다.

◀ **10월 14일**

2차 수확을 한 모습입니다. 쑥갓은 옮겨 심어도 잘 자랍니다. 한 포기도 죽지 않고 모두 살았습니다. 파종이 늦었을 경우, 주변에서 몇 포기 얻어 심는 것이 좋습니다.

쑥갓 병충해

굴파리 피해

진딧물 피해

쑥갓은 특별한 병충해가 없어 재배하기 쉬운 채소입니다. 그러나 가끔 쑥갓의 꼭대기 부분에 진딧물이 붙어 있는 걸 볼 수 있습니다. 이때는 진딧물이 붙은 줄기를 잘라 내거나 심한 경우 뽑아 냅니다. 또한 굴파리가 잎의 뒷면에 낙서를 하거나 심한 경우 굴파리 알도 볼 수 있습니다. 수확 시 벌레 알을 먹는 찜찜한 일이 생기지 않도록 하려면 잎의 뒤쪽을 잘 살펴보세요.

쑥갓 보관법

쑥갓은 건조한 곳에서 잘 시드는 성질이 있습니다. 가급적 수확 즉시 먹는 게 좋지만, 부득이 보관을 해야 할 경우 시든 잎을 제거한 후 쑥갓에 물을 적당히 뿌리고 신문지에 싸서 냉장고에 세워 보관합니다. 또한 좀 더 오랫동안 저장해야 할 경우에는 냉동 보관이 좋습니다. 쑥갓을 살짝 데친 후 물기를 없애고 밀폐 용기에 넣어 냉동합니다.

오** 꽃봉오리 핀 건 먹어도 되는데 전 먹으니 좀 아린 맛? 꽃은 떼고 드세요.

친** 쑥갓은 꽃대를 자꾸 꺾어 주면 옆으로 새순이 나와서 가을까지 먹을 수 있어요.

꽃** 작년에 굴파리 때문에 쌈 채소류 50포기는 버렸을 거예요. 종묘사에 물어보니 진작 살충제 뿌렸어야 한다며…. ㅜㅜ

은** 굴파리 때문에 성한 잎을 골라 내면 먹을 것이 없어요. 그래서 베란다에 심었는데 잘 안 자라네요.

소** 전 쑥갓에 굴파리가 너무 많이 자리잡아서 못 키우겠어요. 도대체 먹을 잎이 없으니…. ㅜㅜ 퇴출 대상이에요~

지** 며칠 흐리더니 몇 개 없는 제 쑥갓에 진딧물이 모임을 하고 있네요. ㅠㅠ

행** 쑥갓은 키우기 좋은데 금방 꽃이 펴서 오래 못 먹는 게 아쉽습니다.

꽃** 꽃대를 제거하면 새순이 나오는데, 아주 잠깐이에요. 다시 꽃대가 나옵니다.

입에 쓰고 몸에 좋은 **치커리**

분류 국화과

원산지 북유럽(추정)

재식 거리 포기 간격 20~25cm / 줄 간격 20cm

직파 ○　**육묘** ○

퇴비 10kg　**복합비료(완효성)** 300g

추비 없음

비고 2평 기준

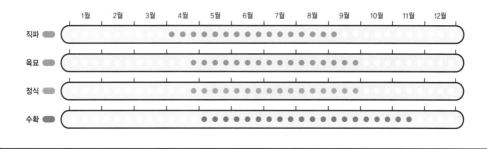

치커리는 '꽃상추' 또는 '엔다이브(Endive)'라고도 합니다. 우리나라에서는 주로 쌈 채소나 샐러드로 이용되고 있지만, 유럽에서는 약용으로도 쓰입니다. 치커리의 손꼽을 만한 효능은 당뇨 예방에 도움이 된다는 것입니다. 이 밖에 장의 건강과 소화에 도움을 주고 두뇌 건강 및 뼈 건강에도 효능이 있습니다. 치커리에는 칼슘 성분이 다량으로 함유돼 있습니다. 또한 치커리는 병충해가 많지 않아 재배하기 무난한 작물입니다. 치커리의 발아 온도는 20~25℃ 정도이며, 생육이 왕성하고 환경에 잘 적응하며 상추처럼 서늘한 기후를 좋아하는 특성이 있으므로 치커리 재배에는 봄, 가을이 좋습니다.

치커리 파종 시기

치커리는 재배 폭이 넓은 채소로, 상추를 가꿀 수 있는 조건이면 어디서든 재배할 수 있습니다. 토질은 통기성이 좋고 토심이 깊으며 유기물이 풍부하고 햇빛을 잘 받는 곳이 좋습니다. 또한 다른 채소보다 병해충이 적고 꽃대도 잘 안 올라와 수확 기간이 다소 긴 편입니다. 보통 치커리는 기온이 올라가는 4월부터 파종합니다. 직파를 하거나 육묘 후 옮겨 심기를 합니다. 치커리는 기온이 충분히 올라가는 5월부터 급격하게 성장하며 이후 꽃대가 올라오면서 꽃을 피우고 씨를 맺습니다. 꽃대가 올라오면 잎이 자라지 않고 억세져서 먹을 수 없게 됩니다. 한편 품종에 따라 꽃대가 올라오지 않거나 늦게 올라오는 품종도 있습니다.

판매 중인 치커리 모종

치커리 품종 선택

치커리는 크게 잎을 먹는 치커리와 뿌리를 먹는 치커리로 나뉩니다. 또한 치커리는 상추 만큼이나 종류가 다양합니다. 잎의 색이 적색, 녹색, 검푸른색, 짙은 자색, 얼룩무늬 등으로 다양합니다. 상추처럼 잎이 넓거나 가늘며 오글거리는 치커리가 있고, 결구 상태에 따라 결구, 반결구, 불결구 치커리로 나눌 수 있습니다. 씨앗은 2,000원 정도로 저렴하므로 종류별로 골고루 심으면 다양한 치커리의 맛을 즐길 수 있습니다. 필자는 5~6가지 품종을 혼합한 모듬 치커리를 주로 재배합니다.

여러 품종의 모듬 치커리

냉이처럼 바닥에 붙어 자라는 치커리

치커리밭 만들기

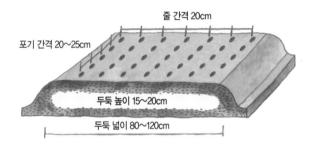

줄 간격 20cm

포기 간격 20~25cm

두둑 높이 15~20cm

두둑 넓이 80~120cm

치커리밭은 보통 평이랑으로 만듭니다. 두둑의 넓이는 80~120cm, 포기 간격은 20~25cm, 줄 간격은 20cm 정도로 합니다. 치커리는 비료가 많이 필요한 작물이 아니므로 밑거름으로 퇴비만 넣어도 잘 자라며 보통 추비는 하지 않습니다.

치커리 봄 재배

◀ **4월 17일**
치커리 2종(청치커리, 적치커리)을 파종하는 모습입니다. 간격은 20cm, 파종 방법은 줄뿌림입니다.

◀ **5월 4일**

싹이 나기 시작했습니다.

◀ **5월 9일**

어린 치커리 싹입니다. 밀집된 곳부터 2~3차례 솎아 줍니다,

◀ **5월 21일**

치커리는 우려할 만한 병충해가 없어 누구나 쉽게 재배할 수 있는 작물입니다. 추비도 하지 않습니다.

◀ **6월 1일**

치커리를 수확하는 모습입니다. 청치커리, 적치커리는 상추처럼 가장자리의 잎을 따서 수확합니다. 배추처럼 포기를 수확하는 품종도 있습니다.

◀ **7월 21일**

꽃대가 올라오더니 꽃이 피기 시작합니다. 꽃대가 올라오면 잎이 자라지 않고 억세지기 때문에 채종이 목적이 아니라면 서둘러 수확을 마치는 것이 좋습니다.

치커리 여름 재배

◀ **8월 22일**

모듬 치커리 3종(種)의 모습입니다. 파종일은 4월 18일입니다. 다른 치커리와 달리, 꽃을 피우지 않았습니다. 그러나 30℃가 넘는 고온과 장마에 잎이 짓무르고 억세지며 뿌리가 물러 뽑아 낸 포기도 많았습니다. 결국 여름 재배는 실익이 많지 않기 때문에 가급적 피하는 것이 좋습니다.

치커리 가을 재배

모든 쌈 채소류가 그렇듯이 치커리 또한 가을 재배가 제일 맛이 좋습니다. 보통 가을 파종은 8월 중·하순부터 하며 추대하지 않기 때문에 초겨울까지 수확할 수 있습니다.

◀ **8월 30일**

치커리 2종을 파종하는 모습입니다. 심는 간격은 20cm 줄 뿌림했습니다.

◀ **9월 22일**
밀집된 곳을 수시로 솎음 수확했습니다.

◀ **10월 24일**
서리 맞은 치커리의 모습입니다. 바닥에 납작 엎드려 있습니다. 잎을 만지면 부서질 것 같습니다.

◀ **11월 5일**
치커리는 추위에 무척 강한 작물입니다. 새벽 기온이 영하로 떨어지고 된서리를 맞아도 죽지 않습니다. 그러나 잘 자라지 않고 날이 지속적으로 추워지기 전에 수확을 마쳐야 합니다. 한편 기온이 따뜻한 남쪽 지역에서는 무보온 겨울나기도 가능합니다.

치커리 옮겨 심기

직파한 작물은 가급적 옮겨 심지 않는 게 좋습니다. 뿌리 채소의 경우는 더더욱 그렇습니다. 그 이유는 무엇일까요? 가장 큰 이유는 살지 못하기 때문입니다. 그렇지만 옮겨 심어야 하는 경우가 있습니다. 치커리는 옮겨 심어도 100%에 육박하는 놀라운 생존율을 보입니다. 같은 날 같은 자리에 옮겨 심은 상추는 50% 정도 살았는데, 치커리는 100% 살았습니다. 대단한 녀석들입니다. 다음은 치커리를 옮겨 심는 과정입니다.

◀ 7월 11일

6월 24일에 직파한 치커리를 옮겨 심기로 했습니다. 우선 물을 흠뻑 주고 불이 충분히 스며들기를 기다렸다가 호미니 모종삽으로 캐냅니다.

◀ 한 포기씩 떼어 냅니다. 뿌리는 가급적 끊어지지 않게 조심스럽게 떼어 냅니다. 심을 때는 2~3포기씩 심고 활착되면 한 포기만 남기고 속아도 됩니다.

◀ 지금 치커리에 가장 중요한 건 수분입니다. 흙이 마르지 않게 물 주기를 잘해야 합니다. 필자는 거의 매일 밭에 가자마자 물을 주고 집에 갈 때도 물을 줬습니다. 과연 살 수 있을까요?

◀ 9월 12일

한 포기도 죽지 않고 모두 생존했습니다. 마땅한 쌈거리가 없는 때라 깻잎으로 연명했는데, 아주 요긴하게 먹을 수 있었습니다.

치커리 병충해

치커리는 우려할 만한 병충해가 없어 누구나 쉽게 재배할 수 있는 채소입니다. 비가 잦은 장마철에는 민달팽이가 어쩌다 보였지만, 개체수가 많지 않았고 피해는 거의 없다시피했으며, 뿌리 치커리에는 일반 달팽이가 보였지만, 이 역시 피해는 경미했습니다.

뿌리 치커리 잎을 가해하는 달팽이

뿌리 치커리

뿌리 치커리는 커피와 섞어 맛을 부드럽게 할 목적으로 재배하다가 약용 및 커피 대용으로 재배가 이뤄지고 있습니다. 뿌리에서 우러나오는 독특한 향과 쓴맛이 매력적이며 카페인이 없어 노인, 임산부, 아이들에게도 제격인 채소입니다. 잎을 먹어도 되지만, 주목적은 뿌리입니다.

뿌리 치커리는 서늘한 기후에서 비교적 뿌리의 비대가 잘되므로 가을 재배가 좋습니다. 봄 재배는 한여름에 수확하게 되는데, 잦은 비로 잔뿌리가 많이 발생하고 짓무르거나 뿌리가 갈라지기도 합니다. 재식 거리는 30cm 정도로 파종하며 재배 방법은 다른 치커리와 같습니다.

뿌리가 갈라진 뿌리 치커리(7월 19일)

잦은 비로 뿌리가 짓무른 뿌리 치커리

된서리를 맞은 뿌리 치커리(11월 9일)

뿌리 치커리 수확(11월 10일)

뿌리를 캐내 껍질은 벗기지 않고 적당한 크기로 잘라 말린 후 뻥튀기를 하거나 약한 불로 짙은 갈색이 될 때까지 덖은 후 차를 끓이면 구수한 맛이 더욱 증가됩니다. 커피가 흔한 현대 사회! 몸에도 좋고 눈에도 좋은 치커리 뿌리차로 티타임을 가져 보는 건 어떨까요?

건조기에 뿌리 치커리 말리기(11월 10일)

말린 뿌리 치커리 덖기(11월 11일)

또** 치커리를 좋아해서 하루 한 번은 샐러드로 먹습니다. 처음에는 쓴맛이 싫었는데 이젠 좋아요.

블** 봄에 심으면 너무 써서 저는 가을에만 심어요. 가을에 심으면 겨울에도 먹고 이듬해 봄까지 맛있게 먹을 수 있어요(거제도).

블** 끓는 물에 살짝 데쳐서 햇양파를 넣고 약간 새콤하게 된장나물을 해서 먹으면 별미에요.

행** 작년에 심은 치커리가 죽지 않고 다시 싹이 나네요. 몇 포기는 채종하려고 합니다(양산).

청** 20년 전 양구에서 군 생활을 했는데 동계 훈련때 동네 어르신이 고생한다며 치커리차를 주시더라고요. 정말 구수했습니다.

톡 쏘는 매운맛이 매력적인 쌈 채소 **겨자채**

분류 십자화과

원산지 중앙아시아

재식 거리 포기 간격 20~30cm / 줄 간격 15~20cm

직파 ○ **육묘** ○

퇴비 10kg **복합비료(완효성)** 300g

추비 없음

비고 2평 기준

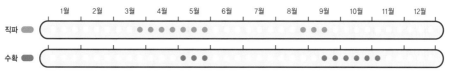

	1월	2월	3월	4월	5월	6월	7월	8월	9월	10월	11월	12월
직파			●●●	●●●●				●●●				
수확					●●●				●●●●●●			

밋밋한 상추는 가라! 겨자채는 십자화과의 한해살이 채소로, 곱슬겨자채, 적겨자채, 잎 겨자채, 황겨자채 등 종류가 다양하지만, 우리나라에서는 주로 잎의 색이 푸른 곱슬겨 자채와 붉은색의 적겨자채를 주로 재배합니다. 비타민 A와 C가 다량 함유돼 있으며 몸 안의 독을 풀어 주는 데 효과가 좋습니다. 톡 쏘는 매운맛이 특징으로, 겨자와 비슷한 맛을 내기 때문에 쌈이나 무침, 샐러드로 이용합니다.

겨자채밭 만들기

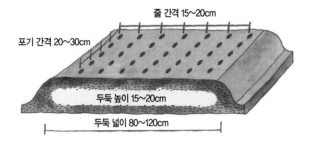

겨자채를 심을 곳은 물 빠짐이 좋고 비옥한 토양이 좋습니다. 밭은 보통 평이랑으로 만
드는데 두둑 넓이는 80~100cm, 포기 간격은 20~30cm, 줄 간격은 15~20cm 정도로 합
니다. 약한 그늘이 져도 비교적 잘 자라는 편입니다. 단, 연작 장해가 있으므로 십자화
과 작물을 재배한 곳을 피해 심을 곳을 선택합니다.

겨자채 파종 솎음

겨자채는 보통 줄뿌림을 합니다. 이후 싹이 나면 줄 간격 15~20cm 정도 되게 1~2회 솎
아 줍니다. 잎이 손바닥보다 크게 자라기 때문에 간격을 넓직히 유지하는 게 관리하기
좋습니다.

4월 12일 적겨자 싹(파종일: 3월 22일)

겨자채 봄 재배

봄 재배는 날씨가 따뜻해지는 3월 하순부터 하며 5월부터 수확할 수 있습니다. 그러나 해가 길어지는 6월에는 추대합니다. 꽃대는 나올 때마다 잘라 주면 좀 더 수확할 수 있겠지만, 그 기간은 길지 않습니다. 한편 추대 시작일은 그해의 기후에 따라 달라지는데, 예년보다 기온이 높으면 다소 빨라집니다.

자라는 모습(5월 4일)

추대 시작(6월 2일)

만개한 적겨자(6월 21일)

겨자채 수확하기

적겨자 수확은 잎의 수가 8~10장일 때, 잎의 크기가 20cm 크기로 자랐을 때 수확하는 게 적당합니다. 수확이 늦으면 잎이 질겨져 식감이 떨어지기 때문에 수시로 수확합니다. 수확은 상추처럼 가장자리 잎부터 따는데, 줄기에 잎이 남아 있지 않도록 깨끗이 따야 합니다.

수확은 손바닥 크기만 할 때가 좋다(5월 11일).

깨끗이 따자.

겨자채 가을 재배

겨자는 가을 재배가 맛이 좋습니다. 8월 하순부터 9월 중순까지 파종하며 10월부터 수확합니다. 가을 재배는 추대하지 않습니다. 또한 겨자채는 추위에 강하기 때문에 서둘러 수확을 끝내지 않아도 됩니다.

오전 서리를 맞은 모습(11월 9일)

오후에 회복한 모습(11월 9일)

겨자채 병충해

겨자채에 해를 끼치는 주요 해충으로는 벼룩잎벌레와 노린재 정도가 있습니다. 특히 벼룩잎 벌레는 발아 후 떡잎부터 가해하기 때문에 피해가 많습니다. 벼룩잎벌레는 잎에 구멍을 내는데 잎이 커지면서 구멍도 함께 커지기 때문에 먹기가 꺼림직하며, 경우에 따라서는 버리게 됩니다.

벼룩잎벌레의 공격으로 레이스가 된 겨자채

겨자채를 가해하는 비단 노린재

겨자채 보관

수확한 잎은 씻지 않고 비닐 팩에 밀봉해 공기의 접촉을 차단하고 5℃ 이하의 냉장고에 넣어 두면 3~4일 정도 보관할 수 있습니다.

블로그이웃들의수다

기**	청겨자는 매콤하면서 맛있지만, 벌레는 엄청 꼬이죠. ㅋㅋ
겨**	저희 집 겨자의 반은 벌레가 먹고 구멍 송송 난 건 제가 먹어요. ㅜㅜ
자**	키는 작은데 벌써 꽃이 핀 것도 있더라고요. 그래서 보이는 족족이 따 줬죠. ㅎㅎ (고양시 5월 29일)
두**	꽃대 나올 때마다 꺾어 주세요. 그럼 좀 더 수확할 수 있어요. ^^
두**	갑자기 날씨가 더워지면서 올해는 꽃대가 일찍 올라오는 것이 많아요. 올해 사서 씨뿌린 와사비채도 벌써 꽃대가 올라오더라고요. ㅠㅠ(서울 5월 29일)
관**	저는 겨자채를 좋아합니다. 먹을 때 향이 너무 좋아요. 근데 벌레들도 좋아하더군요. 그래서 벌레들과 같이 먹지요. ㅜㅜ

물과 흙만으로 재배할 수 있는 **경수채(교나)**

분류 십자화과

원산지 일본

재식 거리 포기 간격 30cm / 줄 간격 10~20cm

직파 ○ **육묘** ×

퇴비 5kg **복합비료(완효성)** 없음

추비 없음

비고 2평 기준

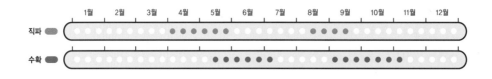

	1월	2월	3월	4월	5월	6월	7월	8월	9월	10월	11월	12월
직파				●●●	●●●			●●●	●			
수확					●●●●	●			●●●●●●●			

비료를 많이 주지 않고도 흙과 물만으로 재배되는 채소라 하여 경수채라는 명칭이 붙은 채소로, 일본에서는 '교나' 또는 '미즈나'라고 부릅니다. 잎이 가늘고, 잘라 내면 다시 자랍니다. 우리나라 사람들에게는 아직 생소할 수 있지만 일본에서는 쉽게 키워 먹는 채소입니다. 누구나 쉽게 키울 수 있는 경수채, 한번 키워 볼까요?

경수채 파종 시기

봄 파종은 4월 상순부터 5월 하순까지 가을 파종은 8월 중순부터 9월 중순까지가 좋습니다. 경수채는 생장 속도가 놀라울 정도로 빠른 작물입니다. 직파해도 잘 자라며 육묘 재배는 권장하지 않습니다.

경수채밭 만들기

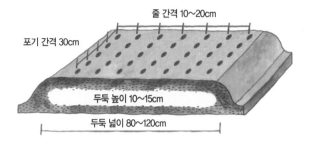

흙과 물만으로도 잘 자라는 채소이므로 비료는 주지 않아도 잘 자랍니다. 배수가 잘되는 토양에서 잘 자라므로 건조한 곳은 피합니다. 퇴비는 주지 않아도 잘 자라지만, 척박한 땅에서는 일반 채소의 절반 정도인 5kg 정도만 시비합니다.

경수채 재배 과정(봄 재배)

30cm 간격으로 줄뿌림하는 모습

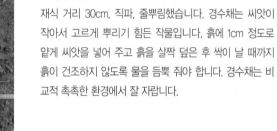

◀ **4월 13일**

재식 거리 30cm, 직파, 줄뿌림했습니다. 경수채는 씨앗이 작아서 고르게 뿌리기 힘든 작물입니다. 흙에 1cm 정도로 얇게 씨앗을 넣어 주고 흙을 살짝 덮은 후 싹이 날 때까지 흙이 건조하지 않도록 물을 듬뿍 줘야 합니다. 경수채는 비교적 촉촉한 환경에서 잘 자랍니다.

경수채 싹

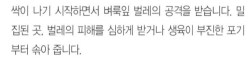

◀ **4월 28일**

싹이 나기 시작하면서 벼룩잎 벌레의 공격을 받습니다. 밀집된 곳, 벌레의 피해를 심하게 받거나 생육이 부진한 포기부터 솎아 줍니다.

경수채가 자라는 속도는 5G급

◀ 5월 5일

며칠 사이에 놀라운 속도로 자랍니다. 경수채만큼 잘 자라는 작물도 없을 거라는 생각이 들곤 합니다. 경수채는 물을 매우 좋아하는 채소입니다. 가물지 않게 수시로 물을 줍니다.

솎음 수확한 경수채

◀ 5월 11일

기온이 높아지면서 하루가 다르게 자랍니다. 밀집된 곳을 솎아서 수시로 수확합니다. 필자는 솎음한 게 연하고 부드러워 가장 좋아합니다.

포기째 수확한 경수채

◀ 5월 17일

경수채는 키가 25~30cm 정도 됐을 때가 수확의 적기이며 더 자라면 잎이 질겨집니다.

다음은 경수채를 수확하는 방법입니다.

1. 포기 수확
배추처럼 포기째 뽑아 수확합니다.

2. 잎 수확
상추 잎을 따듯이 가장자리 잎을 수시로 수확합니다.

3. 밑동을 베어 수확
가위나 칼로 부추를 자르듯이 밑동의 베어 수확하는데 5cm 정도는 남겨 두고 자릅니다. 잎은 다시 자랍니다. 베어 내는 시기와 크기에 따라 다르지만, 여름철에는 3~4번, 가을철에는 2~3번 정도 더 수확할 수 있습니다.

경수채 가을 재배

경수채 씨앗

가을 파종은 8월 중순부터 9월 중순까지가 좋습니다.

밑동을 베어 수확한 모습

◀ **10월 4일**

밑동을 베어 수확했습니다. 앞에서 경수채는 밑동을 베어
수확한다고 했습니다. 다시 자라는지 살펴보겠습니다.

다시 자라는 경수채

◀ **10월 13일**

9일 만에 이만큼 자랐습니다.

◀ 10월 24일

잎은 다 자랐지만 이른 된서리를 맞고 추위에 떨고 있습니다. 잎을 만지면 바스러질 것 같습니다.

된서리를 맞은 경수채

◀ 11월 9일

경수채는 추위에 강한 작물입니다. 새벽에 서리를 맞아도 기온이 영상을 회복하면 멀쩡해집니다. 그렇다고 겨울나기를 할 수는 없으므로 날이 지속적으로 추워지기 시작하면 수확을 마칩니다.

회복한 모습

경수채 이용과 효능

경수채는 씹는 맛이 아삭아삭하고 향이 있어 고기의 누린내를 없애 줍니다. 쌈 채소로 먹기도 하고 조림과 절임, 전골 등에도 이용하며 오리고기나 굴과 함께 요리하면 냄새를 없애 주는 역할을 합니다.

골다공증 예방에 좋은 경수채

경수채는 베타카로틴, 비타민 B와 C가 많은 것이 특징입니다. 감기 예방과 노화 방지에 효과가 좋습니다. 특히 피부에도 좋은 성분이 다량 함유돼 있어 기미와 잡티를 없애고 싶을 때 경수채를 섭취하면 도움이 됩니다. 칼슘, 인, 나트륨이 많이 함유된 경수채를 섭취하면 골다공증의 예방에도 도움이 됩니다.

경수채 보관법

경수채는 신문지에 싼 후 비닐봉지에 넣어 밀봉하고 세워서 냉장 보관합니다. 오랫동안 보관할 수 없으므로 가급적 빨리 먹는 게 좋습니다. 냉동 보관 시 살짝 데쳐 물기를 짠 후 알맞은 크기로 썰어 소포장으로 나눠 보관합니다. 무침으로 쓸 때는 전날 냉장실에 옮겨 자연 해동하는 것이 좋으며 국거리로 쓸 때는 얼린 채로 넣는 것이 좋습니다.

필자의수다

추대는 꽃대가 올라오고 꽃이 피는 일을 말합니다. 경수채는 장일 조건에서 추대가 됩니다. 그러나 재배 기간 동안에는 추대되지 않았습니다. 워낙 빠르게 자라 조기에 정리를 해서 못 봤을 수도 있겠지만, 추대는 상당히 안정적인 것 같습니다. 한편 기온이 따뜻한 남쪽에서는 무보온으로 겨울나기를 하고 봄에 꽃을 피운다는 전우들의 의견이 있었습니다.

블로그이웃들의수다

민** 샐러드요. 아삭하고 맛있어요. 샤브샤브와 같은 전골에도 넣어 먹어요. 뜨겁게 요리해도 줄기는 아삭해요.

게** 식감이 좋았어요. 성장 속도도 끝내 줍니다.

은** 싹뚝 자르니 또 자라더라고요~

꾸** 미즈나는 일본에서 생활할 때 자주 먹던 채소예요. 항상 샐러드에 빠지지 않고 나옵니다.

고수(高手)만 먹을 수 있는 **고수**

분류 미나리과

원산지 지중해 동부 연안

재식 거리 포기 간격: 잎 수확 20cm, 씨앗 수확 30cm / 줄 간격: 잎 수확 15~20cm, 씨앗 수확 25~30cm

직파 ○ **육묘** △

퇴비 10kg **복합비료(완효성)** 300g

추비 없음

비고 2평 기준

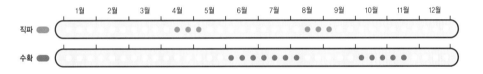

고수는 '빈대풀', 코리안더(Coriander), 실란트로(Cilantro) 등으로 불리는 미나리과 허브입니다. 일년생 초본으로, 키는 40~60cm이며 배수가 좋은 비옥한 토양에서 잘 자랍니다. 잎과 줄기 씨앗을 이용하며 중국 요리나 베트남 요리에 많이 사용되고 있습니다. 고기의 누린내를 없애 주고 소화를 촉진하며 다양한 효능을 가지고 있어 한방에서도 약재로 쓰이지만, 특유의 향으로 호불호가 심하게 갈리기도 합니다.

고수밭 만들기

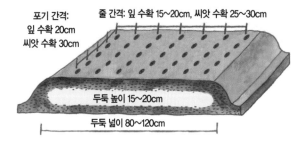

포기 간격:
잎 수확 20cm
씨앗 수확 30cm

줄 간격: 잎 수확 15~20cm, 씨앗 수확 25~30cm

두둑 높이 15~20cm

두둑 넓이 80~120cm

고수는 육묘 후 정식하는 방법도 가능하지만 발아력이 좋고 솎음 수확도 할 수 있어 직파를 하는 게 일반적입니다. 저 역시 직파를 권장합니다. 봄 재배는 4월 중·하순부터 5월 상순, 가을 재배는 8월 중순부터 9월 상순까지가 좋습니다. 포기 간격은 이용 목적에 따라 달라지는데, 잎이 목적인 경우 20cm, 씨앗이 목적인 경우 30cm 정도의 포기 간격을 둡니다. 가을 재배는 꽃이 피지 않습니다. 한편, 봄에 파종이 늦으면 잎은 수확할 수 있지만, 꽃이 피어도 씨앗을 맺지 못하는 경우가 있습니다. 씨앗이 목적이라면 너무 늦지 않게 파종해야 합니다.

고수 자라는 모습(봄 재배)

◀ 4월 13일

재식 거리는 20cm, 씨앗은 물에 불리지 않고 줄뿌림했습니다. 씨앗이 목적인 경우, 30cm 정도의 간격을 둡니다. 고수는 다른 작물에 비해 씨앗이 큼직한 편입니다. 또한 1개의 씨앗에는 작은 2개의 씨앗이 들어 있어 뿌림하기가 좋습니다. 너무 몰리지 않게 뿌림하고 발아 시까지 겉흙이 마르지 않게 관리합니다.

◀ 4월 28일

15일 만에 싹이 난 모습입니다. 고수의 적정 발아 온도는 10~20℃이며 싹이 나오기끼지 보통 10~14일 정도가 걸립니다. 물에 불려 심으면 발아 기간이 다소 단축됩니다.

◀ 5월 18일

고수는 건조에 약한 작물입니다. 겉흙이 마르지 않게 물을 주며 수시로 밀식된 곳을 뿌리째 뽑아 솎음 수확합니다.

◀ 5월 28일

따뜻한 봄 햇살을 받으며 본격적으로 성장합니다. 곁에만 가도 바람결에 고수향이 실려옵니다. 고수는 병충해에도 강해 비교적 키우기 쉬운 작물입니다. 재배 기간 내내 병충해 피해는 없었습니다.

◀ **6월 1일**

수확하는 모습입니다. 고수는 키가 20~30cm 자랐을 때 아랫부분 10cm만 남기고 수확합니다. 씨앗이 목적인 경우, 잎 수확을 하지 않고 꽃이 피기를 기다립니다. 줄기를 자를 때마다 고수의 독특한 향이 코를 찌릅니다. 이 특유의 냄새 때문에 해충이 없는 것 같습니다.

◀ 수확 후의 모습입니다. 베어 낸 고수는 곁가지에서 새로운 싹이 다시 자라 2차 수확이 가능합니다. 그러나 키와 잎이 작고 꽃은 거의 피지 않으며 꽃이 피었어도 씨앗은 충실하게 여물지 않습니다.

◀ **6월 5일**

베어 내지 못한 곳은 줄기가 굵어지고 꽃봉오리가 맺히기 시작했습니다. 꽃봉오리가 맺히면 잎이 질겨지기 때문에 수확은 하지 않는 게 좋습니다.

◀ **6월 29일**

고수꽃이 만개했습니다. 꽃은 날이 무더워지는 6월 중순부터 피기 시작합니다. 꽃은 작고 예쁜 흰색으로 피는데, 멀리서 보면 안개꽃처럼 보이기도 합니다. 이제는 씨앗이 맺히기를 기다립니다.

◀ 7월 19일

야속하게도 이때가 비가 잦은 계절입니다. 또한 고수는 여름철 더위에 약하며 비를 오래 맞으면 잎이 녹아 내리기도 합니다. 지지대를 세우고 옆 줄을 맸습니다. 단정해서 보기 좋습니다.

◀ 7월 27일

열매가 누렇게 변색하면 잎도 누렇게 되는데 이때가 씨앗 수확 적기입니다. 고수 씨앗에서도 독특한 향이 납니다. 씨앗을 만진 손에서도 고수의 냄새가 한동안 배어 있습니다. 고수는 맑은 날 이슬이 걷힌 후에 포기째 베어 볕에서 2~3일 잘 말린 후 씨앗을 수습합니다. 씨앗은 손으로 비벼도 될 만큼 잘 떨어집니다. 수확한 씨앗은 다시 2~3일 바싹 말리고 밀폐 용기에 보관합니다. 씨앗은 종자로 사용하거나 향신료로 이용합니다.

고수 자라는 모습(가을 재배)

고수의 둥근 씨앗 하나에는 2개의 씨앗이 들어 있습니다. 고수 씨앗은 껍질이 단단해 반으로 쪼개 심으면 발아가 좋아지고 발아 시일도 앞당길 수 있습니다. 그러나 작은 씨앗을 일일이 쪼개기 힘들기 때문에 쪼개지 않고 그냥 심습니다. 차라리 발아 시일을 앞당길 요량이면 물에 불려 심는 편이 좋습니다. 고수의 가을 재배는 8월 중순부터 9월 상순까지 하며 10월부터 수확합니다. 가을 재배는 선선한 기온으로 인해 꽃이 피지 않습니다. 결국 잎만 수확할 수 있습니다.

◀ **10월 26일**
줄기를 베어 수확하는 모습입니다. 파종일은 8월 18일입니다. 가을 재배는 시기상 줄기를 베어 내면 다시 자라지 않습니다.

◀ **11월 9일**
고수는 놀라울 정도로 추위에 강한 작물입니다. 새벽 기온이 영하로 떨어지고 된서리를 맞아도 전혀 문제 없습니다. 하지만 추위를 무한정 견딜 수 있는 건 아닙니다. 늦지 않게 수확을 마치는 것이 좋습니다. 한편 기온이 온난한 남쪽 지역에서는 무보온으로 겨울나기가 가능하며 이듬해 봄 빠르게 꽃을 피웁니다.

된서리를 맞은 고수(오전 8시)

회복한 모습(오전 11시)

아주 수확

고수 효능과 먹는 법

고수는 항산화 성분인 베타카로틴이 풍부하게 함유돼 있어 활성 산소를 억제하고 노화를 예방하며 당뇨 개선, 위장 건강, 각종 암의 예방에도 효과적인 것으로 알려져 있습니다. 특히 베타카로틴은 인체에 흡수되면 비타민 A로 전환돼 시력을 보호하고 면역력을 높여 주는 효능이 있습니다. 또한 고수는 칼슘과 비타민 K, 인, 마그네슘 등이 풍부하게 함유돼 있어 성장기 어린이와 노인의 골다공증을 예방하는 효능이 있습니다. 그뿐 아니라 엽산과 비타민 B_2가 함유돼 있어 빈혈을 예방하고 마음을 안정시켜 주며 신진대사를 높여 주는 효능이 있습니다.

고수는 잎과 줄기 씨앗을 모두 먹습니다. 생으로도 먹고, 말려서도 먹고, 씨에서 뽑은 기름을 먹기도 합니다. 잎과 줄기는 양념에 비벼 먹거나 잎과 줄기를 말아 초고추장 등에 찍어 먹는 고수강회뿐 아니라 고수김치, 고수 쌈 등으로도 먹습니다. 씨앗은 갈아서 고기나 생선의 나쁜 냄새를 없애고 풍미를 더할 때 주로 쓰이며, 갈지 않고 차로 먹거나 피클을 만들 때는 통째로 넣기도 합니다.

필자의수다

어느해 우연히 고수를 심었습니다. 벌레도 꼬이지 않고 성장도 빨라 재배는 무난했습니다. 그러나 처음으로 맡아 본 고수의 맛과 냄새는 가히 충격적이었습니다. 설명하기조차 어려운 묘한 맛이 나더군요. 마치 비누를 먹는 맛? 그래서 밭에 갈 때마다 뽑을지 말지를 고민해야 했습니다. 그러던 중 동네 이웃에게 고수를 수확해서 건넸는데 며칠 후 김치를 담아 아주 맛있게 먹고 있다는 감사 인사와 함께 음료수 몇 병을 답례로 받았습니다. 우웩, 고수 김치라니~ 그후론 고수를 먹을 수 있는 사람은 진정한 고수(高手)로 인정하기로 했습니다. 그러나 저는 아직도 하수(下手)이며 앞으로도 영원히 하수에서 벗어나지 못할 것 같습니다.

블로그이웃들의수다

ba** 씨앗은 잘 말린 후 갈면 고수 냄새가 아니라 오렌지향이 나더군요. 삼겹살 구울 때도 넣으면 좋아요.

심** 절에선 스님들이 고수김치, 고수나물 등으로 많이 먹는다고 해요. 고수를 먹으면 머리가 맑아져 정신 수양을 하는 데 도움이 된다고 합니다.

쿠** 전 중국에 5년이나 있었지만, 고수는 아직도 적응이 안 됩니다. 죽이나 생선 요리, 면 요리 등 고수가 엄청 들어가 매번 고수를 빼달라고 했네요.

그** 저도 고수는 못 먹는데 큰애가 고수를 많이 좋아합니다. 고수를 먹고 나면 속이 편하다고 하네요. ㅎㅎ

김** 친한 이웃 집에서 좋아하는 채소라고 키우면서 먹길래 삼겹살을 먹으면서 먹어봤는데 적응이 안 되더군요. 마치 휘발유를 먹는 맛이랄까요?

항암과 다이어트에 좋은 **청경채**

분류 십자화과

원산지 중국

재식 거리 포기 간격 15~20cm / 줄 간격 15~20cm

직파 ○ **육묘** ○

퇴비 5~10kg **복합비료(완효성)** 200g

추비 없음

비고 2평 기준

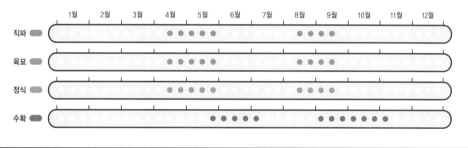

청경채는 중국 배추의 일종으로, 특유의 아삭한 식감으로 쌈채뿐 아니라 볶음 등 다양한 요리에 활용됩니다. 특히 비타민 C와 식이섬유가 풍부해 미용에도 좋은 채소로 인기가 높습니다. 발아 온도는 18~22℃, 적정 생육 온도는 20~25℃이고 12~13℃ 이하의 저온에서는 추대해 꽃이 핍니다. 서늘한 지역에서는 연중 재배가 가능하지만, 특별한 시설이 없으면 봄 재배, 가을 재배가 좋습니다.

청경채밭 만들기

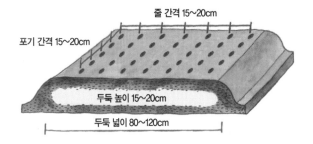

줄 간격 15~20cm

포기 간격 15~20cm

두둑 높이 15~20cm

두둑 넓이 80~120cm

청경채밭은 평이랑으로 만듭니다. 포기 간격은 15~20cm, 줄 간격은 15~20cm 정도로 합니다. 청경채는 비료가 많이 필요한 작물이 아니고 생육 기간도 길지 않으므로 추비를 하지 않아도 잘 자랍니다. 밑거름으로 퇴비와 비료만 조금 뿌려 줍니다. 재배 환경은 통풍이 원활하고 햇볕이 잘 들며 배수가 잘되는 토양이 좋습니다. 청경채는 직파를 하거나 육묘 후 옮겨 심기를 합니다. 청경채는 발아율이 높기 때문에 직파하는 게 비용 및 관리 측면에서 좋습니다.

청경채 봄 재배

보통 봄 파종은 4월 중순부터 5월 하순까지 합니다. 이때 주의해야 할 점은 반드시 파종 시기를 지켜야 한다는 것입니다. 그 이유는 무엇일까요? 청경채는 호냉성 채소이지만 12~13℃ 이하에서는 저온에 반응해 꽃눈이 생기고 이후 온도가 올라가면 꽃대가 올라와 채 자라지도 못하고 추대되기 때문입니다.

호냉성: 비교적 낮은 온도에서(월 평균 기온15~18℃ 정도) 품질이 좋고 최대 수량을 생산할 수 있는 작물

소독된 청경채 씨앗

청경채를 파종하는 모습

◀ 4월 18일

청경채를 파종하는 모습입니다. 재식 거리는 20cm, 줄뿌림 했습니다. 청경채 씨앗은 작고 가볍기 때문에 흙은 아주 살짝만 덮어 주며 발아 시까지 수시로 물을 줘 수분을 유지해 줍니다.

청경채 싹

◀ 5월 4일

싹이 나기 시작합니다. 때 맞춰 벼룩잎벌레도 덤비기 시작합니다. 청경채는 재배 기간 중 2~3회 솎음 작업이 필요합니다. 크는 속도에 맞춰 간격을 넓혀 줘야 잘 자랍니다.

솎음은 수시로 한다.

◀ 5월 21일

기온이 높아지면서 하루가 다르게 자랍니다. 밀집된 곳을 솎아 수시로 수확합니다.

청경채 포기 수확

◀ 6월 2일

중간 수확을 하는 모습입니다. 수확은 포기가 큰 것부터 밑동을 베어 수확합니다. 상추처럼 아랫잎부터 수확을 하는 방법도 있지만, 쉽지 않으므로 포기째 수확하는 방법이 가장 좋습니다. 키 높이가 15cm 이상되고 밑동이 배추처럼 볼록해지면 바로 수확합니다. 너무 크게 키우면 잎이 질겨지므로 다소 어릴 때 수확하는 것이 좋습니다.

추대된 청경채

◀ **6월 6일**

작은 꽃대가 올라오면서 꽃이 피기 시작합니다. 서둘러 수확을 마칩니다.

꽃핀 청경채는 먹을 수 없다.

◀ **6월 12일**

꽃대의 길이가 커졌습니다. 꽃이 활짝 핀 청경채는 사실상 먹을 수 없기 때문에 수확은 하지 않습니다.

청경채 가을 재배

가을 파종은 8월 중순부터 9월 중순까지가 좋습니다. 봄 재배에 비해 해충 피해가 적어 재배하기도 쉽고 맛도 가을 재배가 좋습니다.

된서리를 맞은 청경채

◀ **11월 9일**

서리 맞은 청경채 모습입니다. 청경채는 추위에 강한 채소입니다. 기온이 일시적으로 영하로 내려가 된서리를 맞아도 냉해를 입지 않고, 추대하지 않기 때문에 서둘러 수확하지 않아도 됩니다. 그렇다고 추위를 무한정 견딜수 있는 건 아니며 거의 자라지 않기 때문에 날이 계속 추워지면 수확을 마칩니다.

청경채 병충해

벼룩잎벌레 피해를 입은 청경채

청경채는 우려할 만한 병해는 없습니다. 크게 신경 쓰지 않아도 무난하게 재배할 수 있습니다. 그러나 재배 기간 내내 해충의 피해를 받습니다. 십자화과의 영원한 난적 벼룩잎벌레가 가장 큰 피해를 주고 나비, 나방 유충도 소홀히 할 수 없습니다.

청경채 먹는 법과 보관법

청경채는 부드럽고 아삭한 식감으로 쌈 채소와 샤브샤브 등에 주로 사용되고 있으며

청경채를 솎음 수확하는 모습

청경채 볶음, 청경채 무침, 청경채 된장국, 청경채 버섯볶음, 청경채 소고기볶음, 청경채 겉절이, 청경채 굴소스 볶음 등으로 이용되고 있습니다. 청경채는 씻지 않고 포기째 냉장 보관을 하는데, 신문에 싸거나 1회용 비닐 팩에 넣은 후 작은 구멍을 3~4개 정도 뚫어 주면 7일 정도 보관할 수 있습니다.

블로그 이웃들의 수다

자**   청경채, 루꼴라, 배추, 열무 등 십자화과 작물에는 벼룩잎벌레가 극성입니다. 그대로 두면 레이스되는 건 순식간이어요. ㅠㅠ

나**   청경채를 봄에 너무 일찍 파종하면 저온 감응해서 추대하고 꽃이 핍니다.

체**   청경채를 샤브샤브해 먹으면 너무 맛있어요. ^^

놀**   봄엔 벌레 공격이 심하고 재배 기간도 짧더라고요. 저는 벌레 때문에 가을에 심어요.

강**   작년 봄에 청경채를 심어서 아끼다가 꽃대가 올라와 망했어요. 작년 가을에 심은 건 겨울을 나서 지금 꽃대를 올리고 있습니다. 채종해 보려고 합니다(대구).

붉**   노지 청경채 먹을 게 없어요. 해마다 봄, 가을로 심는데 벌레가 다 먹더라고요.

식물 비타민 **다채**

분류 십자화과

원산지 중국

재식 거리 포기 간격 15~20cm / 줄 간격 15~20cm

직파 ○ **육묘** ○

퇴비 5~10kg **복합비료(완효성)** 200g

추비 없음

비고 2평 기준

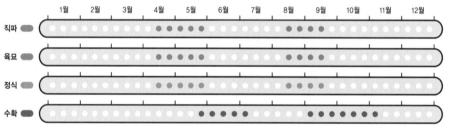

양배추와 순무를 교배시켜 만든 다채는 비타민 A의 성분인 카로틴이 시금치의 2배 정도 함유돼 있을 정도로 비타민 함유량이 많아 '비타민채'라고도 부릅니다. 수저 모양으로 자라는 잎은 광택이 있는 짙은 녹색을 띠며, 두껍고 약간 주름이 있습니다. 추위와 더위에 견디는 성질이 강하여 연중 재배할 수 있고 서리를 맞고 자란 것은 단맛이 더 많이 납니다.

다채밭 만들기

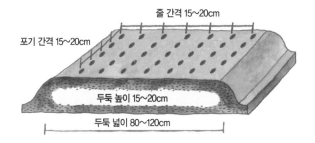

다채밭은 평이랑으로 만듭니다. 포기 간격은 15~20cm, 줄 간격은 15~20cm 정도로 합니다. 다채는 비료가 많이 필요한 작물이 아니고 생육 기간도 길지 않으므로 추비를 하지 않아도 잘 자랍니다. 밑거름으로 퇴비와 비료만 조금 뿌려 줍니다. 또한 통풍이 잘되고 햇볕이 잘 드는 배수가 잘되는 토양이 좋습니다. 다채는 직파를 하거나 육묘 후 옮겨심기를 합니다. 다채는 발아율이 높아 직파를 하는 게 비용 및 관리 측면에서 좋습니다. 한편 다채 씨앗은 작고 가벼워 흙은 아주 살짝만 덮어 주며 발아 시까지 수시로 물을 줘 수분을 유지해 줍니다.

다채 봄 파종

다채 씨앗

다채 줄뿌림하는 모습

◀ **4월 13일**

봄 파종은 4월 중순부터 5월 하순까지가 좋습니다. 재식 거리 15cm, 줄뿌림했습니다. 씨앗을 촘촘히 뿌려 주고 흙은 씨앗 크기의 2~3배로 얕게 덮어 줍니다. 물 주기는 씨앗이 흘러내리거나 흙이 패이지 않도록 조심스럽게 뿌려 줍니다.

다채 싹

◀ **4월 28일**

15일 만에 싹이 난 모습입니다. 토양 해충 벼룩잎벌레가 덤비기 시작합니다, 벌레 피해를 심하게 받은 포기, 웃자란 포기, 생육이 부진한 포기부터 점차 솎아 줍니다.

파종 후 30일째의 다채 모습

파종 후 44일째, 솎음 수확

◀ **5월 27일**

기온이 높아지면서 성장 속도가 빨라집니다. 밀집된 곳을 솎아 솎음 수확을 했습니다.

다채의 수확은 크게 2가지 방법이 있습니다. 첫 번째는 상추처럼 가장자리 잎부터 따는 방법입니다. 잎을 딸 때는 줄기에 잎이 남지 않도록 깨끗이 떼어 내야 하며 작은 잎은

3~4장 남겨 둡니다. 그러나 다채는 자라는 속도가 워낙 빠르기 때문에 잎을 따는 경우는 거의 없습니다. 필자 역시 잎을 따지는 않았습니다. 두 번째는 포기째 수확하는 방법입니다. 잎의 크기가 10~15cm로 손바닥 크기보다 조금 작을 때 밑동을 베거나 뽑아 뿌리를 자르고 지저분한 겉잎을 정리합니다.

다채는 잎을 따거나 포기째 수확한다.

추대된 다채

◀ **6월 11일**
꽃이 피기 시작합니다. 꽃이 피면 잎이 자라지 않고 억세지기 때문에 채종이 목적이 아니라면 서둘러 수확을 마쳐야 합니다.

다채 가을 파종

◀ **8월 18일**
가을 파종은 8월 중순부터 9월 중순까지가 좋습니다. 포기 간격은 20cm, 줄 간격은 15cm, 3~4립씩 점뿌림했고 싹이 난 후 점차 솎음했습니다.

가을 파종은 8월 하순부터 9월 중순까지가 적기

◀ 9월 14일

가을 재배는 추대하지 않습니다. 그래서 수확 시기를 신경 쓰지 않아도 됩니다. 해충 피해 또한 봄 재배에 비해 훨씬 덜 받습니다.

가을 재배는 추대하지 않는다.

◀ 10월 24일

서리 맞은 다채의 모습입니다. 다채는 더위와 추위에 견디는 강인한 성질을 가지고 있어서 연중 새배가 가능합니다. 또한 강한 추위와 서리를 맞으면 오히려 단맛이 높아집니다.

된서리를 맞은 다채

다채 병충해

다채는 우려할 만한 병해가 없습니다. 크게 신경 쓰지 않아도 무난하게 재배할 수 있습니다. 그러나 재배 기간 내내 해충의 피해를 받습니다. 제일 먼저 보게 되는 해충은 벼룩잎벌레입니다. 또한 나비, 나방의 유충은 잎을 갉아먹는 피해를 줍니다. 재배 환경에 따라 진딧물 피해도 있고 비가 잦은 철에는 달팽이도 심심치 않게 볼 수 있습니다.

벼룩잎벌레 피해

달팽이 피해

활용 메뉴

용도	활용 메뉴
밥	비빔밥 고명
생채, 샐러드	쌈 채소, 생채 무침, 샐러드 채소
볶음	다채볶음
김치	김치, 겉절이
기타	그린 스무디

다채 먹는 법과 보관법

다채는 쌈 채소로 이용하거나 샐러드 및 무침, 볶음 등 요리에 활용합니다. 쌈 채소로 먹는 경우, 찬물이나 얼음물에 담갔다 먹으면 더욱 싱싱한 맛을 느낄 수 있고 가열하는 경우, 고온에서 단시간 조리하여 먹습니다. 철분과 칼슘 함량이 풍부하며 지용성 비타민으로 기름과 함께 섭취하면 흡수에 도움을 줍니다.

다채 보관법은 일반 채소에 준합니다. 씻지 않은 상태로 잎을 종이 타월이나 신문지로 감싼 후 비닐 팩에 넣어 냉장 보관하면 3~5일 정도 보관할 수 있지만, 가급적 빨리 사용하는 것이 신선도 면에서 좋습니다.

왕**   다채는 꽃대가 올라오면 못 먹어요. 상추 꽃대 올라오면 안 먹는 거랑 같아요.

요**   다채는 벌레가 다 먹어버려요. 원래 벌레가 잘 생기나 봐요. ㅠㅠ

뿡**   다채를 심은 지 1주 때는 벌레가 모두 습격해서 다 뜯어먹고…. 2주 때는 꽃대가 올라와서 못 먹고 꽃 감상 중이랍니다.

놀**   가을에 키우니 벌레도 안 먹고 좋더라고요. 상추처럼 겉잎부터 뜯으면 오랫동안 먹을 수 있어요.

쌈**   벌레가 구멍을 송송송~ 솖음해 주고 그냥 뒀더니 꽃대가 올라왔네요. 맛은 보고 싶은데…. 벌레 먹은 구멍이 너무 심해서 선뜻 손이 가지 않네요.

텃**   비타민 살짝 데쳐서 사과랑 비트랑 함께 갈아먹어요. ^^ 갈아먹는 야채로는 다채가 제일 맛있어요.

속이 빈 채소 **공심채**

분류 메꽃과

원산지 열대 아시아

재식 거리 포기 간격 20~30cm / 줄 간격 10~20cm

직파 ○ **육묘** ○

퇴비 10kg **복합비료(완효성)** 300g

추비 수확 시마다

비고 2평 기준

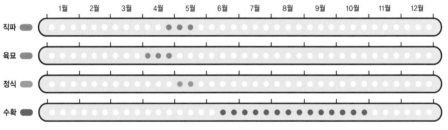

줄기 속이 비어 있기 때문에 '공심채'라고 불리며 '모닝글로리'라고도 불립니다. 공심채는 더운 나라에서 다량 소비되고 중국과 동남아 사람들이 좋아하는 채소입니다. 연한 잎과 줄기를 먹는 공심채는 고온다습한 환경에서 잘 자라기 때문에 국내에서는 쉽게 접할 수 있는 채소는 아니지만, 최근 동남아 지역으로 여행객이 증가함에 따라 공심채를 재료로 하는 요리가 많아지면서 재배도 증가하는 추세입니다.

공심채밭 만들기

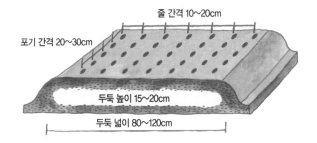

공심채밭은 평이랑으로 만듭니다. 포기 간격은 20~30cm, 줄 간격은 10~20cm 간격으로 줄뿌림 후 솎음하거나 3립씩 점뿌림합니다. 물을 많이 필요한 작물이므로 물 관리가 수월한 곳이 좋으며 재배 기간이 길기 때문에 수확 시마다 웃거름을 줍니다. 배수가 잘 안 되는 토양에서도 잘 자라며 더울수록, 물이 많을수록 잘 자라는 특성이 있습니다.

공심채 자라는 모습

공심채 씨앗

◀ 4월 20일

간격은 20cm, 직파, 줄뿌림했습니다. 공심채 씨앗은 큼직해서 파종하기 쉽습니다. 1립씩 줄뿌림하거나 3립씩 점뿌림합니다.

공심채 싹

◀ 5월 19일

잎이 4~5장 나왔습니다. 2~3회 솎음을 하면서 김매기를 했습니다.

공심채 재배의 핵심은 물 관리

◀ 6월 9일
날이 무더워지기 시작하면서 성장 속도가 빨라집니다. 공심채는 병이 없는 편이지만, 건조하면 줄기가 거칠어져 품질이 떨어집니다. 가급적 하루에 한 번 이상 물 주기를 합니다. 물은 얼만큼 주면 될까요? 익사할 만큼 주세요! 공심채는 물을 주는 횟수에 따라 수확량이 크게 달라집니다.

공심채를 수확하는 모습

◀ 6월 14일(공심채 1차 수확)
공심채 줄기가 30cm가량 자랐을 때 줄기 밑동을 5~6마디를 남기고 줄기째 수확합니다. 그러나 꼭 5~6마디를 지키지 않아도 되므로 너무 바짝 자르지만 않으면 됩니다.

해충 피해

◀ 6월 하순부터 9월까지
잎에 구멍이 뚫리는 해충 피해가 보이기 시작합니다. 그러나 그 피해 정도가 크지 않아 농약을 치지 않아도 될 정도였습니다.

배추흰나비 애벌레

공심채는 물이 묻지 않았을 때 수확하는 게 좋다.

◀ 7월 5일(공심채 2차 수확)

수확은 가위나 칼 낫등을 이용하며 이슬이 없는 이른 아침이나 해질 무렵이 좋고, 뜨거운 한낮 수확은 가급적 피하는 것이 좋습니다. 공심채 추비는 정해진 횟수가 없습니다. 생육 상태를 보면서 소량을 수시로 시비합니다. 필자는 수확할 때마다 추비를 줬습니다. 물론 빼먹은 적도 있습니다.

공심채 일괄 수확

◀ 8월 6일(공심채 3차 수확)

잎과 줄기를 먹는 공심채는 하루만 지나도 시드는 게 보일 정도로 다른 채소에 비해 보관이 안 되는 채소입니다. 그래서 필요한 만큼 수시로 수확해 가급적 빨리 소비하는 게 좋습니다. 단기 보관 시 씻지 않고 비닐이나 신문지 등으로 감싸 수분이 날아가지 않게 하여 냉장 보관하면 3일 정도 보관할 수 있으며, 장기 보관 시 살짝 데친 후 냉동 보관합니다.

공심채는 순차적으로 수확하는 게 좋다.

◀ 9월 8일(공심채 4차 수확)

공심채의 생육 적온은 25~32℃ 정도의 일조량이 풍부한 곳이 좋습니다. 가을로 접어들면서 선선해진 기온으로 인해 한여름에 비해 성장이 다소 느려집니다.

공심채가 잘 자라는 온도는 25~32℃

◀ **10월 23일(공심채 5차 수확, 일부 남겨 둠)**

무더운 날씨와 물을 좋아하는 공심채는 자라는 속도가 놀랍도록 빠른 채소입니다. 필자의 경우, 일시 수확을 했지만, 순차적으로 수확하면 재배 기간 내내 공심채를 먹을 수 있습니다.

서리 맞고 잎이 시든 공심채

◀ **10월 29일**

서리를 맞고 냉해를 입어 잎이 시들었습니다. 사실상 생을 마감했습니다. 공심채는 수확하기 나름이지만, 중부 지역은 5번, 기온이 온난한 남쪽에서는 6~7번 정도 수확이 가능합니다. 또한 아열대성 채소인 공심채는 서리에 약하기 때문에 본인이 살고 있는 지역에서 서리가 내리는 날짜를 확인해 미리 수확을 마칩니다.

공심채 삽목하기

공심채는 삽목으로도 번식할 수 있습니다. 파종 후 발아가 안 돼 재파종이 늦었을 경우, 다른 곳의 공심채를 잘라 심어도 됩니다. 공심채의 삽목 방법을 살펴보겠습니다.

쓰러지지 않을 정도로 심기

◀ **6월 22일**

20~30cm 크기의 공심채를 잘라 흙에 심습니다. 심는 깊이는 쓰러지지 않을 정도이면 되며 흙에 묻히는 마디의 잎은 떼어 줍니다. 필자의 경우, 흙에 직접 심었지만 컵에 담가 수시로 물을 갈아 주면서 뿌리가 나왔을 때 심어도 됩니다.

삽목의 관건은 물 주기

◀ **6월 28일**

뜨거운 햇볕과 고온에 몸살을 심하게 앓습니다. 하루 한 번 이상 물을 흠뻑 줬습니다. 차광하면 도움이 될 것 같습니다. 과연 살 수 있을까요?

활착을 마친 공심채

◀ **7월 17일**

우려와 달리, 모두 활착을 마치고 살았습니다. 삽목은 비가 많이 오는 장마철에 수월할 것 같습니다.

공심채꽃

◀ 흰색의 공심채꽃은 나팔꽃과 비슷하게 생겼습니다. 우리 나라에서는 일부 지역을 제외하고는 꽃을 보기 힘듭니다. 꽃은 가을에 피는데 날이 추워지기 때문에 채종은 할 수 없 습니다. 결국 모든 씨앗은 수입에 의존해야 합니다.

공심채 효능

공심채는 철분이 많아 여름철 더위 먹는 것을 예방하며 이뇨, 항당뇨, 항산화, 항세포 증진 등에 효과가 있고, 신경통에 효과가 있으며 칼슘, 비타민, 섬유질이 다량 함유돼 있어 청소년과 갱년기 골다공증 예방에 좋은 것으로 알려져 있습니다. 줄기에 포함된

얄라핀이라는 성분은 장 기능을 원활하게 해 대장암이나 변비에 좋습니다. 또한 시금치보다 칼슘이 2배, 미나리보다 칼슘이 3배나 들어 있는 영양 만점 채소이기도 합니다.

공심채 먹는 법

공심채 줄기는 빨대도 사용할 수 있다.

동남아시아 음식이라고 하면 가장 먼저 떠오르는 것이 독특한 향일 것입니다. 하지만 공심채에는 특별한 맛이나 향이 없고, 식감이 아삭해서 누구나 거부감 없이 먹을 수 있습니다. 공심채는 다양한 방법으로 먹을 수 있습니다. 공심채의 연한 잎과 줄기로 시금칫국을 끓이듯 국을 끓여도 좋고 데치거나 볶아 무침 나물로 이용해도 좋고 겉절이 김치를 담가도 좋고 샐러드나 쌈 채소로 이용해도 좋고 말려서 건나물로 이용해도 좋습니다. 한편 동남아 국가의 음식점이나 카페에서는 플라스틱 빨대 대신 공심채 빨대를 제공한다고 합니다.

블로그이웃들의수다

제** 공심채를 수확할 때는 미나리처럼 밑부분을 칼로 자릅니다. 그러면 또 자라요.

대** 장마 때문에 모든 것이 엉망이지만 잘되는 건 공심채뿐이네요. 뽕을 빼고 있습니다.

애** 동남아 여행을 가면 쌈 채소로 나오는 거 먹어봤어요. 줄기는 잘 안 먹고 잎을 주로 먹었어요.

나** 제가 공심채를 기르고 있는데 열대 채소들이 약간 미끄덩한 성분이 들어 있어 저희 집은 잘 안 먹더라고요. 초반에 조금 수확하고 그냥 뒀더니 꽃이 피어요.

이** 우리나라에서 공심채는 채종하기 힘든 것 같습니다. 채종하려고 몇 포기 수확 안 하고 길러봤는데 고구마처럼 줄기만 뻗고 꽃은 구경도 못했습니다(파주).

다** 꽃이 피고 꼬투리까지는 생기던데 날이 쌀쌀해지니 여물지는 않네요(부산).

WTO가 뽑은 최고의 채소 **케일**

분류 십자화과

원산지 지중해

재식 거리 포기 간격 20~30cm / 줄 간격 20~30cm

직파 ○ **육묘** ○

퇴비 10kg **복합비료(완효성)** 300g

추비 2~3회

비고 2평 기준

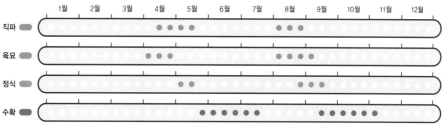

	1월	2월	3월	4월	5월	6월	7월	8월	9월	10월	11월	12월
직파				●●●●				●●●				
육묘				●●●				●●●●				
정식					●●				●●●			
수확					●●●●●●			●●●●●●●				

케일은 양배추의 선조격으로, 양배추와 브로콜리, 콜리플라워 등은 모두 케일을 품종 개량해 육성한 것입니다. 봄 재배와 가을 재배를 하며 서늘한 기온을 좋아하는 호냉성 채소로, 우리나라에서는 한여름만 피해 재배하면 풍성한 수확을 거둘 수 있습니다. 잎의 가장자리가 오글거리는 곱슬케일, 쌈 채소로 이용되는 쌈케일 정도가 주로 재배되고 있습니다. 케일은 하늘이 인간에게 준 최대의 선물이라는 별명을 갖고 있을 정도로 영양가 또한 풍부합니다. 칼륨, 칼슘, 철, 베타카로틴, 단백질, 비타민 A, 비타민 B_2, 비타민 C, 비타민 K, 엽산 등이 함유돼 있고 위궤양, 십이지장궤양, 소화불량, 변비 치료에도 큰 도움을 줍니다. 수확은 잎이 손바닥 크기 정도일때 수시로 따 줍니다.

케일 씨앗 준비

케일 씨앗은 종묘상이나 인터넷을 통해 쉽게 구입할 수 있습니다. 쌈용과 녹즙용이 있으며 녹즙용은 잎이 넓고 잎자루가 굵으며 쌈용은 잎이 작고 잎자루가 조금 가늘게 자랍니다. 필자는 쌈용, 녹즙용을 겸비한 케일을 심었습니다.

시판 중인 쌈용 케일 씨앗   잎의 구조

케일밭 만들기

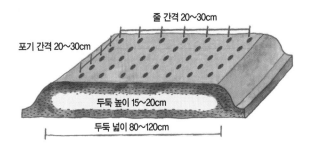

케일은 토심이 깊고 물 빠짐이 잘되는 곳이면 어느 곳이든 잘 자랍니다. 직파하거나 모종을 심으며 멀칭, 비멀칭 재배를 합니다. 심는 간격은 20~30cm가 적당하며 수시로 잎을 따는 특성상 다소 빽빽하게 심어도 별 문제는 없습니다. 십자화과 작물에서 많이 발생하는 벼룩잎벌레 방제를 위해서는 밭을 만들 때 토양 살충제를 뿌려 주는 것이 좋습니다.

케일 자라는 모습(봄 재배 – 직파 – 줄뿌림 재배)

30cm 간격으로 줄뿌림하는 모습

◀ **4월 24일**

포기 간격 30cm, 줄뿌림, 파종했습니다. 케일 종자의 발아 가능 온도는 4~35℃, 발아 적온은 20~25℃로 발아가 까다롭지 않은 작물입니다.

풀 관리, 수분 관리를 위해 왕겨를 덮음.

◀ **5월 25일**

발아는 파종일을 기준으로 10일 걸렸고 따뜻한 봄 햇살을 받으며 무난히 자라고 있습니다. 풀 관리 및 수분 관리 차원에서 왕겨를 덮었습니다.

케일 솎음

◀ **6월 1일**

줄뿌림 재배는 솎음이 관건입니다. 자라는 상태를 봐서 2~3회 솎음합니다.

케일 잎 수확

◀ **6월 25일**

케일은 상추처럼 아랫쪽 잎부터 한 장씩 수확합니다. 수확하면서 아래에 있는 잎이 지저분하거나 벌레 먹은 상처가 많을 경우에는 따 버립니다. 수확할 때는 잎을 6장 이상 남겨 둡니다. 줄기에 붙은 잎의 수가 너무 적거나 어리고 연약한 잎만 있으면 잘 크지 않습니다.

필요하지 않은 잎은 제거한다.

양배추 만하게 자란 케일

◀ **8월 1일**

해충 피해가 심해 수확을 하지 않았더니 양배추만큼 커졌습니다. 무, 배추를 심어야 해서 모두 뽑았습니다.

케일이 자라는 모습(봄 재배 – 모종 재배)

사방 30cm 간격으로 정식하는 모습

◀ 2019년 5월 6일

케일 모종을 심는 모습입니다. 좌우 간격은 30cm, 육묘 시 작일은 4월 1일입니다. 케일은 4인 가족 기준 5~6포기 정도만 심어도 충분하므로 직파 재배가 어렵다고 생각되거나 파종 시기를 놓쳤을 경우, 종묘상에서 모종을 구입해 심어도 됩니다.

정식후 13일째의 케일

◀ 5월 19일

본잎이 6~7장 났습니다. 바닥에 닿아 흙이 묻거나 병든 잎은 제거합니다.

녹즙용은 잎이 얼굴 만할 때 수확

◀ 6월 1일

6월 1일 수확을 해도 될 만큼 잎이 커졌습니다. 쌈용은 손바닥 만할 때, 녹즙용은 좀 더 자랐을 때 수확합니다.

해충 피해

◀ 7월 28일

벌레들의 만행을 피해갈 수 없습니다. 잎을 수시로 수확해 먹는 케일은 약을 치기가 꺼려지는 작물 중 하나입니다. 약을 치기는 싫고 안 치자니 꼴이 안 되고 진퇴양난입니다.

나무가 돼 버린 케일

◀ 8월 14일

케일은 잎을 띠면 키기 키지면서 게속 새로운 잎이 나옵니다. 야자수나무처럼 생겼습니다. 역시 무, 배추를 심기 위해 모두 뽑았습니다.

케일 자라는 모습(가을 재배 - 직파 - 점뿌림 재배)

30cm 간격으로 점뿌림하는 모습

◀ 8월 25일

30cm 간격으로 점뿌림한 모습입니다. 씨앗은 발아율을 생각해 6~7립씩 넉넉하게 넣었습니다.

6일 만에 발아된 케일 싹

◀ 8월 31일

파종 후 6일 만에 모두 발아됐습니다. 2~3회에 걸쳐 솎음 작업을 합니다.

비멀칭 재배는 풀 관리와 물 관리가 핵심

◀ 9월 26일

비멀칭 재배는 풀 관리와 물 관리를 잘해야 합니다. 2~3일에 한 번 물 주기, 김매기, 북주기를 했습니다.

가을 재배는 해충 피해를 덜 받는다.

◀ 10월 19일

가을 재배는 봄 재배에 비해 해충의 피해를 덜 받습니다. 또한 날이 선선해져서 맛도 더 좋은 것 같습니다.

◀ 11월 19일

케일은 추위에 매우 강한 작물입니다. 기온이 따뜻한 일부 남부 지역에서는 무보온으로 월동이 된다고 합니다. 새벽 기온이 영하 7~8℃까지 내려가고 된서리를 맞았지만, 거뜬하게 견뎌냅니다.

서리 맞은 모습(11월 19일 오전 8시)

회복한 모습(11월 19일 오전 11시 30분)

케일 추비하기

케일과 양배추의 조상은 같습니다. 결국 형제지간입니다. 양배추는 결구하고 케일은 결구하지 않는 점만 다릅니다. 케일은 양배추에 비해 비료 요구도는 높지 않지만, 왕성한 잎을 계속 수확하기 위해서는 적절한 추비가 필요합니다. 추비의 시기 및 횟수는 양배추에 준합니다. 정식일 기준 20일 간격으로 2~3회 시비하며 직파했을 경우 본잎이 4~5장 나왔을 때를 정식일로 갈음합니다.

추비는 2~3회 시비한다.

추비 예시

정식일	1차 추비	2차 추비	3차 추비	비고
5월 5일	5월 25일	6월 15일	7월 5일(선택)	
8월 10일	9월 1일	9월 20일	10월 10일(선택)	

케일 병충해

케일 재배 시 가장 큰 어려움은 해충 피해입니다. 주로 발생하는 해충은 진딧물, 배추좀나방 애벌레, 배추흰나비 애벌레, 벼룩잎벌레로, 재배 기간 내내 피해를 입힙니다. 벼룩잎벌레는 토양 해충으로, 크기가 작고 톡톡 튀기 때문에 방제가 어렵고 개체수가 빠르게 증가하며 생육 초기의 떡잎이나 어린 잎에 구멍이 생기는 심각한 피해를 입힙니다. 밭을 만들 때 토양 살충제로 사전에 방제하는 것이 좋습니다.

망사가 된 케일

케일 보관하기

케일은 흐르는 물에 깨끗이 씻어 물기를 제거한 후 보관합니다. 보관 온도는 0~5℃, 보관일은 5일이 좋습니다. 신문지에 싸서 냉장고 채소칸에 넣어 보관하고 가급적 빠르게 먹어야 합니다. 장기간 보관이 어렵기 때문에 냉동 보관을 하더라도 가급적 빠르게 먹어야 신선한 상태로 먹을 수 있습니다.

어떤 게 케일 모종일까요? 케일과 양배추는 구분이 불가능할 정도로 잎 모양이 같습니다. 그래서인지 종묘상에서도 잘못 팔아 원성을 듣는 일이 종종 일어납니다. 2015년 봄 양배추 모종 한 판을 구입한 후 혼자 심기에는 양이 많아 전우들과 나눠 심었습니다. 그러나 모두들 결구되지 않았고 결국 벌레 밥만 주고 끝이 났습니다. 우리는 종자가 잘못됐다는 결론을 내렸습니다. 지금 와서 생각해 보면 그때 우리가 심은 모종은 케일일 수도 있었겠다는 생각이 듭니다.

용**　　전 케일에 손들었어요. 벌레 감당이 안 돼서 이제는 키우지도, 사먹지도 않아요.

제**　　케일을 심어 보니 생으로 먹긴 양이 많더리고요. 그래서 장아찌를 담갔어요.

정**　　애들이 브로콜리를 잘 먹어서 큰맘 먹고 시장 모종상에서 20포기나 심었는데 아무리 지나도 알이 안 생겨서 자세히 살펴보니 케일인 거 같네요. ㅠㅠ

작**　　케일꽃이 활짝 피었어요. 잎은 먹을 게 없지만, 씨를 받으려고 안 뽑고 있습니다(울산, 3월 28일).

세계 10대 푸드 **브로콜리**

분류 십자화과

원산지 지중해 동부 연안

재식 거리 포기 간격 40~50cm / 줄 간격 40~50cm

직파 × **육묘** ○

퇴비 20kg **복합비료(완효성)** 600g

추비 2회

비고 2평 기준

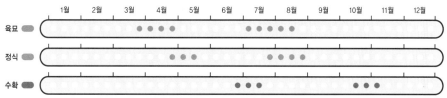

	1월	2월	3월	4월	5월	6월	7월	8월	9월	10월	11월	12월
육묘			●●●●				●●●●●					
정식				●●●				●●●●				
수확						●●●				●●●		

항암 식품으로 잘 알려진 브로콜리(Broccoli)는 십자화과에 속하는 짙은 녹색 채소로, '녹색 꽃양배추'라고도 불립니다. 주변에서 흔히 볼 수 있고 재배 또한 많이 이뤄지고 있습니다. 한편 모양이 비슷해 브로콜리와 혼동하기도 하는 콜리플라워(Cauliflower)는 '꽃양배추'라고도 불립니다. 브로콜리와는 사촌쯤되며 재배 방법은 동일합니다. 이 밖에 막대 모양의 스틱 브로콜리와 잎을 수확하는 잎 브로콜리가 있습니다.

브로콜리(6월 27일)

콜리플라워(7월 3일)

스틱형 브로콜리(6월 23일)

잎 브로콜리(6월12일)

브로콜리밭 만들기

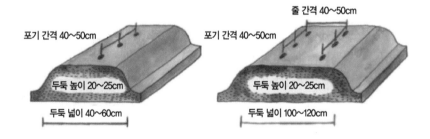

브로콜리는 잎을 잘 가꾸는 것이 화뢰(꽃봉오리)를 크게 만드는 것이 되므로 비교적 다비 재배를 해야 좋은 결실을 얻을 수 있습니다. 포기 간격은 40~50cm 정도로 조금 넓게 심어야 관리하기가 수월합니다. 2평당 퇴비 20kg, 완효성 복합비료 600g을 넣고 밭을 깊이 갈아 줍니다. 브로콜리는 밭을 만들기에 따라 여러 형태로 재배합니다. 필자는 3열 심기를 해 봤는데 관리하는 데 큰 어려움은 없었습니다.

멀칭 2열 엇갈려 심기(6월 9일)

비멀칭 3열 가운데 엇갈려 심기(5월 14일)

직파할까, 육묘할까?

판매 중인 브로콜리 모종(4월 27일)

브로콜리는 보통 육묘를 합니다. 직파하기도 하지만, 해충이 많고 관리하기 어려워 많이 사용하는 방법은 아닙니다. 육묘가 어렵다면 인터넷을 통한 모종 재배 농가나 종묘상에서 쉽게 구입할 수 있습니다. 육묘 기간은 30~40일 정도이며 정식일을 역계산해 육묘를 시작합니다.

브로콜리 모종 옮겨 심기

모종 옮겨 심기(5월 6일)

브로콜리는 추위에 다소 강한 작물입니다. 보통 봄 재배는 4월 하순부터 5월 상순까지, 가을 재배는 7월 하순부터 옮겨 심기를 합니다. 브로콜리는 봄과 가을철에 재배할 수 있지만, 소규모의 텃밭 농부에게는 가을 재배가 쉽습니다. 봄에 파종한 브로콜리는 자라면서 더위에 약해지고 적기가 지나면 꽃이 피어 버리므로 재배에 다소 어려움이 따릅니다. 다만, 여름에는 모종이 잘 나오지 않아 모종을 구입하기 어렵습니다.

브로콜리 재배 관리

브로콜리는 비교적 물이 많이 필요한 작물입니다. 비가 오지 않는다면 3~4일에 한 번씩은 물 주기를 해야 잘 자랍니다. 그러나 물을 너무 많이 주면 뿌리가 썩을 수 있으므로 과습되지 않는 범위에서 적당한 양을 줍니다. 물은 저녁에 주는 편이 좋고, 가을이 되면 물을 자주 주지 않도록 합니다. 한편 비가 많이 오는 해에는 흙이 물러져 쓰러지는 경우가 있습니다. 지지대나 막대를 세워 도복을 방지합니다.

도복 방지를 위해 막대를 세운 모습(10월 14일)

브로콜리 추비하기

브로콜리는 비교적 짧은 기간 동안 손바닥 만한 꽃봉오리를 만들어야 하기 때문에 비료 요구량이 높은 편입니다. 따라서 밑거름이 넉넉해도 추비를 줘야 잘 자랍니다. 1차 추비는 정식 후 20~25일경, 2차 추비는 1차 추비 후 15~20일경에 시비하는데, 꽃봉오리가 생기면 추비하지 않습니다. 봄 재배는 성장이 빠르고 생육 기간이 짧기 때문에 1차 추비만 합니다.

추비 예시

정식일	1차 추비	2차 추비	비고
5월 5일	5월 25일~5월 30일	생략	봄 재배
5월 1일	6월 1일~6월 5일	생략	
8월 1일	8월 20일	9월 5일~9월 10일	가을 재배
	8월 25일	9월 10일~9월 15일	

브로콜리 병충해, 생리 장해

브로콜리는 '벌레밥상'이라고 할만큼 해충이 많이 꼬이는 작물입니다. 정식 후 진딧물이 가장 먼저 꼬이고 나비, 나방 유충 심지어 메뚜기까지 재배를 힘들게 합니다. 꽃봉오리가 발생하면 농약 사용이 꺼림직하므로 꽃봉오리 발생 전에 승부를 보는 게 좋습니다. 비가 잦은 장마철에는 꽃봉오리가 짓무르기도 합니다. 이럴 땐 비가 오더라도 너무 어린 것이 아니라면 다소 일찍 수확하는 것이 낫습니다.

해충 피해를 입은 브로콜리(6월 12일)

잦은 비로 꽃봉오리가 짓무른 브로콜리(7월 15일)

수확이 늦어 꽃봉오리가 짓무른 콜리플라워(7월 25일)

브로콜리 수확

브로콜리 수확은 다른 작물과 달리, 만족도도 높고 매우 큰 기쁨을 주는 작물입니다. 주변에 나눔하기에도 이만한 게 없습니다. 브로콜리는 꽃봉오리의 지름이 10~13cm 일 때가 수확의 적기입니다. 아랫잎 4~5장을 붙여 수확합니다. 필자의 경우, 수확기를 가늠하기 어려워 자를 들고 다니면서 재어 보기도 했습니다. 수확기를 하루, 이틀만 놓쳐도 꽃봉오리가 너무 커지거나 입자가 퍼지는데 수확이 늦어서 꽃이 피면 맛이 떨어지거나 폐기할 경우도 생깁니다. 브로콜리는 예뻐서 먹기 아까울 때 수확하는 게 좋습니다.

예뻐서 먹기 아까울 때 수확하자(10월 6일, 정식일 7월 26일).

아랫잎 4~5장을 붙여 수확한다(6월 27일).

수확이 늦어 버린 브로콜리(7월 13일)

그러나 아쉽게도 브로콜리는 한 포기에 하나
만 수확하게 됩니다. 곁순 꽃봉오리가 다시
자라지만, 주 꽃봉오리만큼 자라지는 않습니
다. 탁구공 만할 때 수확하기 적당하며 포기당
10~15개 정도밖에 수확할 수 없습니다. 그러
나 고온다습한 여름철에는 주 꽃봉오리 하나만
수확하기도 벅차고 가을 재배는 날이 추워지기
때문에 잘 자라지도 않습니다. 브로콜리는 한
포기에 하나를 수확하고 곁순 꽃봉오리는 덤이
라고 생각해야 아쉬움이 남지 않습니다.

곁순 꽃봉오리는 덤이다(7월 15일).

브로콜리는 추위에 강하다

브로콜리의 발아에 적당한 온도는 25℃ 전후이고, 15~20℃에서 잘 자랍니다. 더위를
견디는 내서성, 추위를 견디는 내한성은 비교적 강하지만, 5℃ 이하의 저온과 25℃ 이
상의 고온에서는 잘 자라지 않습니다. 가을 재배의 경우, 된서리를 맞아도 죽지 않을 만
큼 추위에 강한 작물입니다. 기온이 따뜻한 일부 지역에서는 무보온으로 겨울나기가
가능합니다.

된서리를 맞은 브로콜리(11월 21일)

노지 월동 중인 브로콜리(제주도, 3월 1일)

브로콜리 보관

브로콜리는 수확 후 변질이 빠라지므로 날씨가 맑고 선선할 때가 좋고 이슬이나 빗물 등이 묻어 있지 않은 것을 수확해야 저장성이 높아집니다. 이슬이 없는 이른 아침이나 오후 늦게 수확하는 것이 좋습니다. 모든 채소가 그렇듯이 수확 후 바로 이용하는 게 좋지만, 저장해야 할 경우 0.5℃, 90%의 상대 습도에 두면 약 3주간의 저장이 가능합니다. 그러나 일반 가정에서는 이를 지키기 어렵기 때문에 신문 등에 싸서 냉장 보관하는 게 일반적입니다.

섹**   브로콜리는 곁순에서 올라온 것을 수확해 먹어도 됩니다. 그대신 작고 볼품이 없습니다.

아**   모종으로 사다 심었는데 브로콜리를 케일이라고 생각하고 지금까지 잎을 따먹었어요. ㅠㅠ

이**   다른 작물들도 그렇겠지만 브로콜리는 거름과 물 관리가 중요하지요. 특히 성장이 본격적으로 이뤄질 때는 약간의 추비와 물을 흠뻑 줘야 잘 크더군요.

수**   브로콜리 잎을 삶아서 무쳐 먹기도 하고 연한 것은 쌈채도 합니다.

뿌**   저는 아직도 케일과 브로콜리를 구분하지 못합니다. 케일이라고 생각하고 먹으면 케일 맛이 나고, 브로콜리라고 생각하고 먹으면 브로콜리 맛이 납니다. 희한하죠? ㅋㅋ

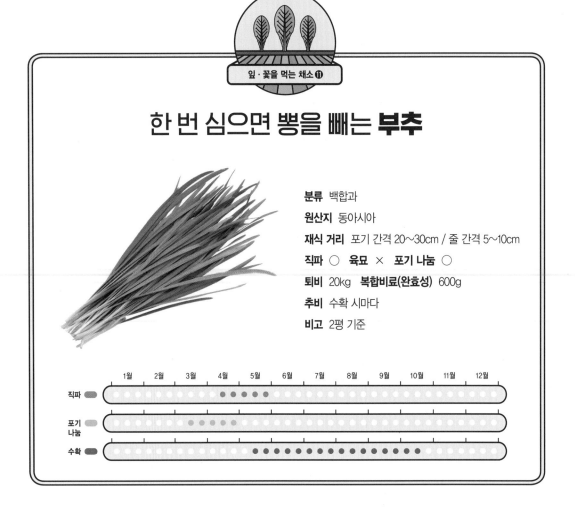

한 번 심으면 뽕을 빼는 **부추**

분류 백합과

원산지 동아시아

재식 거리 포기 간격 20~30cm / 줄 간격 5~10cm

직파 ○ **육묘** × **포기 나눔** ○

퇴비 20kg **복합비료(완효성)** 600g

추비 수확 시마다

비고 2평 기준

	1월	2월	3월	4월	5월	6월	7월	8월	9월	10월	11월	12월
직파												
포기 나눔												
수확												

부추는 기후 적응성이 좋아 봄부터 가을까지 수확되는 채소입니다. 보통 봄에 씨앗으로 직파하거나 포기 나눔을 하며 초여름부터 그해 가을까지 수확할 수 있습니다. 부추는 다년생 채소로, 한자리에서 3~4년 사는데 해마다 자리가 바뀌는 주말 농장에서는 아쉬운 작물입니다. 부추는 특별하게 밭을 가리지 않지만, 물 빠짐이 좋은 밭이 좋습니다. 부추의 잎은 식용으로, 씨는 약재로 쓰입니다. 지역에 따라 이름이 달라 중부 지역에서는 '부추', 전라도에서는 '솔', 경상도에서는 '정구지'라고 부릅니다.

부추밭 만들기

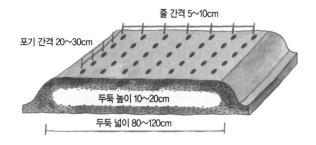

부추는 씨앗 직파하거나 포기 나눔을 하며 육묘는 거의 하지 않는 작물입니다. 보통 직파는 4월 중순부터 5월 하순까지 합니다. 포기 간격은 20~30cm, 줄 간격은 5~10cm 정도로 다소 빽빽하게 합니다. 두둑 높이는 10~20cm, 두둑 넓이는 80~120cm 정도의 평이랑을 만듭니다. 부추는 발아가 잘되지 않으므로 씨앗 파종이 어렵습니다. 물에 하루 정도 불린 후 그늘에서 물기를 말리고 심으면 발아율을 높일 수 있습니다. 부추를 심는 제일 좋은 방법은 주변 농가에서 몇 포기 얻어 포기 나눔하는 것입니다. 포기 나눔의 시기는 정해진 것이 없지만, 보통 땅이 풀리기 시작하는 3월 중순부터 4월 하순까지 합니다.

부추 품종 선택

부추는 종류가 제법 많은 편에 속합니다. 잎이 크고 넓은 대엽 부추와 잎이 좁은 재래부추 그리고 잎이 중간 넓이인 부추가 있습니다. 잎이 넓으면 수확량은 많지만, 부추의 향이 덜하고, 잎이 좁은 재래종은 향은 좋지만, 수확량이 떨어집니다. 주변에서 많이 재배하는 종류나 자신이 평소 좋아하는 품종을 선택합니다.

부추 직파 재배

부추 씨앗은 단명 종자이므로 가급적 전년
도에 채종된 종자를 쓰는 것이 좋습니다. 단
명 종자의 종자 수명은 1~2년이지만, 보관
상태에 따라 달라질 수 있기 때문에 보통 1
년으로 봅니다. 묵히면 다음 파종 시 찜찜하
니 필요한 양만큼 구입해서 남기지 말고 모
두 소진하는 것이 좋습니다.

부추 씨앗은 단명 종자

심는 간격은 20~30cm

◀ **4월 20일**

심는 간격은 30cm, 줄뿌림했습니다. 부추는 기온이 충분해
도 발아가 늦은 편에 속합니다. 보통은 15일 늦으면 20일 이
상 걸립니다.

부추 싹

◀ **5월 12일**

22일 만에 싹이 나기 시작했습니다. 부추 싹은 바늘에 꿰어
도 될 만큼 가늡니다. 저것이 언제 자랄까요?

잘 자라고 있는 부추

◀ 6월 6일

키는 작지만 실에서는 벗어났습니다. 줄기가 볼펜심 굵기만큼 두꺼워졌습니다. 밀집된 곳을 솎아 줍니다.

가위로 부추를 수확하는 모습

◀ 6월 27일

드디어 첫 수확을 했습니다. 씨앗을 심는 경우, 파종일을 기준으로 90일 이상 지나야만 첫 수확을 할 수 있다는 것을 알 수 있습니다.

부추 포기 나눔 재배

부추는 다년생 채소로, 한 번 심으면 그 자리에서 3~4년을 삽니다. 겨울에는 지상부는 죽지만, 뿌리는 살아 있어 봄이면 다시 싹을 틔웁니다. 부추는 지력을 많이 소비하는 편이어서 적절한 추비가 이뤄져도 갈수록 성장이 더디고 잎이 부드럽지 못할 뿐 아니라 맛도 떨어지며 밭도 딱딱해집니다. 이런 이유로 3~4년 마다 장소를 바꿔 재배하는것이 일반적입니다.

삽으로 부추 캐기

◀ 3월 25일

부추 포기를 나눔하는 방법입니다. 다른 곳의 부추를 얻어 왔습니다. 호미보다 삽으로 한 삽 뜨는 게 수월합니다.

부추 흙 털기

◀ 먼저 뿌리에 붙어 있는 흙을 털어 냅니다.

뿌리 자르기

◀ 뿌리가 길면 심기가 힘들기 때문에 심기 좋은 길이만큼 잘라 줍니다. 물론 그냥 심어도 잘 삽니다.

2~3포기씩 붙여 떼어 내기

◀ 뿌리를 2~3포기씩 붙여 떼어 내는데 이때 밑동이 끊어 지지 않게 주의해야 합니다.

◀ 20~30cm 간격으로 골을 판 후 뿌리의 흰색 부분까지 심습니다. 물 주는 것도 잊지 마세요! 정식 = 물 주기입니다.

5~10cm 간격으로 촘촘히 심기

◀ **5월 12일**

수확할 만큼 자란 모습입니다. 포기 나눔은 씨앗 직파에 비해 한 달가량 수확을 앞당길 수 있습니다.

수확할 만큼 자란 부추

부추 수확하기

부추 수확은 잎의 길이가 20~30cm로 자라면 칼이나 가위 낫으로 자르는데 3~4cm 정도 남겨 두고 자르는 게 정석입니다. 그러나 아주 짧게 잘라도 문제가 되지는 않습니다.

수확할 때는 지면에서 3~4cm 남겨 두고 자른다.

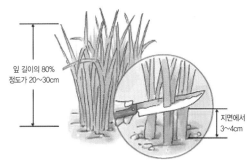

잎 길이의 80% 정도가 20~30cm

지면에서 3~4cm

부추 자르기

출처: 농촌진흥청

직파일	1차 수확	2차 수확	3차 수확	4차 수확	5차 수확	비고
4월 20일	6월 10일	7월 20일	8월 15일	9월 10일	10월 5일	일괄 수확

부추 추비하기

부추는 다비성 작물로, 비료 요구도가 높은 작물입니다. 수시로 웃거름을 줘야 질 좋은 부추를 얻을 수 있습니다. 추비는 수확 후 시비하면 편리합니다. 포기 사이에 골을 판 후 NK 비료를 뿌려 주고 흙을 덮은 후 물도 흠뻑 뿌려 줍니다. 다만, 여름 고온 시 추비 하면 부추 뿌리가 비료 장해를 받아 생육을 나쁘게 하므로 피하는 것이 좋습니다. 한편 잦은 추비 및 풀 뽑기 김매기를 하다 보면

추비는 수확 시마다 한다.

골이 파이게 됩니다. 이럴 땐 퇴비와 고랑의 흙을 적절히 섞어 파인 곳을 메워 주는 것이 좋습니다.

부추 추대

부추는 8월이 되면 꽃이 핍니다. 꽃은 일시에 피지 않으므로 개화하는 즉시 따 줍니다. 이 꽃대를 따 주지 않고 그대로 방치하면 뿌리의 세력을 극도로 떨어뜨리므로 채종이 목적이 아니라면 가급적 빨리 따는 것이 좋습니다.

꽃대가 올라온 부추

흰색으로 핀 부추꽃

채종용 부추

부추 병충해

부추의 주요 해충은 파굴파리입니다. 유충(구데기)이 잎 속에 굴을 파고 돌아다니면서 불규칙한 흰 줄 모양의 줄을 만듭니다. 피해를 입은 부분은 백색으로 변하며 까 보면 유충을 쉽게 볼 수 있는데 여름철에 피해가 집중됩니다. 이 밖에 흔하지는 않지만 고자리파리 피해도 발생합니다.

파굴파리 피해

부추의 효능

부추는 예로부터 몸을 따뜻하게 해 주는 강력한 강장제로 손꼽히던 작물입니다. 『동의보감』에 "오장을 편안하게 하고 위(胃) 속의 열기를 없애며 허약한 것을 보하고 허리와 무릎을 덥게 한다. 흉비증(가슴이 답답한 병)도 치료한다"라고 기록돼 있을 정도입니다. 추위를 심하게 타거나 설사를 자주 할 때 부추로 죽을 쑤어 먹거나 생즙을 내어 마셔도 효과가 있습니다. 부추씨는 강장제로 좋습니다. 달여서 먹거나 볶은 후 가루를 내어 복용해도 좋습니다. 또한 정력이 쇠한 남자나 여성의 요통에 도움이 되고 전립선의 기능이 좋지 못해 소변을 보기 어렵거나 잔변감이 남는 경우, 야간 빈뇨증이 심한 사람에게도 효과가 있습니다. 또한 부추는 위와 장의 기능을 강화시켜 주기 때문에 뱃속이 차갑고 허리가 약할 때 좋으며, 혈액 순환을 좋게 하여 묵은 피를 없애 주고 혈액 순환 부전 등에 의해 야기된 신경통이나 요통에도 효과가 있다고 알려져 있습니다.

부추 보관법과 먹는 법

부추는 물이 닿으면 짓물러 다른 채소보다
빨리 망가지는 편이라 보관에 특히 신경 써
야 합니다. 일주일 이내로 먹을 예정이라면
물을 묻히지 않고 흙이 묻은 채 종이나 신
문에 싸서 냉장실에 넣어 두면 5~7일 정도
보관 가능합니다. 더 오래 보관해야 한다면
부추를 깨끗이 씻은 후 신문지를 깔고 하루
정도 바짝 말려 물기를 제거한 후 다지거나
썰고 소분해서 냉동 보관하면 됩니다. 얼린

부추는 물기가 묻으면 쉽게 짓무른다.

부추는 생으로는 먹기 어렵고 전이나 찌개, 볶음요리 등에 활용합니다.

부추는 다양한 요리에 이용되는 채소입니다. 우선 부추하면 '부추전'이 떠오르죠? 오이
소박이에도 부추가 빠지면 안 됩니다. 이 밖에 부추김치, 부추무침, 부추장아찌, 부추잡
채, 고기에 곁들여 먹거나 전골 등에 넣어 먹는 등 부추의 쓰임새는 열거하기 힘들 만큼
많습니다.

필자의수다

부추는 일상에서 흔히 볼 수 있는 채소입니다. 부추는 자주 섭취하면 구순까지 건강하게 살 수 있고
부부간의 정을 굳건하게 해 주는 풀이라는 뜻에서 '정구지'라고도 불립니다. 부추는 지역에 따라
'부양초'라 불리기도 하는데, 말 그대로 남성의 정력을 강화시키고 발기 부전에 도움이 되는 채소입
니다. '봄 부추는 아들도 안 준다'라는 말이 있습니다. 초벌부추, 첫물부추라고도 불리는데, 부추의
새순을 맨 처음 수확한 부추로, 봄철 최고의 보약으로 칩니다. 땅의 기운을 가득 담고 돋아난 봄 부
추! 둘이 먹다 셋이 죽어도 모를 정도로 맛이 좋습니다.

블로그이웃들의수다

연**　　부추는 뿌리만 있어도 찢어서 소분해 심어도 잘 자라요.

고**　　부추는 오래되면 뿌리가 많이 자라고 엉켜서 3~4년 정도 되면 새끼손가락 길이만큼 뿌
　　　　리를 정리한 후 새로 포기 나누기를 해서 옮겨 심으면 돼요. 부추를 수확한 후 퇴비 넉넉
　　　　히 넣어 주면(영양 보충) 쑥쑥 잘 자라요~.

녹**　　부추는 비료를 많이 먹는 아이이니 벤 다음에 비료를 주면 여러 차례 먹을 수 있습니다.

식물 콜라겐 **금화규**

분류 아욱과

원산지 중국 추정

포기 간격 50cm 이상

직파 ○ **육묘** ○

퇴비 20kg **복합비료(완효성)** 600g

추비 3~4회

비고 2평 기준

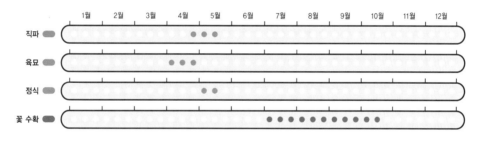

	1월	2월	3월	4월	5월	6월	7월	8월	9월	10월	11월	12월
직파				● ● ●								
육묘			● ● ●									
정식				● ●								
꽃 수확						● ● ● ● ● ● ● ● ● ● ● ●						

금화규는 단년생 초본 식물로, 골드 히비스커스, 황금 해바라기 등으로도 불립니다. 금화규는 꽃은 물론 줄기, 잎, 뿌리까지 콜라겐이 풍부해 모두 이용할 수 있습니다. 꽃은 생으로 먹거나 말려서 차로, 잎은 말려서 가루로, 줄기와 뿌리는 깨끗히 씻어 차나 술을 담급니다. 금화규는 퇴비를 많이 하지 않아도 잘 자라고 가뭄에도 강합니다. 꽃은 7월부터 서리가 내리기 전까지 수확할 수 있습니다. 꽃은 이른 아침에 피고 저녁 때 지며 오전에 활짝 핀 꽃을 따야 색깔이 곱습니다.

금화규밭 만들기

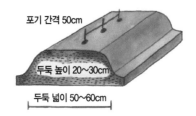

포기 간격 50cm

두둑 높이 20~30cm

두둑 넓이 50~60cm

금화규는 수분이 꾸준히 유지되고 배수가 잘되는 양토에서 잘 자랍니다. 밑거름을 충분히 하고 추비를 3~4회 시비합니다. 키가 2m 이상으로 크고 곁가지가 많이 발생하기 때문에 한 줄 재배를 권장합니다. 포기 간격은 50cm, 두둑 높이는 20~30cm, 두둑 넓이는 50~60cm 정도로 하며 생육 기간이 길기 때문에 멀칭 재배가 좋습니다. 또한 수시로 꽃을 따야 하기 때문에 고랑도 널찍하게 만듭니다.

심는 시기(직파, 육묘, 정식)

금화규는 서리 피해가 없는 5월 상순부터 정식합니다. 금화규의 육묘 기간은 30일 정도이며 이를 역계산해서 육묘를 시작합니다. 직파는 보통 기온이 충분히 올라가는 4월 하순부터 하게 되는데 50cm 간격으로 점뿌림합니다. 씨앗을 물에 1~2시간 담궜다가 물기를 말리고 파종하면 발아를 앞당길 수 있습니다. 하지만 그냥 파종해도 무방합니다. 육묘나 직파 시 2~3립 정도 넣은 후 점차 솎아가면서 최종 한 포기만 남깁니다. 두 포기는 안 되냐고요? 욕심 내지 말고 한 포기만 키우세요.

금화규 재배 과정

◀ **5월 6일**
멀칭 재배를 선택했으며 재식 거리 50cm로 모종을 심었습니다.

◀ **5월 28일**

키가 커지면서 가지와 잎이 많아졌습니다. 곁순 제거나 적심은 하지 않으며 바닥에 붙어 기능을 다한 잎만 제거합니다.

◀ 새 잎이 오글거립니다. 그렇다면 뭔가가 있는 겁니다. 무심히 넘기지 말고 잎 뒷면을 살펴보세요. 진딧물이 붙어 있습니다. 진딧물은 잎 뒷쪽에 붙어 즙액을 빨아 먹는데 심하면 작물이 죽을 수도 있습니다. 정식 시 토양 살충제를 사용하거나 진딧물이 보이는 즉시 방제합니다.

◀ **6월 29일**

금화규의 키가 사람 키만 해졌습니다. 금화규는 키가 2,5m까지 자라기 때문에 비바람에 잘 쓰러집니다. 미리 지지대를 세워 쓰러지지 않게 해야 합니다. 2~3회 옆 줄을 매 줍니다.

◀ **7월 3일**

꽃봉오리가 생기기 시작합니다.

오전 6:50 꽃이 활짝 피었습니다.

◀ **7월 14일**

꽃이 피기 시작합니다. 꽃은 이른 아침에 피고 저녁 때 지므로 오전에 활짝 핀 꽃을 따야 색깔이 곱습니다. 개화 기간은 하루입니다.

오전 7:20 꽃 채취

◀ 꽃은 가급적 이슬이 없을 때 채취하는 게 좋습니다. 이때 주의해야 할 점은 꽃받침과 줄기 등에 잔가시가 많으므로 장갑과 팔토시를 끼고 칼보다는 가위로 따는 게 편리합니다. 채취한 금화규꽃은 시들기 전에 말립니다. 수확 후 바로 말리는 것이 좋습니다.

오후 7:10 꽃이 집니다.

◀ **오후 7시**

꽃이 지기 시작합니다. 꽃이 지는 시간은 해가 짧아지는 가을로 갈수록 빨라집니다.

수술 제거 전후

꽃받침 제거 전후

왼쪽: 60℃ 건조, 오른쪽: 50℃ 건조

◀ 금화규꽃을 말리는 방법입니다. 독성이 있는 수술과 잔가시가 있는 꽃받침을 제거합니다. 금화규는 자연 건조가 까다롭습니다. 색깔도 변하고 물러져 버립니다. 미세먼지 때문에 안전하게 가정용 건조기에 말리는 것을 권장합니다. 잘 씻은 금화규를 건조기에 겹치지 않게 넣습니다. 온도는 40~50℃에서 가장 예쁘게 마르며 건조 시간은 7~8시간 정도입니다.

잘 마른 꽃은 밀폐 보관합니다.

◀ 금화규꽃은 건조 후에는 습기를 잘 먹습니다. 그래서 습기가 없는 건조한 곳 또는 지퍼백이나 밀폐 용기에 담아 보관하는 것이 좋습니다. 이때 습기 제거제인 실리카겔을 한 봉지 넣어 주면 눅눅해지지 않습니다.

꽃에 붙어 있는 잎말이나방 애벌레

잎말이나방 피해를 입은 꽃

잎말이나방 피해를 입은 잎

◀ **7월 28일**

꽃에 벌레가 보이기 시작합니다. 잎말이나방 유충입니다. 녀석들은 꽃을 파 먹어 구멍을 내는 피해를 입힙니다. 그러나 피해는 경미했습니다.

◀ 잎말이나방 애벌레는 꽃보다는 잎에 주로 피해를 입힙니다. 김밥을 말아 놓은 것처럼 둘둘 말고 거미줄 같은 견사를 뿜어 잎을 실로 엮으며 잎 속을 갉아 먹으면서 생활합니다. 잎말이나방 애벌레는 피해가 있는 해가 있었던 반면, 전혀 없는 해도 있었습니다. 그해의 기후와 관련이 있는 것 같습니다.

잎말이나방 애벌레

씨방이 갈색으로 변했을 때 채종한다.

◀ **8월 18일**

채 못딴 꽃은 서서히 갈색을 띠며 씨앗을 맺습니다. 씨앗도 미리미리 챙겨야겠죠? 잘 여문 씨방을 수시로 채종해 잘 말린 후 종자로 사용합니다. 하나의 씨방에는 20〜25립 정도의 씨앗이 들어 있습니다.

채취한 씨앗 주머니 씨방

20〜25립의 씨앗이 들어 있다.

◀ 그늘에 펴서 눅눅하지 않게 충분히 말려 줍니다. 이후 상온에 보관 후 종자로 사용합니다.

◀ **9월 1일**

금화규의 키가 2.5m 정도로 자랐습니다. 가을로 접어들면서 키는 더 이상 크지 않고 꽃도 한여름에 비해 누게 핍니다 또한 개화 시간도 짧고 꽃의 색깔도 점점 옅어집니다. 사실상 끝물이 돼 갑니다.

◀ **9월 28일**

금화규는 뭐 하나 버릴 게 없는 작물입니다. 잎, 줄기, 채 피지 않은 꽃망울과 뿌리를 채취해 이용할 수 있습니다. 금화규의 효능은 다음과 같습니다.

꽃: 해열 해독, 장 운동을 돕고 소염 진통 효과가 있으며 피로를 견디고 암을 막고 3고(고혈압, 고지혈, 고혈당)를 낮추고 여성의 노쇠를 지연시키며 피부 미용 등에 효과가 있습니다.

잎: 10cm 크기의 금화규 잎을 덮어 만듭니다. 이때의 잎이 가장 연해 잎차의 맛이 매우 좋습니다.

◀ 꽃망울: 맛이 달고 냉성이며 독이 없습니다. 배변을 돕고 해열 해독 효과가 있습니다. 현대 의학에서 금화규는 소염, 배변, 혈소판 응집을 감소시키는 작용이 있습니다.

금화규 줄기

◀ 금화규의 줄기는 니무처럼 굵고 단단합니다. 뿌리도 버리지 않고 채취합니다.

줄기: '본초강목'에 따르면 금화규가 수면 질량을 높이고 심신을 안정시키고 혈압을 낮추고 양기를 북돋우고 신장을 보신하고 면역력을 높이는 등과 같은 효능이 있다고 알려져 있습니다. 그래서 '목숨을 구하는 약초' 또는 '장수초'라고도 불립니다.

금화규 뿌리

금화규 줄기 말리기

◀ 잘 씻어 말립니다. 잘 말린 줄기와 뿌리는 물을 끓여 마시거나 백숙, 삼계탕 등에 넣어 끓이면 국물이 맑고 시원해집니다.

금화규 추비

금화규는 다른 꽃에 비해 생육 기간이 길고 포기당 많은 꽃을 피웁니다. 충분한 밑거름을 시비했더라도 적절한 추비가 이뤄져야 꽃의 수확량을 늘릴 수 있습니다. 금화규의 추비 시기 및 횟수는 정해진 것이 없지만, 일반적으로 다음과 같이 제시합니다. 참고로 추비는 고추 시비에 갈음하며 재배 상황에 따라 달라질 수 있습니다.

추비 예시

구분	일자	1차 추비	2차 추비	3차 추비	4차 추비	비고
정식일	5월 5일	6월 5일	7월 5일	8월 5일	9월 5일	정식일 기준 30일 간격
직파일	4월 25일	6월 15일	7월 15일	8월 15일	9월 15일	1차 추비는 직파일 기준 50일 이후 30일 간격

금화규꽃을 효과적으로 먹는 법

1. 말린 꽃을 차로 한 잔씩 마십니다. 따뜻한 물 200ml 정도에 금화규꽃 한 송이를 넣고 3~5분 정도 우립니다. 꼭 끓는 물이 아니라도 따뜻한 물이면 잘 우러납니다. 그리고 몇 잔이라도 우려 낼 수 있으며 오래 우려 낼수록 맛과 향이 진해집니다. 우려 낸 꽃도 함께 섭취하면 더욱 좋습니다. 커피 대신 몸에 좋은 금화규 차 한 잔 어떨까요?
2. 말린 꽃을 물 1ℓ 기준 4~5송이 넣고 끓여 마십니다. 여름에는 시원하게 냉장고에 넣어 두고 겨울에는 따뜻하게 생수 대신 먹으면 좋습니다.
3. 밥을 지을 때 생 꽃을 몇 송이 넣거나 금화규꽃을 끓인 물로 밥을 짓습니다. 밥 색깔도 연한 노란색을 띠고 찰지면서 맛있는 밥이 됩니다. 아침에 지은 밥은 오후가 되면 푸석푸석해지는데 금화규 물로 밥을 지으면 식은 밥도 찰지고 맛납니다.

생꽃은 술을 담아도 좋습니다. 30도짜리 담금주에 생꽃을 넣습니다. 활짝 핀 꽃보다 꽃봉오리를 넣는 게 더 보기 좋습니다.

금화규 술 담그기

금화규 꽃 가루

금화규 먹는 법(요약)

어린 잎	냉채, 볶음, 찌개
꽃	차, 술, 가루 활용, 밥
잎줄기	차
뿌리	차, 술, 가루 활용
씨앗	기름

금화규 생꽃으로 밥 짓기

금화규 생꽃으로 지은 밥

찰지고 윤기가 난다.

금화규와 비슷한 꽃

금화규와 비슷한 꽃으로는 닥풀꽃이 있습니다. 꽃만 봐서는 구분하기 어렵습니다. 닥풀은 잎이 좁고 금화규의 잎은 플라타나스처럼 넓습니다.

닥풀꽃

닥풀잎

금화규꽃

금화규잎

자** 넓직하게 심어야 좋습니다. 지주대도 세워야 하고요. 꽃도 예쁘고 꽃 차로도 너무 좋은
금화규~

꿈** 잎이 쪼그라진 거 본 지는 오래 됐어요. 잎사귀가 커지면서 펴지나 했는데 그게 아니었어
요. 잎을 뒤집어 봤더니 진딧물이…. ㅠㅠ

잎·꽃을 먹는 채소 ⑬

체내에 쌓인 중금속 배출에 으뜸 **미나리**

분류 미나리과

원산지 중국 추정

재식 거리 10cm 또는 20~25cm

뿌리 심기 ○ **씨앗 번식** ×

비고 다년생

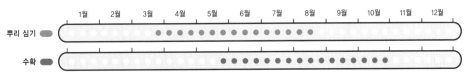

	1월	2월	3월	4월	5월	6월	7월	8월	9월	10월	11월	12월
뿌리 심기			●●●●●	●●●●●	●●●●●							
수확						●●●●●	●●●●●	●●●●●	●●●●●			

미나리는 크게 '물미나리'와 '돌미나리'로 구분됩니다. 물미나리는 논에서 재배돼 '논미나리'라고도 하는데, 줄기가 길고 잎이 연해 상품성이 높습니다. 이에 비해 돌미나리는 우리나라 전역의 습지 또는 물가에 자생하는 것으로, 줄기가 짧고 잎이 많으며 물미나리보다 향이 강한 것이 특징입니다.

미나리는 논과 같은 습지나 얕은 개울가에서도 자랄 수 있는 만큼 물을 좋아하는 작물입니다. 재배지를 선택할 때 이를 고려해 물 공급이 용이한 곳을 선택합니다. 그러나 물빠짐이 나쁜 곳, 물이 흐르지 않고 고여 있는 곳에서는 잘 자라지 않고 품질이 나빠집니다. 또한 물은 깨끗한 지하수나 자연수가 좋습니다.

개울가에서 자라고 있는 야생 미나리

논두렁에서 자라고 있는 미나리

미나리밭 만들기

미나리는 밭을 만들지 않고도 재배할 수 있습니다. 다른 작물을 심기 어려운 도랑이나 배수로, 물 관리가 쉬운 자투리땅에 몇 포기 심어 놓으면 특별한 관리 없이도 미나리를 얻을 수 있습니다. 본밭에 심을 경우, 퇴비를 하지 않아도 잘 자라지만, 땅이 척박하면 퇴비만 조금 뿌리고 밭을 만듭니다.

배수로 가장자리에 심은 미나리

미나리 재배 과정

미나리는 뿌리 번식과 종자 번식이 가능하지만, 종자는 채종이 어렵고 종자가 여물어도 탈립이 심해 충분한 종자를 확보하기가 곤란합니다. 그뿐 아니라 발아가 까다로워 대부분 뿌리로 번식하는 방법을 이용합니다.

냇가에서 뿌리째 뽑아온 미나리

◀ 4월 14일
미나리 모종은 냇가나 습지 등에 자라고 있는 미나리를 포기째 캐서 뿌리 부분을 옮겨 심기나 재래시장에서 뿌리째 판매하는 미나리를 구입해 줄기 부분은 식용하고 뿌리를 모종으로 사용할 수 있습니다. 뿌리만 붙어 있으면 됩니다. 이때 줄기 부분은 10cm 정도 남겨 두고 뿌리가 길면 심기 힘들기 때문에 적당히 자릅니다.

밭을 만들어 미나리를 심는 모습(간격 사방 10cm)

미나리를 빨리 수확하려면 사방 10cm 간격으로 한 포기씩 심고 가을부터 천천히 수확하려면 20~25cm 정도의 간격을 두고 심습니다. 심는 방법은 막대나 호미 등으로 홈을 낸 후 심어 줍니다. 필자는 일정한 간격으로 여러 포기를 심을 경우 미리 금을 그어 놓고 심는 편입니다. 심기도 편하고 오와 열이 잘 맞아야 명품 미나리가 됩니다.

잎이 나기 시작하는 미나리

◀ 5월 11일
잎이 나고 자라기 시작합니다. 미나리는 수분이 충분치 않으면 잘 자라지 않기 때문에 재배 기간 내내 물 관리에도 신경을 써야 합니다.

수확기에 다다른 미나리

◀ 5월 19일

따뜻한 봄 햇살을 받고 며칠새 생장 속도가 눈에 띄게 빨라졌습니다. 농사를 힘들게 하는 풀도 빠르게 성정합니다. 무성한 미나리 잎을 헤집고 풀을 뽑아야 했습니다.

가위로 베어 수확하는 모습

◀ 5월 26일

첫 수확을 했습니다. 미나리는 30cm 이상 자라면 도복이 되고 잎이 누렇게 되며 줄기가 목질화되기 때문에 적기에 수확하지 않으면 식감이 떨어지고 먹기가 힘들어집니다. 수확할 때는 밑줄기를 3cm 정도 남기고 수확합니다. 양이 많지 않은 경우에는 가위나 칼, 양이 많은 경우에는 낫으로 수확하면 편리합니다.

수확한 미나리

런너(포복경)에 의해 증식하는 미나리

◀ **6월 23일**
미나리는 밑동에서 번식 줄기인 런너가 발생하고 뻗어가며 마디 사이에 뿌리를 내려 증식하는 특성이 있습니다. 경우에 따라서는 재배지의 경계를 벗어나기 때문에 조기에 런너를 수확하거나 제거해야 합니다. 필자는 원치 않는 곳으로 뻗는 줄기만 제거했습니다.

미나리는 부추처럼 자른다.

◀ **6월 30일**
2차 수확한 후의 모습입니다. 미나리는 부추처럼 바짝 잘라도 다시 자랍니다.

미나리 재배는 햇볕이 잘 드는 곳이 좋다.

◀ **8월 3일**
3차 수확하는 모습입니다. 미나리의 생육에 적당한 온도는 15~27℃이며 햇볕이 잘 들어야 생육이 좋습니다. 그늘이 지거나 지나치게 밀식된 곳에서는 생육이 좋지 않습니다.

◀ 9월 5일

4차 수확을 했습니다. 미나리 바로 옆에는 미나리처럼 물을 좋아하는 공심채를 심었습니다. 비슷한 습성을 가진 작물을 함께 심으면 물 관리가 한결 수월합니다.

미나리와 공심채는 물을 좋아한다.

◀ 10월 23일

날이 서늘해지는 가을에 접어들어서는 너니 시리고 냏도 난풍이 들기 시작합니다. 미나리는 다년생입니다. 겨울에는 지상부 쪽의 잎은 사그러지지만, 봄이 되면 다시 싹을 올리고 생장을 시작합니다.

단풍이 들기 시작하는 미나리

수확 기록 정리

정식일	1차 수확	2차 수확	3차 수확	4차 수확
4월 14일	5월 19일	6월 30일	8월 3일	9월 1일

미나리는 수확하기 나름이겠지만, 뿌리를 심어 4번까지 수확할 수 있습니다. 미나리를 계속 얻으려면 한꺼번에 수확하는 것보다 순차적으로 수확하는 것이 좋습니다.

미나리 병충해

미나리 잎에 발병한 녹병

미나리에 발생하는 해충에는 '진딧물'과 '달팽이'가 있습니다. 해충의 발생은 재배 환경에 따라 달라집니다. 필자의 경우, 이 두 해충의 피해는 없었지만, 녹병이 발생했습니다. 녹병은 방제가 까다로운 병해입니다. 이럴 때는 포기를 베어 버린 후 새로운 잎을 키우는 것이 좋습니다.

미나리 효능

독특한 향이 있는 미나리는 비타민, 무기질, 식이섬유가 풍부해 해독 작용, 중금속 배출, 간 기능 개선, 숙취 해소, 변비 개선, 다이어트, 항암 효과, 혈관 건강, 피부 미용, 면역력 강화, 골다공증 예방에 효능이 있습니다. 『동의보감』에도 '주독을 제거하고 머리를 맑게 해 주며 황달과 부인병, 두통 등에 좋다'라고 기록돼 있습니다. 특히 미나리는 중금속에 의해 산성화된 몸을 중성화시켜 주는 알칼리성 식품으로, 오염수의 중금속 정화를 위한 식물 정화 기술에 미나리가 활용될 정도로 뛰어난 중금속 흡수 능력을 갖고 있습니다. 꾸준히 섭취할 경우 독소와 중금속을 몸 밖으로 배출해 피를 맑게 해 주는 효능이 있어 황사나 각종 유해 먼지로 오염된 환경에서 사는 현대인들의 해독 식품으로도 좋습니다.

미나리 먹는 방법과 보관 방법

미나리는 향긋한 향과 아삭한 식감 때문에 다양한 요리에 이용됩니다. 미나리전, 미나리 무침, 미나리 삼겹살, 미나리 초무침, 미나리 김치, 미나리 강회, 미나리즙, 샤브샤브 등 다양한 방법으로 먹을 수 있습니다.

미나리 보관 방법에는 '냉장 보관'과 '냉동 보관'이 있습니다. 냉장 보관은 물에 적신 타월로 밑동 부분을 감싸 비닐에 넣거나 종이나 신문에 싸서 냉장실에 가급적 세운 채로 넣어 둡니다. 냉동 보관은 데쳐 찬물에 식힌 후 물기를 짜내고 비닐 팩에 소분해 냉동실에 넣어 두고 이용 시 바로 탕이나 찌개 등에 넣어 먹습니다.

여**   물에 살면 '물미나리', 밭에 살면 '밭미나리'라고 하던데요. 저는 화단에 심었어요. 미나리 사서 믹고 한 마디 잘라 심었어요.

청**   미나리를 키우고 싶은데 마트에는 뿌리 없이 팔더라고요. 장에 한번 가 봐야겠어요.

도**   텃밭 사이에 산에서 내려오는 도랑이 있는데 미나리가 듬성듬성 있어서 별 관심을 주지 않았어요. 전에 텃밭을 하던 사람이 듬성듬성 심어 놓았다고 하더라고요. 완전 관심 밖이였는데 근데 음마야~ 올해는 도랑 전체가 미나리로 덮혔어요. 미나리 상태가 넘 깨끗하고 좋으네요~

홍**   몇해 전 어머니가 돌미나리를 캐서 심은 것이 엄청 퍼졌습니다. 번식력 짱입니다. 미나리 베고 다듬고 씻고 삶고…. 갈무리도 장난 아니네요.

국**   미나리는 습하지 않으면 질겨서 맛도 없고 못 먹어요.

잎과 꽃을 함께 먹는 **채심**

분류 십자화과

원산지 유럽

재식 거리 포기 간격: 일시 수확 10cm, 지속 수확 20cm / 줄 간격: 일시 수확 10cm, 지속 수확 20cm

직파 ○ **육묘** ×

퇴비 10kg **복합비료(완효성)** 300g

추비 없음

비고 2평 기준

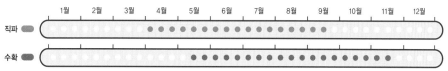

	1월	2월	3월	4월	5월	6월	7월	8월	9월	10월	11월	12월
직파			● ●	● ● ●	● ● ●	● ● ●	● ● ●	● ● ●	● ●			
수확				● ● ●	● ● ●	● ● ●	● ● ●	● ● ●	● ● ●	● ● ●	● ●	

'초이삼(Choy Sum)'이라고도 불리는 채심은 중국 요리에서 많이 쓰이지만, 국내에서는 생소한 채소입니다. 채심은 중국이 원산지인 십자화과 작물로 꽃, 꽃대, 잎, 줄기 모든 부분을 먹을 수 있습니다. 향과 맛이 좋아 다양하게 활용할 수 있습니다. 영양가도 높아 배추와 비교하면 비타민 A는 12배, 비타민 C는 2배, 철분은 5배, 칼슘은 1.5배나 함유돼 있고 식이섬유도 듬뿍 들어 있어 변비 및 비만 예방에도 좋은 채소입니다. 재배 기간이 짧아 씨를 뿌린 후 35일에서 40일이면 수확해 한 해 3~4회 재배할 수 있습니다. 고온에서도 잘 자라 여름철을 포함해 1년 내내 재배할 수 있습니다.

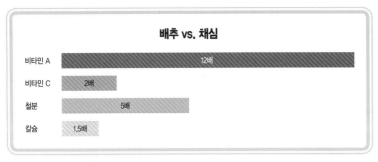

배추 vs. 채심

비타민 A	12배
비타민 C	2배
철분	5배
칼슘	1.5배

출처: 농촌진흥청

채심밭 만들기

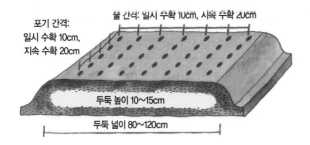

포기 간격:
일시 수확 10cm,
지속 수확 20cm

줄 간격: 일시 수확 10cm, 지속 수확 20cm

두둑 높이 10~15cm

두둑 넓이 80~120cm

채심은 수확하는 방법에 따라 심는 거리가 달라집니다. 직파 줄뿌림을 하며 발아력이 좋고 어느 토양에서나 잘 자라기 때문에 육묘는 권장하지 않습니다. 일시 수확은 꽃이 피기 시작할 때 위에서부터 20cm 잘라 수확하는데, 재식 거리는 10cm로 다소 밀식되게 키웁니다. 반면, 지속 수확은 원가지 수확 후 곁가지에 생겨난 꽃대를 계속 수확하며 재식 거리는 20cm로 합니다. 밑거름은 다른 잎채소에 준해 시비합니다. 2평 기준 퇴비 10kg, 완효성 복합비료 300g 정도 시비합니다. 또한 채심은 생육 기간이 짧고 생장이 빠르기 때문에 추비는 하지 않습니다.

채심 자라는 모습(봄 재배)

채심 씨앗

◀ **4월 17일**

간격은 20cm 직파 줄뿌림했습니다.

◀ **5월 4일**

채심 싹이 난 모습입니다. 발아율은 90% 이상으로 만족스러웠습니다. 2~3회에 걸쳐 밀집된 곳을 솎아 줍니다.

◀ 5월 17일

잎이 빈 공간이 보이지 않을 정도로 무성하게 자랍니다. 꽃이 피기를 기다립니다.

◀ 5월 25일

고대하던 꽃이 피었습니다. 수확 시기는 첫 번째 꽃이 피기 시작할 때가 좋습니다. 너무 키우려고 하지 말아야 합니다. 좀 더 지나면 꽃자루와 줄기가 딱딱해지고 질겨집니다.

◀ 6월 2일

지속적으로 수확하기로 했습니다. 원가지 수확 후 곁가지에서 생겨난 꽃대를 계속 수확합니다. 위에서부터 20cm 정도 잘라 꽃, 줄기, 잎을 수확합니다.

◀ 6월 23일

채심의 생장 속도는 무척 빠른 편입니다. 며칠 사이에 사람 키만해졌고 씨를 맺고 있습니다. 수확 시기가 지났습니다.

◀ 8월 5일

다른 농사일이 바빠 소홀히 했더니 줄기가 누렇게 말라 버렸습니다. 뒤늦은 채종을 했습니다. 채심은 열무만큼이나 생장이 빠른 작물입니다. 꽃이 피기 시작하면 수확을 서둘러야 합니다. 왜냐하면 꽃은 짧은 기간에 모두 피는데 꽃이 피면 줄기가 가늘어지고 잎이 자라지 않으며 씨가 맺히기 때문입니다. 꽃이 피면 부지런히 수확하는 것을 잊지 마세요.

채심 자라는 모습(가을 재배)

◀ **2020년 8월 30일**

간격은 20cm 줄뿌림했고 9월 8일 90% 발아됐습니다.

◀ **2020년 9월 17일**

2~3차례 밀집된 곳을 솎아 줬습니다. 봄 재배에 비해 생장은 다소 느립니다. 물은 1주일에 한 번 정도 땅속 깊이 스며들 정도로 충분히 공급합니다.

◀ **2020년 10월 2일**

첫 꽃이 피기 시작합니다.

◀ **2020년 10월 14일**

꽃은 포기마다 불규칙하게 핍니다. 먼저 핀 꽃이 상당히 자랐는데도 아직 피지 않은 포기가 많습니다.

◀ 2020년 10월 24일

다른 포기는 뒤늦게 꽃봉오리가 보입니다. 서늘해진 가을 날씨의 영향으로 보입니다.

◀ 2020년 11월 14일

꽃이 만개했습니다. 채심은 추위에 강합니다. 기온이 영하로 떨어지고 된서리가 내렸지만, 예쁜 꽃을 피워 벌에게 식량을 제공합니다. 가을 재배는 봄 재배와 달리, 씨앗을 맺지 않습니다.

채심 병충해

비단 노린재 피해

토양 해충인 벼룩잎 벌레는 재배 기간 내내 피해를 줍니다. 봄, 여름에 개체수가 많고 가을에는 다소 줄어듭니다. 나비, 나방 애벌레도 상당한 피해를 줍니다.

노린재는 유독 씨앗에서 많이 볼 수 있었습니다. 잎보다는 꼬투리를 갉아 먹는 피해를 줍니다. 피해를 입은 꼬투리는 채종 후 씨앗을 살펴보면 구멍이 나 있습니다.

채심 보관 방법 및 먹는 방법

잎채소류는 가급적 빨리 먹는 게 좋지만, 채심의 저장성은 매우 좋은 편에 속합니다. 비닐팩에 넣어 냉장고 채소칸에 넣어 두면 15일 정도 보관할 수 있습니다. 채심을 먹는 법은 다양합니다. 우리나라처럼 쌈 문화가 발달한 곳에서는 채심을 쌈에 곁들어 먹거나 고추장, 마요네즈에 찍어 먹기도 좋고 시금치 대용으로 좋습니다. 또한 향이 강하지 않아 여러 요리에 잘 어울리고 비타민과 섬유소가 풍부해 무침, 볶음, 샐러드, 비빔밥, 샤브샤브 등 다양하게 이용됩니다.

은**   배추인 줄 알았는데 소금물에 삭혀 고기에 싸 먹으면 맛있네요~

로**   엄청 잘 자라요. 요리에도 다양하게 쓸 수 있고요. 중국에선 볶음으로 엄청 많이 먹죠. 1가지 단점이라면 역시나 십자화과 식물이라 그런지 벌레가 엄청 많이 생깁니다. 약 안 치면 기르기 힘들 듯….

무**   채심은 꽃이 살짝 폈을 때 먹는 게 좋더군요. 꽃대가 올라오니 질겨져서 별로더라고요.

대한민국 대표 허브 배초향(방아)

분류 꿀풀과

원산지 한국

재식 거리 포기 간격 20~30cm / 줄 간격 20~30cm

직파 ○ **육묘** ○ **포기나눔** ○

퇴비 10kg **복합비료(완효성)** 600g

추비 없음

비고 2평 기준

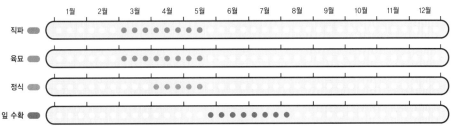

배초향은 방아로 더 널리 알려져 있습니다. 그래서인지 배초향이라고 하면 잘 모르지만, '방아'라고 하면 다들 압니다. 이 책에서는 우리에게 익숙한 방아라고 표현하겠습니다. 방아는 꿀풀과에 속하는 여러해살이 풀이므로 한 번 심으면 두고두고 잎을 얻을 수 있습니다. 덤으로 늦여름부터 가을 내내 예쁜 꽃구경도 할 수 있습니다.

방아 파종 시기 및 밭 만들기

방아는 씨앗이나 포기 번식을 합니다. 방아는 추위에 강해 다른 작물에 비해 파종 시기의 폭이 넓습니다. 땅이 풀리는 3월부터 4월까지 직파나 육묘를 합니다. 육묘 기간은 30

일 정도입니다.

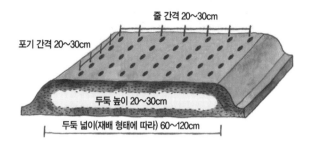

줄 간격 20~30cm

포기 간격 20~30cm

두둑 높이 20~30cm

두둑 넓이(재배 형태에 따라) 60~120cm

방아는 4~5포기만 있어도 충분히 먹을 수 있기 때문에 밭의 한 귀퉁이에 심기도 하고 본 밭에 심을 경우, 상황에 따라 한 줄 심기, 두 줄 심기, 경우에 따라서는 서너줄 심기를 합니다. 재식 거리는 20~30cm 정도인데, 씨가 떨어져 이듬해 싹이 나면 밀집 상태가 됩니다. 이런 이유로 방아는 몇 년 동안 같은 자리에서 자라기 때문에 밭의 한가운데에 심지 않고 가급적 가장자리 쪽을 선택합니다. 일조량이 많고 통풍이 잘되는 곳에서 생육이 양호하고 품질도 좋으며 토양은 토심이 깊고 어느 정도 습기가 유지되는 물 빠짐이 좋은 양토나 사양토가 재배에 적당합니다. 그늘진 곳의 잎은 향이 옅어집니다.

방아 씨앗 번식

방아 씨앗은 모래처럼 매우 작습니다. 작은 씨앗들은 파종도 까다롭고 대부분 발아 기간이 길며 발아율도 떨어집니다. 그래서 씨앗을 많이 넣었는데 우려와 달리 발아는 놀라울 정도였습니다.

방아 싹

◀ **5월 2일**

방아의 싹 모습입니다. 육묘 시작일은 3월 31일입니다. 겨우 사진만큼 자랄 때까지 32일이 걸렸습니다. 방아 씨앗에는 발아 억제 물질이 있어서 발아 기간이 깁니다.

5월 18일 사방 20cm 간격으로 정식하기

◀ **5월 18일~6월 6일**

5월 18일에 정식해서 6월 6일까지의 모습입니다. 방아는 싹이 나시 자라는 데까지 오래 걸립니다. 겨우 60cm 정도 자란 모습입니다.

6월 6일 정식 후 19일째 방아 모습

6월 22일 수확할 만큼 충분히 자란 방아

방아 포기 나눔(포기 번식)

뿌리를 캐옴.

◀ **3월 29일**

포기 나눔은 한곳에 뭉쳐 있는 여러 개의 포기를 나눠 심는 것을 말합니다. 당연 2살 이상이 돼야겠지요. 포기 나눔은 봄에 하는데, 정해진 시기는 없습니다. 보통 언 땅이 풀리는 3월부터 4월까지 실시합니다.

흙 털고 나누기

◀ 삽으로 포기를 한 삽 캐다가 큼직하게 나눠 심습니다. 뿌리가 길면 심기 힘들기 때문에 적당한 크기로 잘라 냅니다. 싹이 났을 경우, 가급적 싹이 다치지 않게 조심스럽게 작업합니다. 하지만 싹이 떨어져도 별 문제는 없습니다. 새로운 잎이 다시 나옵니다.

뿌리 심기

◀ 알맞은 깊이로 구덩이를 파고 물을 흠뻑 준 후 떼어 낸 포기를 넣고 흙을 덮어 줍니다. 흙을 덮을 때 싹이 묻히도 괜찮지만 가급적 어린 싹이 덮이지 않게 조심스럽게 덮어 줍니다.

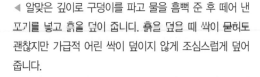

◀ **4월 24일**
씨앗을 심는 것보다 성장 속도가 월등히 빠릅니다. 그만큼 수확도 빨리 할 수 있습니다.

26일째의 방아 모습

방아 수확하기

생장점을 잘라 수확

◀ 6월 10일

방아잎 수확은 잎과 줄기가 연하고 꽃이 피지 않은 것, 향기가 강하고 떡잎이 없는 것, 특히 색이 연한 녹색을 띠는 잎을 수확합니다. 진한 녹색은 억세서 먹기가 힘듭니다. 수확을 할 때는 잎만 골라 따거나 적심을 하듯이 맨 꼭대기의 생장점을 꺾어 땁니다.

다른 곁가지가 발생해 자람

◀ 6월 18일

생장점이 잘리면 다른 연한 잎이 또다시 나옵니다. 이 잎을 계속 수확할 수 있습니다.

수확 전 모습

◀ 6월 22일

방아는 생명력이 강하고 병충해도 거의 없기 때문에 한 번 심어 놓으면 특별히 관리하지 않아도 매우 잘 자랍니다. 누구나 쉽게 재배할 수 있습니다. 잎은 꽃 피기 전까지 수확합니다. 봄에는 연한 잎을 수확할 수 있지만, 여름으로 갈수록 잎이 억세지기 때문에 쌈으로는 먹기 힘들고 찌개에 넣어 먹거나 말리는 방법으로 이용합니다.

수확 후 모습

방아 개화 및 채종

방아꽃은 곤충 맛집

◀ **8월 31일**

방아꽃은 지역에 따라, 1년생인지 2년생인지에 따라 개화 시기가 달라지지만, 보통 8월 중순부터 피기 시작합니다. 방아꽃에서는 매우 강한 향이 납니다. 근처만 가도 방아 특유의 강한 냄새를 느낄 수 있을 정도입니다. 그래서인지 곤충도 매우 많이 찾아옵니다. 단골 곤충은 벌과 나비입니다. 셀 수 없을 정도로 많은 벌과 나비들이 꽃에 앉아 날개짓을 하고 있는 모습을 보는 재미도 쏠쏠합니다.

충실하게 여문 송아리

◀ **10월 30일**

꽃이 지고 꼬투리가 점차 누래지면서 충분히 여물어 황갈색으로 변했을 때 채종합니다. 채종 시기가 늦으면 땅으로 쏟아져 버리기 때문에 늦지 않게 해야 합니다.

송아리 따기

◀ 씨앗이 쏟아지지 않게 비닐 봉투나 통을 대고 가위로 송아리째 자릅니다. 잘 마른 송아리는 손으로 비비면 잘 털립니다.

정선된 방아 씨앗

◀ 채종한 씨앗은 밀봉해 상온이나 냉장실에 넣어 뒀다가 이듬해 종자로 사용합니다.

방아 겨울나기

겨울나기를 마치고 올라오는 방아 싹

◀ **3월 28일**

겨울나기를 마친 방아가 따뜻한 봄 햇살을 받으며 튼튼한 싹을 올리고 있습니다. 방아는 우리나라 전역에서 무보온으로 겨울나기를 할 수 있는 식물입니다. 겨울에는 지상부 쪽이 죽지만, 뿌리는 살아 있어 이듬해 봄이 되면 새로운 싹을 올립니다.

◀ 4월 24일
씨가 떨어진 자리에는 엄청나게 많은 방아가 올라옵니다.
주변이 온통 방아입니다. 전혀 예상치 못한 멀리 떨어진 곳
에서도 방아 싹을 볼 수 있을 정도입니다. 비바람에 씨앗이
옮겨진 것으로 추정됩니다.

자연 발아한 방아 싹

◀ 5월 15일
방아를 옮겨 심기 위해 캐는 모습입니다. 방아는 씨앗을 뿌
리거나 포기 나눔을 하지 않아도 주변에서 쉽게 얻을 수 있
습니다.

방아 옮겨 심기

작물을 옮겨 심을 때는 우선 물을 충분히 줍니다. 그리고 물이 스며들기를 기다립니다.
그래야만 흙이 뭉쳐집니다. 호미나 모종삽으로 2~3포기씩 캐면서 뿌리에 흙을 뭉치게
한 후 흙째 심으면 활착율이 높아집니다.

방아의 효능

방아는 식용뿐 아니라 한방에서는 약용으로도 널리 쓰이며 다양한 효능을 갖고 있습니
다. 위염, 대장염, 노화 방지, 피부 질환, 당뇨, 혈압 등에 좋고 두통, 종양 치료제로도 쓰
입니다. 방아잎을 따서 냄새를 맡으면 머리가 맑아지는 것을 느낄 수 있습니다. 입 냄새
제거에는 방아잎을 달인 물로 양치질하면 효과가 있고 식욕 부진에도 효과가 있다고
알려져 있습니다. 또한 방아잎은 면역력이 떨어져 감기에 잘 걸리는 사람에게 효능이
있으며 소화가 잘되지 않는 사람이 자주 먹으면 위액 분비를 촉진하고 소화 불량을 완
화하는 효능이 있습니다. 가히 만병통치약 수준입니다.

방아 먹는 법

깻잎과 비슷하게 생긴 방아잎은 경상도 지역에서 많이 이용합니다. 방아잎은 향이 독특하고 강해, 호불호가 심하게 갈리는 허브 채소이기도 합니다. 방아잎을 먹는 가장 흔한 방법은 쌈으로 이용하는 것입니다. 고기를 삶을 때나 생선 요리를 할 때 사용하면 잡내를 잡아 주고 음식의 맛을 살려 주는 효과가 있습니다. 또한 잎을 말려 차로 먹거나 생잎을 따뜻한 물에 우려 먹기도 합니다.

필자와 같이 농사를 짓고 있는 전우들은 방아에는 별 관심이 없었습니다. 그러던 중 제가 먹기 좋은 연한 방아잎 몇 장을 따왔고 상추에 곁들여 먹어 보라고 했습니다. 방아라는 잎인데 호불호가 갈리지만, 먹을 만하다고 했습니다. 전우들은 방아의 강한 향에 이내 손사래를 쳤지만, 제가 적극적으로 권해서 한 쌈식 먹어야만 했습니다. 반응은 모두 "어라~ 괜찮네?", "맛있는데?"였습니다. 그후 전우들은 방아팬이 됐고 그들의 밭에는 예쁜 방아꽃이 해마다 핍니다.

Le** 방아는 경상도에서 잘 애용하는 허브입니다. 가을엔 꽃도 예쁘요. 군락으로 심으면 보라색 꽃이 멋져요. 추어탕, 미더덕찜, 생선 매운탕, 된장찌개, 장아찌 등 어떤 음식이든 넣으면 맛이 좋습니다.

김** 제가 살고 있는 마산은 방아 없이는 못 사는 지역입니다. 방아 하나만 입에 넣고 천천히 씹어 보면 연한 줄기에서 단맛이 납니다. 저도 처음에는 도저히 향이 강해 먹지 못하다가 어느날부터 매니아가 됐지요. 겨울에 뿌리가 살아 있다가 다음 해에 튼실한 방아가 올라와요. 그리고 따로 채종을 하지 않아도 근처에서 어마어마하게 올라온답니다.

퀘** 결혼 전에 방아를 키웠었죠. ㅎㅎ 고놈은 꽃도 예뻐서 키울 맛이 나요. ㅎㅎ

길** 추어탕에 들어가는 향신료… 전 그 향이 별로던데요. ㅎㅎ 이것도 호불호가 갈리는 채소인가 봅니다. ^^

고** 방아꽃이 피면 장관이지요. 벌은 물론, 손바닥 만한 나비 등이 엄청 나게 몰려 오더군요. 파리도 있더라고요. 그러고 보니 날개 달린 것들은 죄다 모였던 것 같습니다.

해** 저는 방아잎을 따서 냉동실에 보관하고 겨울 내내 요리할 때 넣습니다.
향이 좋고, 냄새도 잡아 주고요. 부침할 때 조금 넣으면 그 향이 예술입니다. ㅎㅎ

은** 대개 경상도 사람들이 좋아하죠. ㅎㅎ 전라도로 시집을 왔는데 여기는 안 먹어서 올해 쬐금 키워서 저만 먹네요. ㅎㅎ

불** 처가에서 방아전을 자주 만들어 먹는데 전 아직 못 먹겠더라고요. 우리 두 딸도 잘 먹는데 저만…. ㅠㅠ

잎·꽃을 먹는 채소 ⑯

허브의 왕 바질

분류 꿀풀과

원산지 인도

재식 거리 포기 간격 20~30cm / 줄 간격 20~30cm

직파 ○ **육묘** ○ **삽목** ○

퇴비 10kg **복합비료(완효성)** 300g

추비 없음

비고 2평 기준

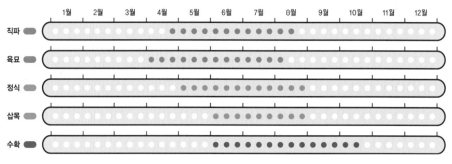

바질은 전 세계에 약 60여 종 이상이 자생하고 있고 맛, 색, 모양도 조금씩 차이가 있습니다. 우리나라에서 흔하게 재배되고 있는 바질은 지중해 지역에서 많이 쓰는 스위트 바질(Sweet Basil)입니다. 스위트 바질의 잎은 상큼한 향에 약간 매운맛이 나는 것이 특징입니다. 또한 입이 넓고 부드러워 다양한 서양 요리에 많이 쓰고 있고 생으로 먹는 요리에 적합합니다. 하지만 바질의 독특한 향 때문에 호불호가 심하게 갈리는 허브 채소입니다.

바질 파종 시기

바질은 발아가 크게 어렵지 않은 허브 채소입니다. 발아 적온은 20~25℃ 정도이며 발아 기간은 기온에 따라 다소 차이가 있지만, 보통 8~14일입니다. 바질의 파종 시기는 폭이 넓습니다. 4월 하순부터 8월 중순까지 언제든지 파종할 수 있습니다. 하지만 비가 많이 오고 무더운 한여름에 재배하는 것은 가급적 피하는 게 좋습니다. 수확은 6월부터 중순부터 서리가 내릴 때까지 할 수 있습니다. 하지만 봄 재배는 날이 무더워지는 여름에 꽃이 피고 씨를 맺으며 가을 재배는 꽃이 피지 않지만, 추위에 약하기 때문에 수확 기간은 길지 않습니다.

바질 모종

바질밭 만들기

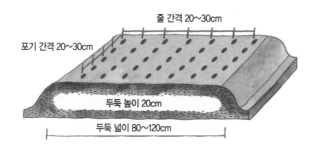

줄 간격 20~30cm

포기 간격 20~30cm

두둑 높이 20cm

두둑 넓이 80~120cm

바질의 재배지는 바람이 잘 통하고 햇볕이 잘 드는 양지 바른 곳이 좋습니다. 포기 간격은 20~30cm, 두둑 높이는 80~120cm 정도로 넓게 파종해야 햇볕을 골고루 받고 통풍이 양호해져 생육 상태가 좋아지고 병충해 예방에도 유리합니다. 퇴비는 10kg, 완효성 복합비료 600g을 기비로 사용하며 보통 추비는 하지 않습니다.

바질 모종 심기(봄 재배)

바질 모종 심기(가로 30cm, 세로 25cm)

◀ **2019년 5월 18일**

모종을 심는 모습입니다. 육묘 시작일은 4월 1일입니다. 바질은 발아가 오래 걸리고 초기 성장이 무척 느립니다. 포기 간격은 30cm, 줄 간격은 25cm로 다소 넓직하게 심었습니다.

활착을 마친 모습

◀ **6월 1일**

잎이 몇 장 더 나온 것 말고는 큰 변화가 없습니다. 다른 작물에 비해 초기 성장은 다소 느린 편입니다.

바질 직파(봄 재배)

25cm 간격으로 줄뿌림하는 모습(봄 파종)

◀ **5월 5일**

노지 직파는 밤 기온이 많이 떨어지기 때문에 4월 하순부터 파종을 하기 시작합니다. 포기 간격은 25cm, 줄뿌림 파종을 했습니다. 바질의 발아 적온은 20~25℃로, 비교적 높은 온도에서 발아가 잘되는 허브입니다.

바질 싹

◀ 5월 17일

싹이 난 모습입니다. 발아는 파종일을 기준으로 12일 걸렸습니다. 바질은 수경 재배를 할 수 있을 정도로 물을 좋아하는 허브입니다. 겉흙이 마르면 과습이 되지 않는 범위 내에서 충분한 양의 물을 줍니다.

솎음 및 김매기

◀ 6월 9일

바질은 직파했을 때 발아는 느리지만, 햇볕이 충분하면 성장은 빠릅니다. 생육이 강해 초기에 성장만 잘하면 이후에는 잘 자랍니다. 그러나 7월에 접어들면서 꽃이 피기 때문에 잎을 수확할 수 있는 기간은 길지 않습니다.

바질 직파(가을 재배)

25cm 간격으로 줄뿌림하는 모습(가을 파종)

◀ 8월 18일

가을 재배는 보통 8월에 합니다. 간격은 25cm, 줄뿌림했고 싹이 난 후 솎음했습니다. 가을 재배는 기온이 낮아지고 일조 시간도 짧아지기 때문에 봄 재배에 비해 왕성하게 자라지 않아 수확량이 적어집니다. 이런 점을 감안해 목표 수량보다 좀 더 많이 파종합니다.

◀ 10월 27일

서리를 맞았고 짧은 생을 마쳤습니다. 바질은 추위에 약해 첫 서리에도 죽기 때문에 미리 일기예보를 확인해 수확을 마쳐야 합니다.

서리를 맞은 바질

서리를 맞고 죽은 바질

바질 삽목(꺾꽂이)

바질은 씨앗 또는 삽목으로 번식합니다. 다음은 바질의 삽목 과정입니다.

◀ 7월 14일

바질은 꽃이 피지 않은 20cm 정도의 곁가지를 자른 후 흙에 묻히는 부분의 잎을 떼어 내고 쓰러지지 않을 만큼의 깊이인 10cm 정도를 꽂아 줍니다. 물은 흙 속까지 흠뻑 젖도록 충분히 줍니다.

삽목을 위해 잘라 온 줄기

쓰러지지 않게 심는다.

더위에 고전하는 바질

◀ **7월 17일**

무더운 여름 날씨에 고전을 합니다. 잎이 심란할 정도로 시들거리는 게 당장이라도 죽을 것 같아 보입니다. 햇볕을 가려 주면 활착하는 데 큰 도움이 됩니다. 필자는 햇볕을 가려 주지 않았습니다.

뿌리를 내리고 활착한 모습

◀ **8월 7일**

기존에 있던 잎은 대부분 말라 죽고 새로운 잎이 나오면서 모두 생존했습니다.

비바람에 쓰러진 모습

◀ **9월 8일**

꽃을 피웠습니다. 그러나 비바람에 쓰러졌습니다. 바질은 비바람에 쉽게 쓰러집니다. 그래서 미리 옆 줄을 매 주는 것이 좋습니다.

바질 순따기

생장점을 자르기 전의 모습

◀ **6월 8일**
바질 순따기는 각 줄기의 생장점을 잘라 주는 것을 말합니다. 가지의 수를 늘리면 더 많은 잎을 수확할 수 있습니다. 키가 20cm 정도 자랐을 때부터 실시합니다.

생장점을 자른 후의 모습

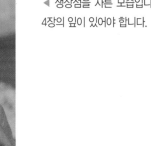

◀ 생장점을 자른 모습입니다. 이때 생장점 바로 아래에는 4장의 잎이 있어야 합니다.

곁가지가 자란 모습

◀ **6월 15일**
생장점 바로 아래에 있던 다른 곁가지가 발생해 자라고 있습니다. 식물은 생장점이 제거되면 살기 위해 다른 생장점을 키웁니다.

바질 병충해, 생리 장해

해충 피해를 입은 바질잎

◀ 7월 22일

바질은 재배 환경에 따라 해충의 피해가 다르게 나타납니다. 주로 잎에 구멍이 나거나 갈라지는데, 생육 초기에는 벼룩잎벌레, 후기에는 나비, 나방 애벌레나 민달팽 등이 잎이나 생장점을 흡즙해 발생합니다. 또한 잎이 오그라들고 누렇게 변하는 피해는 진딧물, 햇볕 부족, 양·수분 흡수 과다로 인해 발생합니다.

일조 부족으로 검은 반점이 생긴 바질잎

◀ 10월 17일

바질은 추위에 매우 약한 허브입니다. 다른 작물과 달리 기온이 5℃ 이하로 떨어지면 잎이 검게 변색되기 시작합니다. 이러한 증상은 여름 장마철에도 흔히 볼 수 있습니다. 바질은 최소 하루 6~8시간, 최적 10~12시간의 빛이 필요합니다. 일조량이 부족하면 잎에 검은색 점이 생기면서 점차 커집니다. 일종의 생리 장해이며 증상이 발생한 가지는 제거해서 다른 잎의 일조량을 확보해 줍니다.

바질잎 수확, 보관하기 및 활용

바질잎은 생장점을 자르거나 무성해진 가지를 잘라 잎을 따는 방법으로 수확합니다.

가지를 잘라 잎을 수확하는 모습

잎을 건조하는 모습

바질은 다른 채소에 비해 보관이 까다로운 허브 채소입니다. 일반적으로 종이로 잎이 상하지 않게 감싼 후 비닐 팩이나 밀폐 용기에 담아 냉장 보관하지만, 길어야 4~5일 정도 보관되고 이후에는 검게 변해 버립니다. 그래서인지 마트에서도 구하기 힘들고 가격 또한 비싼 고급 허브 채소에 속합니다. 따라서 바질은 바로 갈무리를 하는 게 좋습니다. 바질은 활용 범위의 폭이 넓습니다. 바질 가루, 바질 오일, 바질 식초, 바질 맛소금, 바질 맛술, 바질 페스토로 이용하기도 하고 생바질을 잘라 각종 육류 요리를 할 때나 생선을 구울 때 바질을 썰어 얹어 굽거나, 샐러드, 피자나 스파게티, 스프에 넣거나 얹어서 먹습니다. 향이 독특하기 때문에 쌈에 곁들여 먹으면 별미입니다.

바질 개화 및 채종

바질꽃

◀ **6월 25일**
꽃이 피기 시작합니다. 바질은 해가 길어지고 더워지면 꽃대를 올리고 꽃이 핍니다. 지역에 따라, 파종 일자에 따라 다소 차이는 있지만, 하지 무렵입니다. 육묘 재배 시 직파 재배에 비해 추대가 다소 빠릅니다. 꽃대가 올라오면 더 이상 잎은 발생하지 않고 기존의 잎도 작아집니다. 잎 수확이 목적이면 일찌감치 꽃대를 잘라 냅니다. 하지만 꽃대를 자르면 잎 수확은 조금 연장할 수 있지만, 근본적으로 추대를 막지 못합니다. 사실상 끝물이기 때문에 잎 수확을 서둘러야 합니다.

지지대를 세운 후 옆 줄을 맨 모습

◀ **8월 20일**
꽃이 만개했습니다. 수확할 수 있는 잎이 없어 채종용입니다. 바질은 습기에 약합니다. 비가 오면 대부분 쓰러집니다. 미리 옆 줄을 매서 쓰러짐을 방지합니다.

여물어가는 씨앗

◀ **10월 15일**

꽃은 지고 씨방이 누렇게 여물었습니다. "노장은 죽지 않는다"라고 했나요? 후대를 남기고 생을 마감했지만, 여전히 강한 바질향이 납니다.

바질 씨앗

◀ 채종은 줄기를 베거나 비닐봉투, 함지박 등을 옆에 대고 손으로 훑는 방법으로 합니다. 꽃 한송이가 씨방 하나가 되는데, 그 안에는 보통 4개의 씨앗이 들어 있습니다.

티끌에 섞여 있는 씨앗들

◀ 손으로 비벼 씨방을 부숩니다. 바질 씨앗은 작고 가볍기 때문에 완벽하게 분리하기 어렵습니다. 필자는 넓은 함지박에 담아 바람으로 큰 검불만 날리고 티끌째 파종합니다.

바질의 효능

바질 향기는 머리를 맑게 하고 두통을 없애는 효과가 있습니다. 바질잎을 차로 마시면 신경과민, 두통뿐 아니라 구내염에도 효과가 있습니다. 말려서 사용하는 것보다 신선한 잎을 바로 따서 사용하는 것이 좋습니다. 이 밖에도 신경 장해, 류머티즘 약, 비만, 노화 방지, 소화불량 해소, 이뇨 작용에 도움을 주는 것으로 알려져 있습니다.

구분	1차 직파	2차 직파	3차 직파	4차 직파	5차 직파	비고
순차 파종	5월 1일	5월 16일	6월 1일	6월 16일	7월 1일	15일 간격
예시	5월 1일	5월 20일	6월 10일	7월 1일		20일 간격

바질은 하지를 기점으로 꽃을 피우기 때문에 잎을 수확할 수 있는 기간은 길지 않습니다. 이럴 때는 번거롭지만 순차적으로 파종하면 잎을 계속 수확할 수 있습니다. 파종 간격은 15~20일 정도가 적당할 것 같습니다.

내**   꽃이 피어도 연할 땐 먹을 수 있어요. 꽃이 피면 먹지 못하는 이유는 억세기 때문이에요.

푸**   바질잎은 건조기에 말린 후 손으로 비벼 삼겹살 구울 때 후추처럼 뿌려 먹으면 냄새도 잡고 향이 좋아요. 단, 바질향을 좋아하실 경우에만요.

리**   바질페스토 만들어서 빵에 바르거나 파스타를 만들어 먹는데, 꽃이 피면 맛이 없어져요. 식용할 거면 꽃대를 자르라던대요. 저는 생잎으로 쌈 채소 먹듯이 먹고 많이 나오면 말려서 향신료로 쓰려고요.

엘**   좀 더 늦게까지 잎을 따시려면 꽃대를 제거해야 해요. 씨앗을 얻으려면 그냥 두셔서 꽃대를 키우는 게 좋고요. ^^ 꽃대가 생기면서 아래쪽 잎이 마르는 속도가 조금 빠르게 나타난답니다. ^^

세**   초여름에는 잎만 따다가 무성해지고 꽃대가 보이면 줄기째 잘라 잎만 땁니다.

m***   우리 텃밭에 있는 바질은 해충이 엄청 꼬여서 성한 잎이 없었는데…. 내년에 바질을 키울 엄두가 안 납니다. 향은 정말 진하던데….

붉**   생잎은 오랫동안 보관하기 힘들어요. 2~3일 내에 사용한다면 비닐에 보관하면 되고요. 비닐 내에 있는 공기를 모두 빼고 입김을 두 번 정도 불어서 밀봉하면 좀 더 오래 보관할 수 있고요. 오랫동안 쓰려면 말리거나 바질 페스토를 만들어 사용할 수 있겠네요.

심신을 가꾸는 착한 허브 **레몬밤**

분류 꿀풀과

원산지 지중해 연안

재식 거리 포기 간격 25~30cm / 줄 간격 15~20cm

직파 ○ **육묘** ○ **삽목** ○

포기 나눔 ○

퇴비 10kg **복합비료(완효성)** 600g

추비 없음

비고 2평 기준

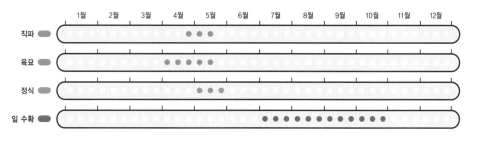

	1월	2월	3월	4월	5월	6월	7월	8월	9월	10월	11월	12월
직파					● ● ●							
육묘				● ● ● ● ●								
정식					● ● ●							
잎 수확							● ● ● ● ● ● ● ● ● ● ●					

레몬밤은 잎의 향이 레몬향과 비슷해 붙여진 이름입니다. 레몬밤을 섭취하면 심신(心身)의 안정은 물론 탈모 예방에도 도움이 된다고 알려져 있습니다. 스위스의 의학자 파라켈수스는 레몬밤을 '생명을 연장시키는 불로장생의 묘약'이라고 칭하기도 했습니다. 주로 생잎을 물에 우려내 차로 마시거나 말려서 가루를 내어 요리에 넣는 등 다양하게 활용됩니다. 또한 레몬밤의 로즈마린산 성분은 내장 지방이 새로 생기거나 쌓이는 것을 막아 다이어트 식품으로도 사랑받고 있습니다.

레몬밤밭 만들기

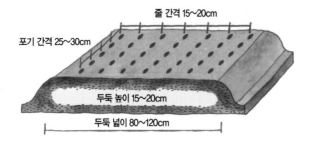

레몬밤밭은 평이랑으로 만듭니다. 포기 간격은 25~30cm, 줄 간격은 15~20cm가 적당하며 파종은 줄뿌림 또는 점뿌림을 합니다. 레몬밤은 하루 내내 햇볕을 받아도 반그늘 상태에서도 잘 자랍니다. 하지만 더위에 약해 여름철의 직사광선은 피하는 것이 좋습니다. 아침에 햇볕을 받고 오후에 그늘이 지는 장소가 가장 좋습니다. 레몬밤은 번식력뿐 아니라 병충해에도 강한 편이어서 다른 작물과 함께 심으면 계속 세력을 넓혀 다른 작물의 번성을 약화시키기도 합니다. 레몬밤은 배수가 잘되는 비옥한 토양에서 잘 자랍니다. 퇴비는 10kg, 복합비료는 600g을 뿌린 후 깊게 갈아 주는 것이 좋으며 추비를 하지 않아도 잘 자랍니다.

레몬밤 재배 과정

25cm 간격으로 줄뿌림하는 모습

◀ **4월 27일**
광발아 종자인 레몬밤의 씨앗은 엄청 작습니다. 이런 미세 종자들은 마른 모래나 고운 흙에 섞어 뿌리는 걸 권장합니다. 필자는 그냥 뿌렸고 포기 간격 25cm 정도로 줄뿌림했습니다. 흙은 매우 살짝만 덮었으며 스프레이로 물을 뿌려 씨앗이 흙에 밀착되도록 한 후 물뿌리개로 물을 줬습니다.

레몬밤은 발아 기간이 길다.

◀ 6월 1일

기다리는 싹은 나지 않고 풀만 자랍니다. 더욱이 매일 물을 줘서 흙이 돌처럼 굳어져 버렸습니다. 김매기를 못해서 답답했습니다.

파종 후 41일 만에 나온 레몬밤 싹

◀ 6월 6일

포기하고 다른 작물을 심으려고 했는데 싹이 난 것을 봤습니다. 하도 작아서 하마터면 못 볼 뻔 했습니다. 41일이라는 긴 시간이 걸렸네요.

발아가 안 된 곳도 있다.

◀ 7월 2일

이제는 수확해도 될 만큼 자랐습니다. 처음에는 발아되지 않은 빈 자리가 보기 싫지만, 나중에는 땅이 보이지 않을 만큼 무성해집니다.

밑동을 베어 수확하는 모습

◀ 7월 21일

첫 수확합니다. 레몬밤의 수확 시기는 따로 정해져 있지 않습니다. 필요할 때마다 잎, 줄기를 이용합니다. 수확은 각 가지의 생장점 또는 군데군데 잎을 따거나 부추를 수확하듯이 밑동을 베어 냅니다.

베어 낸 후의 모습

◀ 베어내면 잘못 되는 것이 아닐지 걱정되죠? 괜찮습니다. 레몬밤은 물을 좋아하는 허브입니다. 겉흙이 마르지 않게 충분히 물을 줍니다.

28일 만에 다시 자란 레몬밤

◀ **8월 18일**

다시 무성해졌습니다. 2차 수확을 했습니다. 흙이 마르지 않도록 물을 주기적으로 줍니다.

35일 만에 다시 자란 레몬밤

◀ **9월 22일**

3차 수확을 했습니다. 레몬밤은 밑거름이 충분하다면 추비를 하지 않아도 잘 자라는 허브입니다.

레몬밤은 추위에 강하다.

◀ **10월 29일**

마지막 수확을 했습니다. 레몬밤은 추위에 강한 작물입니다. 된서리가 내렸지만, 잎은 여전히 푸르름을 유지하고 있습니다. 레몬밤은 수확하기 나름이겠지만, 베어서 수확하는 경우 1년생은 4번, 기온이 따뜻한 지역에서는 5번, 2년생은 생육이 빠르기 때문에 5번, 기온이 따뜻한 지역에서는 6~7번 정도 수확할 수 있을 것 같습니다.

잎 떼어 내기

◀ 레몬밤은 잎을 이용합니다. 잎을 떼어 내고 줄기는 버립니다.

건조기에 말리기

◀ 필자는 생잎으로 먹기 힘들어 건조기에 말려 가루를 만들었고 아내와 딸이 음료에 타서 먹었습니다. 다이어트를 한다면서요~

월동을 마친 레몬밤 싹

◀ 이듬해 3월 28일 겨울나기를 마친 후 새로운 싹을 올리고 있습니다. 다년생인 레몬밤은 우리나라 전 지역에서 무보온 월동이 가능합니다.

레몬밤 꽃

◀ **8월 5일**

레몬밤은 2년째 꽃을 피우고 씨앗을 맺습니다. 그러나 밑동을 한 번이라도 베어 낸다면 꽃이 피지 않을 수도 있습니다. 따라서 채종용은 몇 포기 남겨 따로 관리를 해야 합니다. 꽃은 품종에 따라 흰색, 노란색, 연한 청색으로 핍니다. 꽃은 매우 작아 존재감도 없고 볼품도 없습니다. 잘 관찰하지 않으면 잎에 가려져 모르고 지나칠 수도 있습니다.

◀ 11월 12일

1년 농사를 마무리하느라 채종이 늦었지만, 다행히 씨앗은 많이 들어 있었습니다. 잘 말려서 상온 또는 밀봉해 냉장고에 보관한 후 종자로 사용합니다.

레몬밤 채종

레몬밤 병충해

레몬밤은 우려할 만한 병해가 없습니다. 다만, 해충 피해가 있었습니다. 해충 피해는 그 해의 기후와 지역에 따라 달라지는 것 같습니다.

◀ 1년생 7월 8일

미국선녀벌레 약충 피해가 보여서 긴장을 해야만 했습니다. 방제가 힘든 해충이기 때문입니다. 다행히 초기에 발견해서 피해는 경미했습니다. 피해를 입은 줄기를 제거했고 이후 추가 피해는 없었습니다.

미국선녀벌레 피해

◀ 1년생 9월 14일

잎에 구멍이 뚫려 있는 걸 보곤 했는데, 드디어 범인을 검거했습니다. 배추흰나비 애벌레로 추정됩니다.

배추흰나비 애벌레

◀ 2년생 5월 22일

상부쪽 잎이 오골거리며 말리는 증세가 보였습니다. 잎말이 나방 애벌레는 천적으로부터 몸을 보호하고자 잎을 말고 잎을 갉아 먹으며 자랍니다. 역시 초기에 발견해서 피해는 거의 없었습니다.

잎말이나방 애벌레

레몬밤 삽목(꺾꽂이) 번식

레몬밤은 씨앗, 삽목, 포기 나눔으로 번식합니다. 파종 시기를 놓친 경우나 포기를 늘리고 싶을 경우에 삽목합니다. 다음은 삽목 과정입니다.

◀ 6월 23일

길이는 25~30cm 정도로 잘랐습니다.

삽목을 위해 곁가지를 자름.

◀ 땅에 묻히는 곳의 잎을 제거합니다. 절반 아래쪽 잎을 따줍니다.

심어지는 곳 잎 따기

◀ 막대로 구멍을 내고 쓰러지지 않을 정도로 꽂아 줍니다.
10~15cm 정도의 깊이입니다.

쓰러지지 않게 심기

◀ 삽목을 마친 모습입니다. 줄기를 며칠 물에 담가 뿌리가
내린 후 심목하면 실패일 확률이 지고 시간도 단축될 수 있
습니다.

삽목 후 모습

◀ 6월 28일
수시로 물 주기를 했지만, 무더운 여름 날씨에 고전하고 있
습니다. 과연 살 수 있을까요?

삽목 후 5일째(이게 산다고?)

◀ **7월 14일**

아래쪽 잎들은 여전히 시들시들하지만 상태가 호전되고 있습니다. 햇볕을 가려 주면 활착에 도움이 됩니다. 필자는 하지 않았습니다.

삽목 후 21일째(상태가 좋아지고 있음)

◀ **8월 9일**

한 포기도 낙오하지 않고 모두 생존했습니다. 오랜 시간이 걸렸네요. 삽목의 핵심은 물 주기입니다. 물 주기에 따라 성패가 결정됩니다. 삽목은 비가 잦은 장마철에 하는 것이 좋을 것 같습니다.

삽목 후 47일째(모두 생존함)

블로그이웃들의수다

솔**   차로 마시거나 말려서 가루로~ 다이어트에도 최고래요.

레**   월동도 잘되고 번식력도 좋아 키우기 쉬운 허브입니다.

겨**   잎을 따서 덖은 후 차로 먹거나 생잎을 끓여 양치할 때 가글하면 좋아요~

꽃은 장식으로, 잎은 샐러드로! 루꼴라

분류 십자화과
원산지 지중해 연안
재식 거리 포기 간격 20~30cm / 줄 간격 15~20cm
직파 ○ **육묘** ○
퇴비 10kg **복합비료(완효성)** 300g
추비 없음
비고 2평 기준

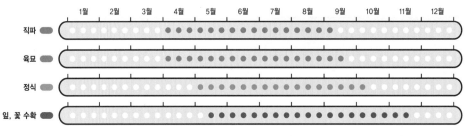

	1월	2월	3월	4월	5월	6월	7월	8월	9월	10월	11월	12월
직파				●	●	●	●	●	●			
육묘												
정식					●	●	●	●	●			
잎, 꽃 수확				●	●	●	●	●	●	●		

루꼴라는 원산지가 지중해 연안인 1년초 허브 채소입니다. 고대 그리스 로마 시대에서는 이미 식용 나물로 재배됐으며 이집트에서는 클레오파트라가 아름다움을 유지하기 위해 루꼴라를 먹었다고 합니다. 참깨와 같은 맛에 약간 매운맛도 느껴지며 특히 어린 잎을 샐러드에 넣어 먹으면 매우 맛있고 겉절이나 무침, 특히 피자에 곁들여 먹기에 좋아서 인기가 많습니다. 반면, 호불호가 심하게 갈리는 허브이기도 합니다.

루꼴라 파종 시기

루꼴라 재배 시기는 폭이 넓습니다. 봄부터 가을까지 언제든지 재배할 수 있습니다. 생육도 빨라 파종 후 30일부터는 수확할 수 있습니다. 다만, 더위에 약해 한여름 폭염에는 잘 자라지 않습니다. 반면, 내한성이 강해 초겨울에도 죽지 않고 푸른 이파리를 유지합니다. 일부 지역에서는 겨울나기도 가능합니다.

루꼴라밭 만들기

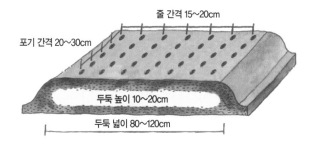

루꼴라는 햇볕이 잘들고 배수가 잘되는 모래 토양이 좋습니다. 포기 간격은 20~30cm, 줄 간격은 15~20cm 정도가 적당하고 생육 기간이 짧아 추비는 하지 않으며 모종을 키워 재배하기보다 직파 재배가 좋습니다. 모종으로 키워 이식하면 생육 기간이 길어져 오히려 억세질 수 있기 때문입니다.

루꼴라 자라는 모습(봄 재배)

루꼴라 씨앗

20cm 간격으로 줄뿌림하는 모습

◀ 4월 13일
20cm 간격으로 줄뿌림했고 흙이 메말라 있어 물을 충분히 줬습니다.

루꼴라 싹

◀ 4월 28일
씨가 모두 나왔습니다. 그래서 십자화과 작물의 영원한 불청객인 벼룩잎벌레가 잎에 구멍을 내기 시작합니다.

파종 후 29일째 루꼴라

◀ 5월 11일
따뜻한 봄 햇살을 받고 부쩍 힘을 내기 시작합니다. 밭에 올 때마다 솎음 수확을 했습니다. 잎이 부드럽고 연해서 먹기 좋습니다. 루꼴라가 자라는 모습을 보고 있노라면 놀라울 때가 많습니다. 한마디로 폭풍 성장! 열무보다 빠릅니다. '모든 작물이 이렇게 잘 자라면 좋겠다'라는 생각이 들곤 합니다.

루꼴라 솎음 수확

◀ 5월 17일

잎의 길이가 30cm 정도로 자랐습니다. 루꼴라는 자라는 속도가 빨라 추대가 되기 전에 부지런히 수확해야 합니다. 잎 수확은 상추처럼 가장자리 잎을 땁니다. 잎을 딸 때는 흙에 닿아서 먹기 곤란한 잎이나 시든 잎 해충 피해가 많은 잎은 따 버리고 먹기 좋은 잎만 수확합니다.

추대된 루꼴라

◀ 5월 28일

꽃대가 보이기 시작합니다. 보통 식물은 꽃대가 올라오면 잎이 자라지 않고 질겨집니다. 꽃대를 자르면 좀 더 잎을 수확할 수 있지만, 근본적인 추대를 막지는 못합니다.

꽃이 만개한 루꼴라

◀ 6월 5일

꽃이 만개했습니다. 벌이 제일 반가워하는 것 같습니다. 근처에만 가도 벌의 날개짓 소리가 요란하게 납니다. 꽃이 피면 잎을 먹지 못하므로 채종이 목적이 아니라면 뽑아야 합니다.

루꼴라 자라는 모습(가을 재배)

25cm 간격으로 줄뿌림하는 모습

◀ **8월 18일**
포기 간격 25cm로 줄뿌림한 모습입니다.

10월 27일 오전 서리를 맞은 모습

◀ **10월 27일**
하얀 서리가 내렸습니다. 하지만 루꼴라는 추위에 강한 식물입니다. 낮 기온이 올라가면 본래의 모습을 회복합니다. 일부 지역에서는 무보온으로 겨울나기를 할 수 있습니다.

10월 27일 오후 회복한 모습

◀ 11월 10일

날이 지속적으로 추워져서 아주 수확을 했습니다. 루꼴라는 봄 재배와 달리, 가을 재배는 추대하지 않습니다. 또한 해충의 피해도 덜 받습니다.

루꼴라 포기째 아주 수확

루꼴라 재배 관리

순차 파종: 봄에 파종한 루꼴라는 날씨가 따뜻해지면서 꽃대가 올라와 먹지 못하게 됩니다. 그래서 순차적으로 파종하면 계속 잎을 수확할 수 있습니다. 20~30일 간격이 좋을 것 같습니다.

순차 파종 예시

1차 직파	2차 직파	3차 직파	4차 직파	비고
4월 1일	4월 21일	5월 11일	6월 1일	20일 간격
4월 1일	5월 1일	6월 1일		30일 간격

수확한 루꼴라 잎

물 관리: 루꼴라는 습기에 약합니다. 특히 장마철에는 여러 날 내리는 비로 쓰러지는 일이 많이 발생합니다. 물은 흙이 마른 후 충분히 줍니다.

병충해: 루꼴라는 우려할 만한 병해는 없습니다. 다만, 해충 피해는 많은 편입니다. 십자화과 작물은 유독 해충이 많이 꼬입니다. 해충 피해는 봄에 많으며 날씨가 선선해지는 가을이 되면 다소 줄어듭니다. 주요 해충은 토양에서 발생하는 벼룩잎벌레 그리고 나비 유충, 나방 유충이 재배 내내 힘들게 합니다.

보관하기: 루꼴라의 하루 권장 섭취량은 6~10g으로, 과다 섭취 시 복통이나 설사, 복부

팽만 등의 부작용이 발생할 수 있으므로 많은 양을 먹지 않는 것이 좋습니다. 루꼴라는 일반 채소류 보관 방법에 준합니다. 씻지 않고 신문에 싸거나 비닐 팩에 넣어 냉장 보관하는 것이 일반적이며 3~4일 안에 소비하는 게 좋습니다.

필자는 허브 채소에는 관심이 없었습니다. 그러던 중 사은품으로 받은 루꼴라를 심게 되었습니다. 발아는 화끈하더군요. 자라는 속도도 5G급입니다. 파종 후 20일쯤 됐을 무렵 솎음 수확을 했는데, '이걸 어떻게 먹어야 하나?'라는 고민을 해야만 했습니다. 아내도 난감해하더군요. 제일 만만한 쌈으로 먹어 보기로 했습니다. 삼겹살을 구운 후 기대 반 우려 반으로 한 쌈을 입에 넣었습니다. 입안에 퍼지는 묘한 식감과 특유의 향을 느낌과 동시에 뱉어야만 했습니다. 타이어 냄새가 나는 것만 같았습니다. 아내는 화장품을 먹는 것 같다고 말했습니다. 이후에도 몇 번 더 시도해 봤지만, 끝내 적응하지 못했고 '루꼴라는 사람이 먹을 수 있는 채소가 아니다'라는 결론을 내렸습니다. 이후 제 밭에서 루꼴라는 영구 퇴출됐습니다.

기**   저도 올해 3번 뿌려 잘 먹었고 이번 주말에 가서 다시 뿌릴 예정입니다. 루꼴라 짱이에요!

들**   고수, 방아, 루꼴라와 같은 채소류가 호불호가 좀 있죠.

점**   저희 집 루꼴라는 저보다 벌레가 더 좋아하나봐요. 남아나는 게 없네요. ㅎㅎ

별**   루꼴라 피자나 샌드위치에 넣어 먹고 소고기 쌈에도 참 잘 어울리더라고요. 근데 어릴 때 뽑아 먹는 게 더 맛있어요. ^^

최**   전 꽃대 올라오면 싹 갈아엎고 새로 씨를 뿌립니다. 잎이 질기고 매워져서 먹기가 좋지 않더라고요.

한**   꽃대를 꺾어도 금방 다시 올라옵니다. 재파종하시는 것이 좋아요.

현**   뭔 맛이 이래 ㅠㅠ 루꼴라 퇴출!

봉**   모종으로 키워 한 판이나 심었는데 특이한 향 때문에 아무도 안 먹고 저만 먹고 있네요. 샐러드로~

땅에서 나는 사과, 허브티의 제왕 **캐모마일**

분류 국화과

원산지 독일, 유럽

재식 거리 포기 간격 25~30cm / 줄 간격 20~30cm

직파 ○ **육묘** ○

퇴비 10kg **복합비료(완효성)** 300g

추비 없음

비고 2평 기준

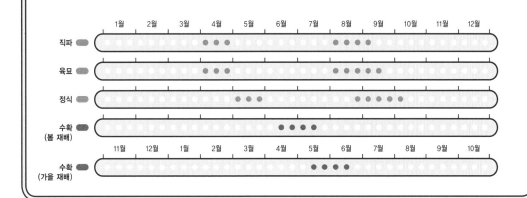

	1월	2월	3월	4월	5월	6월	7월	8월	9월	10월	11월	12월
직파				●				●	●			
육묘				●				●	●			
정식					●	●			●	●		
수확 (봄 재배)						●	●					

	11월	12월	1월	2월	3월	4월	5월	6월	7월	8월	9월	10월
수확 (가을 재배)							●	●				

데이지꽃과 비슷하게 생긴 캐모마일(Chamomile)은 국화과의 풀로, 유럽, 아프리카, 아시아 등 다양한 지역에서 자라는 허브입니다. 캐모마일이라는 이름은 '땅에서 나는 사과(Ground Apple)'를 뜻하는 그리스어에서 유래했습니다.

키는 50cm~1m 정도로 크고 꽃이 아름다워 관상용으로도 좋습니다. 하지만 줄기가 약해 비바람에 잘 쓰러집니다. 캐모마일은 생육이 강하고 곤충들이 기피해 해충 피해가 거의 없습니다. 품종은 크게 다년생인 '로만종', 1년생인 '저면종', 로만종과 저면종을 믹스한 '커몬종'이 있습니다. 국내에서는 '로만종'과 '커먼종'이 주로 재배되고 있습니다.

캐모마일밭 만들기

씨앗이나 모종은 15~20℃의 따뜻한 날씨에 심는 것이 좋습니다. 육묘는 4월부터 해서 5월에 정식하고 직파는 4월에 씨앗을 뿌립니다. 봄 파종과 가을 파종을 하며 봄 파종은 6월 중순, 가을 파종은 이듬해 5월 중·하순부터 꽃이 핍니다.

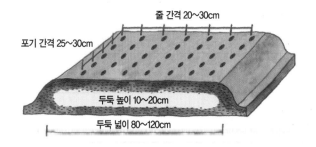

캐모마일은 배수와 통풍이 잘되며 햇볕이 잘 드는 비옥한 환경에서 잘 자랍니다. 고온이 지속되는 한여름에는 반그늘진 시원한 장소에서 약간 건조하게 관리합니다. 꽃이 예뻐 관상용으로도 좋은 캐모마일은 눈에 잘 띄는 정원 화단이나 산책로 등에 심는 것이 좋습니다.

캐모마일 봄 재배

종묘상에서 구입한 커먼(Common) 캐모마일

◀ **4월 28일**

제가 캐모마일 씨앗을 처음 봤을 땐 씨앗이라기보다 먼지에 가깝다는 생각을 했습니다. 이렇게 작은 씨앗을 '미세 종자'라고 하는데, 그냥 뿌리면 실패할 확률이 매우 높습니다. 그래서 미세 종자 파종은 모래에 섞어 뿌리는 게 정석입니다. 종이컵에 씨앗과 씨앗의 20배 정도 되는 마른 모래를 넣고 흔들어 고르게 섞은 후 모래째 뿌립니다. 모래 대신 고운 흙을 사용해도 됩니다. 씨앗을 뿌렸다면 흙을 덮지 않고 손바닥으로 다독거려 흙에 밀착시켜 주고 분무기로 물을 뿌려 줘야 합니다. 그리고 물뿌리개로 물을 줄 때는 씨앗이 떠내려가지 않도록 조심스럽게 물을 주면 보통 2주 안에 싹이 틉니다.

캐모마일 싹

◀ **5월 21일**

싹이 나고 잎이 상당히 자란 모습입니다. 캐모마일은 뿌리가 확실히 내려 왕성하게 자랄 때까지 정기적으로 물을 줘야 합니다. 뿌리가 내려 자리잡은 경우, 매우 덥거나 건조할 때만 물을 줍니다. 물을 흠뻑 주되, 과습하지 않도록 해야 합니다.

20cm 간격으로 솎아 준다.

◀ **6월 11일**

캐모마일은 발아가 의심스러울 정도로 씨앗이 작습니다. 그래서 다소 빽빽하게 뿌리게 되는데 발아는 놀라울 정도로 좋은 편입니다. 오히려 솎음 작업이 걱정될 정도입니다. 너무 많이 뿌렸나 봅니다. 솎음은 최종 간격이 20cm 정도가 되도록 2~3회에 걸쳐 실시합니다.

캐모마일꽃

◀ **6월 23일**

꽃이 피기 시작했습니다. 캐모마일꽃은 낮에는 피고 아침, 저녁에는 오므라져 있습니다.

캐모마일꽃 따기

◀ **7월 5일**

꽃은 언제 보아도 아름답고 기분을 좋게 만들어 주는 신비함이 있는 것 같습니다. 꽃을 따는 여인들의 모습이 행복해 보입니다. 캐모마일의 개화 기간은 1주일 정도입니다. 먼저 피는 꽃부터 부지런히 수확합니다.

캐모마일 옆 줄 매기

◀ **7월 18일**

캐모마일은 줄기가 약해 쉽게 쓰러집니다. 더욱이 줄기가 처져서 통행에 방해가 되기도 합니다. 지지대를 세운 후 옆 줄을 매어 줬습니다.

◀ **8월 1일**

꽃이 시들고 잎줄기가 마르면서 많은 후대를 남기고 짧은 생을 마쳤습니다. 채종은 성숙된 마른 꽃을 따서 건조시킨 후 밀폐 보관합니다.

캐모마일 가을 재배와 월동 재배

◀ **9월 11일**

봄에 캐모마일을 심었던 자리뿐 아니라 전혀 예상치 못한 곳에서 싹이 났습니다. 씨앗이 바람에 날리거나 물을 타고 가서 발아된 것입니다. 지긋지긋하게 뽑아버려야 했습니다. 그중 몇 포기를 옮겨 심었습니다. 간격은 사방 30cm로 심었습니다. 가을 재배는 이처럼 씨를 뿌리는 수고를 하지 않아도 얼마든지 모종을 얻을 수 있습니다.

◀ **10월 14일**

기온이 낮아지고 일조가 짧아지는 가을 재배는 왕성하게 자라는 봄 재배와 달리, 성장 속도가 매우 느립니다. 캐모마일은 가을에 꽃을 피우지 않습니다.

◀ **11월 25일**

기온이 영하로 떨어져 된서리가 내리고 얼음이 얼었지만, 캐모마일은 푸르름을 유지하고 있습니다. 뿌리를 깊이 내려 겨울 준비를 하는 모양입니다.

◀ 2월 14일

캐모마일이 겨울 한파를 견디면서 봄을 애타게 기다리고 있습니다. 캐모마일의 꽃말은 '역경 속의 힘'입니다. 꽃말답게 역경을 견디면서 힘을 내고 있는 캐모마일을 보면 비록 식물이지만, 측은한 생각이 들곤 합니다.

◀ 3월 13일

황량한 텃밭에 매서운 칼바람이 몰아치고 있지만, 새로운 잎을 만들면서 엽수를 늘리고 있습니다. 참으로 강인한 생명력입니다.

◀ 4월 29일

따뜻한 봄 햇살을 받으면서 키가 커지고 꽃봉오리가 보이기 시작합니다. 필자는 잘 보이는 통행로 옆에 심었고 지날 때마다 상큼한 사과향을 맡아 보곤 했습니다. 머릿속이 상쾌해집니다.

◀ 5월 30일

꽃이 만개했습니다. 가을(월동) 재배는 봄 재배에 비해 만개일 기준 40~45일 정도 꽃이 빨리 피는 걸 확인할 수 있습니다. 그러나 상당 기간 공간을 할애해야 하며 씨가 떨어져 계속 싹이 나기 때문에 가급적 밭의 한가운데를 피하고 계속 재배할 수 있는 곳을 선택하는 것이 좋습니다.

캐모마일 병충해

캐모마일은 병충해가 거의 없습니다. 필자의 경우 꽃을 씻을 때 매우 작은 벌레들이 꽃 안에 있어 한참을 물에 담가 벌레를 쫓아야만 했습니다. 한편, 진딧물 피해가 있었다는 의견이 있었고 가끔 노린재가 보이긴 했지만, 별 피해는 없었습니다.

캐모마일 수확과 말리기

캐모마일꽃이 활짝 피면 바로 손이나 가위를 사용해 수확합니다. 오전에는 꽃이 덜 피기 때문에 꽃이 충분히 피는 한낮에 수확하는 것이 좋습니다 수확한 꽃은 시선한 상태 그대로 사용하거나 건조시켜 사용할 수 있습니다. 건조시킬 때는 캐모마일꽃을 깨끗이 씻은 후 수분을 제거해 통풍이 잘되는 곳에서 충분히 말린 후 밀폐된 용기에 보관합니다. 필자는 건조기를 사용해 제일 낮은 35~40℃에서 매우 천천히 말립니다.

아침, 저녁의 캐모마일꽃

한낮에 활짝 핀 캐모마일꽃

활짝 핀 꽃을 수확

건조기에 말리기

캐모마일 차와 효능

뜨거운 물에 잘 마른 캐모마일을 넣은 후 2~3분 동안 우려 냈다가 마십니다. 캐모마일 차는 감기 예방, 면역력 증가, 진정 효과에 좋고 두통, 신경통, 편두통 등과 같은 통증의 해소에도 효능이 있습니다. 소화 촉진, 해열 작용, 생리통 감소에도 좋으며 몸을 따뜻하게 만들어 주고 불면증에도 도움이 됩니다.

캐모마일 차

치**	전 씨앗 사서 뿌렸는데 다음 날 비가 와서 씻긴듯…. ㅜㅜ 아직 소식이 없어서 새로 사야 할까, 모종을 알아볼까 고민 중입니다.
새**	차 포장된 걸 털어서 심었는데 싹이 나왔다는 사람을 봤어요. ㅎㅎ 저희 집에 3년 정도 묵은 씨앗이었는데 발아엔 별 지장이 없네요. ^^
게**	캐모마일은 처음 싹트기가 어려운데 한 번 싹트고 나면 온밭이 캐모마일 천지죠. 완전 잡초에 가깝게 번져요.
인**	캐모마일은 꽃을 말리지 않고도 생꽃 차로 만들어 마셔도 맛이 있지요.

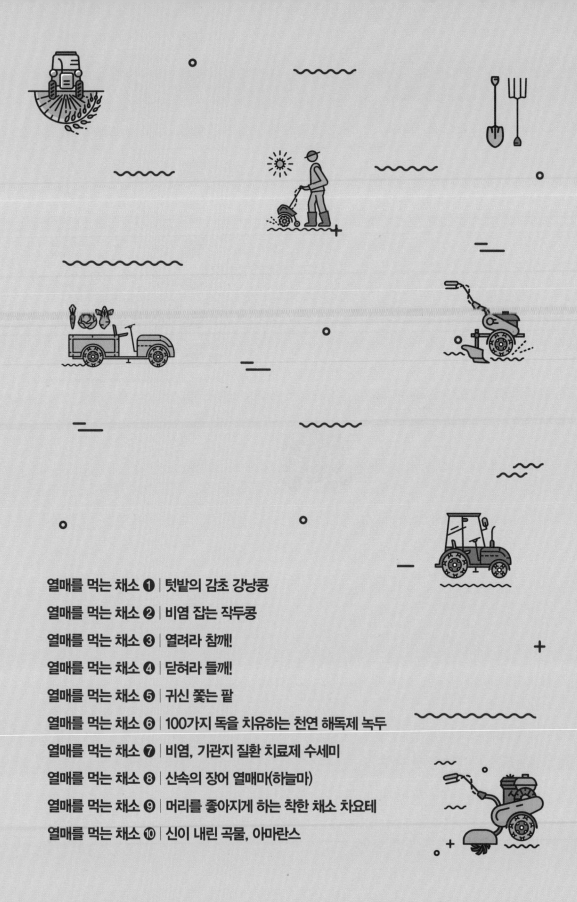

수확의 기쁨, 열매채소

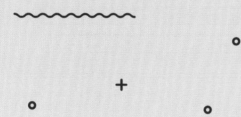

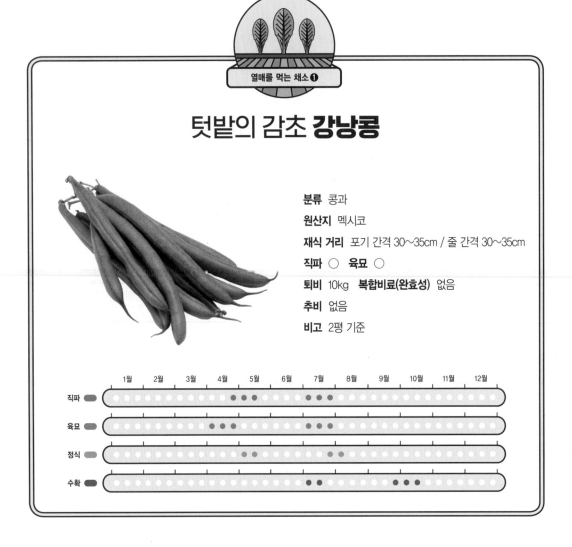

텃밭의 감초 강낭콩

분류 콩과

원산지 멕시코

재식 거리 포기 간격 30~35cm / 줄 간격 30~35cm

직파 ○ **육묘** ○

퇴비 10kg **복합비료(완효성)** 없음

추비 없음

비고 2평 기준

강낭콩은 키우기 쉽고 단기간에 여러 차례 수확할 수 있으며 다양한 요리를 통해 먹을 수 있는 작물입니다. 발아 온도는 20~25℃로, 콩류로서는 비교적 높은 온도를 좋아하지만 30℃가 넘으면 생육이 나빠집니다. 햇볕이 잘 비치는 장소가 좋으며 건조하면 꽃이 떨어질 수 있기 때문에 물을 많이 줘야 합니다. 강낭콩에는 덩굴을 뻗는 것과 뻗지 않는 것이 있는데 덩굴을 뻗지 않는 품종이 재배하기가 쉽습니다. 풋콩을 먹는 강낭콩은 밥에 넣어 먹거나 빵, 떡 등의 재료, 송편의 소로 사용하기도 합니다. 밥을 하면 색이 예쁘게 배어 나고 맛도 포슬포슬해서 아이들도 잘 먹습니다. 초등학생의 학습용으로 키울 만큼 재배하기 쉽습니다.

어떤 콩을 심을까?

강낭콩 꽃의 꽃말은 '행복한 삶'입니다. 텃밭에 몇 포기 심으면 행복해지지 않을까요?
강낭콩은 덩굴이 있는 '강낭콩', 덩굴이 없는 '왜성종' 그리고 '중간형'이 있습니다. 덩굴
성은 2~3m까지 자라기 때문에 지지대를 세워 유인해야 합니다. 반면, 왜성종은 직립성
으로, 길이가 50cm 내외로 자랍니다. 이 책에서는 덩굴이 없는 왜성종 빨강 강낭콩과
얼룩이 강낭콩의 재배에 대해 설명합니다.

왜성종 빨강 강낭콩과 얼룩이 강낭콩

덩굴성 호랑이 강낭콩

강낭콩밭 만들기

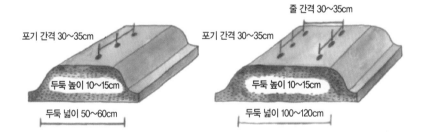

강낭콩은 대부분 봄 재배를 하며 흔치는 않지만 가을 재배를 하기도 합니다. 봄 재배는
4월 하순부터 5월 중순, 가을 재배는 7월 상순부터 7월 하순까지가 좋습니다. 강낭콩은
척박한 땅에서도 잘 자라기 때문에 퇴비를 줄 경우, 다른 작물의 절반 정도만 주며 복합
비료를 주지 않아도 잘 자랍니다. 또한 추비를 하지 않아도 잘 자랍니다.

비멀칭 한 줄 재배

멀칭 두 줄 재배

한 줄 심기 또는 두 줄 심기가 좋으며 생육 기간이 짧기 때문에 비멀칭 재배를 하기도 합니다. 한 줄 심기는 포기 간격은 30~35cm, 두둑 넓이는 50~60cm, 두 줄 재배는 포기 간격은 30~35cm, 줄 간격은 30~35cm, 두둑 넓이는 100~120cm 정도가 적당합니다. 한편, 강낭콩은 습기에 약한 작물이므로 반드시 물 빠짐이 좋은 곳을 선택해야 합니다.

강낭콩 연작 장해

강낭콩은 토양의 적응성이 넓어 척박한 땅에서도 잘 자라지만, 연작하면 생육이 떨어지고 수량도 저하됩니다. 특히 다른 콩을 심었던 자리는 피해야 합니다. 생육과 초세가 떨어지는 원인은 명확하게 밝혀지지 않았지만, 탄저병과 병충해의 발생이 많아지기 때문에 연작을 반드시 피해야 하며 2~3년 정도 휴작한 후에 재배하는 것이 좋습니다.

강낭콩 봄 재배 과정

씨앗은 한 구멍에 3~4립 넣는다.

◀ **4월 15일**

직파하는 모습입니다. 강낭콩은 육묘 후 옮겨 심기를 하기도 하지만, 대부분의 농부들은 직파를 합니다. 필자 역시 직파를 권장합니다. 씨앗은 보통 3~4립을 넣고 흙은 2~3cm 정도 덮어 줍니다. 씨앗을 심기 전 2~3시간 동안 물에 담갔다가 심으면 발아를 앞당길 수 있습니다. 하지만 너무 오래 담그면 씨앗이 뭉그러져 발아가 안 될 수 있습니다. 물론 그냥 심어도 됩니다.

◀ 4월 28일

싹이 나오기 시작합니다. 멀칭, 비멀칭 여부, 토양 내 수분, 기온에 따라 다소 차이는 있지만, 봄 재배는 평균 13~14일, 가을 재배는 평균 5~6일이 지나면 싹이 나기 시작합니다. 비닐 멀칭을 했을 경우 비닐 때문에 못 올라 오는 싹은 없는지 잘 살펴봐야 합니다.

◀ 5월 3일

발아율이 좋은 강낭콩은 심은 개수만큼 모두 발아합니다. 씨앗은 3~4립 정도 넣습니다. 그럼 이걸 모두 키워도 될까요? 아니라면 적정 재배 개수는 몇 포기일까요? 정해져 있는 개수는 없습니다. 대부분 2~3포기씩 키우며 필자 역시 2~3포기를 키웁니다.

◀ 5월 30일

꽃이 피기 시작합니다. 꽃 하나가 꼬투리 하나가 됩니다. 강낭콩 물 주기는 맑은 날 오전 아침에 하는 것이 좋으며 꽃이 필 때까지는 토양을 다소 건조한 상태로 관리하는 것이 좋습니다. 꼬투리가 생긴 이후에는 꼬투리의 신장과 비대에 물이 많이 필요하므로 10~15일 간격으로 충분히 줍니다.

◀ 6월 8일

꽃이 지고 꼬투리가 생기기 시작합니다. 처음 생기는 꼬투리는 매우 작아서 자세히 관찰하지 않으면 보기 힘듭니다.

◀ 6월 12일

비에 쓰러진 강낭콩의 모습입니다. 강낭콩은 습기에 매우 약한 작물입니다. 비가 많이 오면 멀칭, 비멀칭 재배를 막론하고 모두 쓰러집니다. 필자가 쓰러짐을 사전에 방지하고자 깊게 심고 수시로 북주기를 해 봤지만, 소용 없었습니다. 강낭콩이 자랄 때마다 옆 줄을 매 주는 것 말고는 마땅한 대안이 없습니다.

강낭콩은 순차적으로 옆 줄을 매서 도복을 방지한다.

◀ 6월 21일

꼬투리가 커진 모습입니다. 강낭콩은 먼저 발생한 꼬투리가 비대해지면서 알이 차기 시작합니다. 이때 꼬투리는 딱딱하며 초록색을 띕니다.

◀ 6월 28일

강낭콩의 수확 시기는 꽃이 핀 후 25~30일 정도 경과한 후 꼬투리의 색이 변색될 때를 보고 판단합니다. 또한 만져 보면 얇고 부드러운 느낌이 나며 꼬투리가 잘 까집니다. 반면, 수확하기 이른 꼬투리는 두꺼워서 잘 안 까지고 찢어지며 콩알도 작고 색도 선명하지 않습니다. 수확할 때는 한 손으로 줄기를 잡고 콩깍지를 떼는데 줄기가 꺾이거나 상처가 나지 않도록 조심해야 합니다.

수확기에 다다른 빨강 강낭콩

수확기에 다다른 얼룩이 강낭콩

빨강 강낭콩(왼쪽), 얼룩이 강낭콩(오른쪽), 교잡된 강낭콩(가운데)

◀ 2가지 이상의 품종을 가까이 심었을 경우, 흔하지는 않지만 교잡이 발생하기도 합니다. 교잡된 콩은 먹어도 문제가 없지만, 종자로는 사용하지 않는 것이 좋습니다.

비에 짓무른 꼬투리

◀ 7월 3일

강낭콩은 습기에 매우 약한 작물입니다. 비가 많이 내리는 장마철에는 꼬투리가 바닥에 닿지 않았는데도 짓물러 버리고 심지어 콩알에 싹이 나기도 합니다. 싹이 난 콩알은 싹을 제거하고 먹어도 됩니다.

강낭콩의 수확 기간은 짧다.

◀ 7월 8일

풋콩을 먹는 강낭콩은 수확이 늦으면 맛이 떨어지기 때문에 콩알이 딱딱해지기 전에 수확하는 게 좋습니다. 오랫동안 수확할 수 있는 덩굴성 강낭콩에 비해 왜성종 강낭콩의 수확 시기는 길지 않습니다. 첫 수확을 하는가 싶으면 잎이 누렇게 되면서 끝물이 됩니다. 강낭콩을 일괄 수확할 때는 콩대를 뽑거나 낫으로 베어 한데 모은 후 꼬투리를 땁니다.

강낭콩 일괄 수확

강낭콩 가을 재배 과정

강낭콩의 생육 기간은 보통 50~60일 징도이며 잘 자라는 온도는 10~25℃입니다. 가을 재배는 여름 재배와 달리, 기온이 낮아지는 것을 감안해 파종을 7월 하순까지 마치는 것이 좋습니다.

◀ **7월 21일**

강낭콩을 파종하는 모습입니다. 간격은 30cm, 두 줄 엇갈려 심기를 시행했고 물에 불리지 않고 그냥 심었습니다.

◀ **7월 26일**

파종 후 5일째입니다. 발아 하나는 화끈합니다. 5일 만에 싹이 이만큼 자랐습니다.

◀ 8월 21일

파종 후 31일째입니다. 한 달 만에 꽃이 피기 시작합니다.

◀ 9월 6일

파종 후 47일째입니다. 큼직한 꼬투리가 생겼습니다. 하지만 아직도 꽃을 피우고 있습니다.

◀ 10월 2일

파종 후 73일째입니다. 수확을 시작합니다. 가을 재배는 여름 재배에 비해 수확 일자가 다소 늦다는 것을 알 수 있습니다.

◀ 10월 8일

파종 후 81일째입니다. 수확을 마쳤습니다. 앞에서 파종은 7월 중으로 마치는 게 좋다고 했습니다. 파종이 하루 늦어질수록 결실은 그만큼 더 늦어 늦어지기 때문입니다. 잘못하면 서리를 맞게 될 수도 있습니다. 강낭콩은 서리를 맞으면 잎이 죽고 꼬투리와 콩알이 물러집니다.

강낭콩 저장

강낭콩은 풋콩을 수확한 후 바로 먹는 게 제일 맛이 좋습니다. 양이 많은 경우, 일반적으로 껍질을 까서 냉동 보관합니다. 한편, 수확 시기가 지나 꼬투리가 바짝 말라 먹기 곤란한 단단한 강낭콩을 수확해야 하는 경우도 있습니다. 이런 콩은 종자용으로 사용하거나 맛이 떨어지지만 물에 불려 먹을 수 있습니다. 냉동실 또는 상온에 보관합니다.

강낭콩 병충해

강낭콩의 주요 병해는 묘입고병, 탄저병, 갈색무늬병, 흰가루병, 녹병, 바이러스병 등이 있습니다. 필자의 경험상 소규모 텃밭에서는 잎에 반점이 생기는 탄저가 가끔 발생했지만, 우려할 만한 정도는 아니었습니다. 충해로는 진딧물 피해가 있었지만 경미했으며 가끔 콩의 영원한 난적 노린재가 발생했지만 다른 작물(팥, 녹두 등)과의 발생 시기가 거의 겹치지 않고 개체수도 작아 피해는 거의 없다시피 했습니다.

강낭콩 잎 탄저

어린 꼬투리에 피해를 입히고 있는 노린재

블로그이웃들의수다

초** 심어 보니 2~3포기씩 해도 괜찮더라고요. 지들끼리 엉겨 붙으면서 쑥쑥 커요.

방** 강낭콩은 습기에 약하죠. 뿌리뿐 아니라 꼬투리도 비가 많이 오면 물러터지고 싹도 나고요. 배수에 신경 써야 해요. 전 올해는 패스~

화** 강낭콩을 노지에 심으면 쓰러지는 게 정상입니다. 그래서 저는 미리 줄을 맵니다.

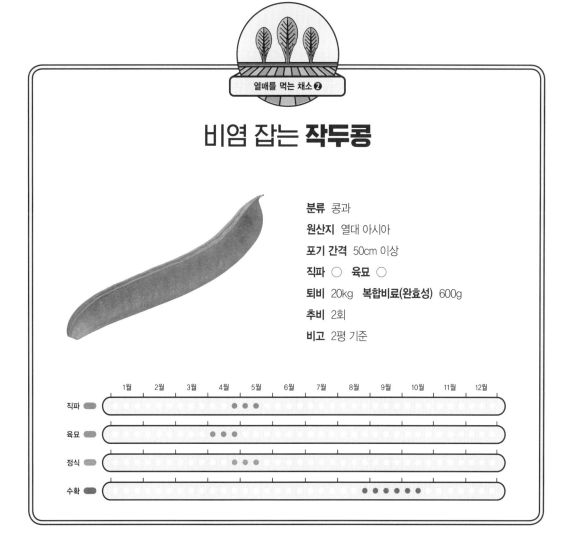

비염 잡는 **작두콩**

분류 콩과

원산지 열대 아시아

포기 간격 50cm 이상

직파 ○ **육묘** ○

퇴비 20kg **복합비료(완효성)** 600g

추비 2회

비고 2평 기준

	1월	2월	3월	4월	5월	6월	7월	8월	9월	10월	11월	12월
직파				● ● ●								
육묘			● ● ●									
정식				● ● ●								
수확								● ● ● ● ● ●				

콩은 '밭에서 나는 쇠고기'라는 별명을 갖고 있을 정도로 우리 몸에 매우 유익한 식품입니다. 그리고 다양한 콩 중에서도 최근 들어 가장 건강 식품으로 각광받고 있는 것이 바로 '작두콩'입니다. 특히 작두콩은 비염에 좋다고 알려져 있습니다. 실제로 작두콩에 함유된 '히스티딘'이라는 성분은 콧물을 멈추는 작용을 하며 '카나바딘'이라는 성분은 기관지의 염증을 억제하는 작용을 합니다.

어떤 작두콩을 심을까?

작두콩은 콩알의 색이 흰색을 띠는 '백작두'와 붉은 빛을 띠는 '적작두'가 있습니다. 꽃도 각각 흰색과 분홍색으로 핍니다. 작두콩의 성분은 모두 같지만, 백작두의 효과는 조금 빨리 나타나고 약효의 지속력이 부족하며 적작두의 효과는 백작두에 비해 다소 늦게 나타나지만, 지속성이 강합니다. 백작두는 콩알이 좋고 적작두는 꼬투리기 좋다고 알려져 있습니다. 과학적으로 입증된 시례는 없지만, 백작두 제배가 더 많이 이뤄지고 있습니다.

백작두

적작두

작두콩밭 만들기

포기 간격 50cm 이상

두둑 높이 20cm 이상

두둑 넓이 50~60cm

덩굴성 작물인 작두콩은 유인 방법에 따라 다르지만, 보통 한 줄 심기를 합니다. 봄에 심으면 가을부터 결실을 보기 때문에 밑거름은 넉넉하게 넣어 주고 깊게 갈아 줍니다. 2평당 퇴비 20kg, 완효성 복합비료 600g을 넣습니다.

작두콩은 발아가 관건

작두콩은 크기만큼이나 뭐든지 느립니다. 발아 역시 마찬가지입니다. 불림을 하지 않고 파종했을 경우, 발아율이 떨어지거나 발아되지 않고 썩어 버리기 일쑤입니다. 특히 적작두는 더욱 그렇습니다. 주목해야 할 점은 '백작두는 물에 잘 불려진다'라는 것입니다. 그러나 종피(씨를 감싸고 있는 겉껍질)가 백작두에 비해 단단하고 두터운 적작두는 어지간해서는 불려지지 않습니다. 일주일을 물에 담가도 그대로인 경우도 있더군요. 따라서 콩에 작은 상처를 내 수분을 흡수하도록 하는 방법을 사용합니다.

상처 낸 적작두

작두콩 상처 내기

버섯코와 같이 생긴 부분을 날카로운 커터칼이나 전지 가위, 쪽가위 등으로 수분을 흡수할 수 있을 만큼만 잘라 줍니다. 뿌리가 나오는 곳이므로 너무 많이 자르지 않아야 합니다.

상처 낸 작두콩은 물에 4~6시간 정도 담그면 원래 크기의 2배 정도 불어납니다. 종자에 상처를 내는 일을 '파상', 물에 담가 수분을 흡수하게 하는 일을 '침종'이라고 합니다. 앞에서 적작두는 어지간해서는 불려지지 않는다고 했습니다. 사진의 가운데 콩은 상처를 내지 않았습니다. 다른 콩은 불려지는데 가운데 콩은 그대로인 것을 알 수 있습니다. 불려진 작두콩은 성인의 엄지손가락만큼 큼직해지므로 말리지 말고 바로 파종해야 합니다.

작두콩 물 불림

파상 침종 중인 작두콩

직파가 좋을까, 육묘가 좋을까?

작두콩은 보통 육묘를 합니다. 직파를 하기도 하지만 발아하는 데 많은 시간이 필요하며 부패할 우려가 있어 많이 하지는 않습니다. 육묘 기간은 30~40일 정도이며 정식일을 역계산해 육묘를 시작합니다. 육묘 포트는 물에 불린 작두콩이 충분히 들어갈 만큼 넓고 깊은 포트를 준비하며 배꼽이 아래쪽으로 향하게 넣어 주고 움직이지 않도록 상토를 덮습니다. 그럼 눕혀 심으면 안 될까요? 눕혀 심어도 발아는 되지만, 발아 속도는 확실히 떨어집니다.

작두콩 육묘하기

온도 및 수분 상태에 따라 차이는 있지만, 파종 후 14일 정도가 지나면 싹이 나기 시작합니다. 작두콩 싹이 나는 모습을 보고 있으면 엄청나다는 생각이 들곤 합니다. 큰 콩이 두 쪽으로 갈라지면서 들고 일어서는 모습은 경이롭기까지 합니다. 작두콩은 눕혀 심지 않는 것이 좋다고 했습니다. 눕혀 심었을 경우, 뿌리가 휘어지면서 콩을 들어올려야 하기 때문입니다.

배꼽이 아래쪽으로 향하게 심는다(4월 4일).

작두콩 발아 시작(4월 17일)

작두콩 모종 옮겨 심기

모종 심기는 늦서리가 내릴 염려가 없고 기온이 따뜻한 5월 상순경이 좋습니다. 본잎이 2~3장 나왔을 때가 옮겨 심기에 적당하며 생육 기간이 길기 때문에 멀칭 재배가 좋습니다. 작두콩은 다른 작물과 달리 콩 자체가 두 쪽으로 갈라지면서 떡잎 역할을 합니다. 옮겨 심을 때 떡잎이 떨어지지 않게 주의하세요.

작두콩 옮겨 심기(5월 6일)

작두콩 떡잎

작두콩 직파하기

작두콩의 직파는 땅이 충분히 풀리는 4월 하순부터 5월 상순 또는 중순까지 합니다. 멀칭 재배 시는 싹이 큼직하게 나오기 때문에 비닐을 충분히 넓게 뚫어 줘야 하며 이 역시 배꼽이 아래쪽으로 향하게 심고 흙은 작두콩의 2~3배 정도 덮어 줘야 합니다. 또한 싹이 나기 시작하면 수시로 살펴 비닐을 들치고 있는 싹을 신속하게 꺼내 주는 것이 좋습니다.

작두콩 직파(4월 29일)

비닐을 뚫고 나오는 싹(5월 16일)

작두콩 초기 성장

작두콩을 심어 놓고 나면 보고 있기 답답할 정도로 느립니다. 한 달이 넘도록 겨우 무릎 높이 정도만 성장했습니다. 한숨도 나오고 '언제 커서 손바닥보다 큰 꼬투리를 달아 줄까?'라는 의문이 생기기도 합니다. 성질 급한 사람은 뽑아 버리고 다른 작물 심을지도 모르겠습니다. 하지만 날씨가 무더워지는 7월로 접어들면 무서운 속도로 자랍니다. 느리다고 구박하지 마세요.

작두콩의 초기 생장은 늦다(6월 11일).

작두콩 유인하기

작두콩은 포복 재배를 하지 않으며 2m 이상의 지지대를 세운 후 망을 씌워 유인합니다. 여주나 호박에 비해 덩굴을 뻗는 정도가 덜하지만, 충분한 공간을 확보해야만 관리하기 수월하고 좋은 결실을 맺을 수 있습니다. 유인하는 데는 여러 가지 방법이 있지만, 내 형편에 맞고 내가 쉽게 할 수 있는 방법을 선택하세요.

작두콩 울디리 유인(7월 12일)

작두콩 힙징형 지주 유인(8월 27일)

작두콩 터널형 유인(9월 11일)

작두콩 개화

작두콩의 개화 시기는 지역마다 차이는 있지만, 보통 7월부터 9월 상순까지 핍니다. 작두콩은 덩굴이 계속 자라고 늦게 맺힌 꼬투리는 크다가 말기 때문에 9월부터 각 줄기의 끝을 적심해 덩굴이 필요 이상으로 뻗는 것을 억제하면 이미 맺힌 꼬투리로 양분을 집중시켜 충실한 열매를 얻을 수 있습니다. 그러나 꼭 해야 하는 일은 아닙니다. 필자는 눈에 보이고 손이 쉽게 닿는 곳만 제거하곤 합니다.

백작두 개화 모습(7월 8일)

적작두 개화 및 꼬투리 모습(9월 1일)

시기상 필요하지 않은 줄기는 적심한다(9월 16일).

작두콩 병충해

작두콩은 병충해에 강한 작물입니다. 필자의 경험상 우려할 만한 병충해는 없었습니다. 간혹 생육 초기에 진딧물이 꼬이기는 했지만, 정도가 심하지 않아 약을 치지 않아도 될 정도였습니다. 진딧물의 발생 정도는 토양의 환경에 따라 달라질 수 있습니다. 내 토양에 진딧물이 빈번하게 발생할 경우, 정식 또는 직파 시 토양 살충제를 사용하면 쉽게 예방할 수 있습니다.

잎을 가해하는 진딧물(6월 6일)

작두콩 추비

보통 작두콩은 2회 추비를 합니다. 1회는 첫 꽃이 피었을 때, 2회는 15~20일 후에 추비합니다. 포기 사이에 홈을 판 후 NK 비료를 넣고 흙을 덮어 줍니다. 그러나 첫 꽃이 핀 일자를 정확히 알 수는 없습니다. 관찰 시점에 따라 추비 일자는 달라질 수 있으며 추비가 조금 늦어도 큰일이 나진 않으니 첫 꽃에 너무 연연해하지 마세요.

추비 예시

1차 추비	2차 추비
첫 꽃이 피었을 때	1차 추비 후 15~20일 후
7월 10일	7월 25일~7월 30일

작두콩 수확

작두콩의 수확 시기는 이용 목적에 따라 달라집니다. 작두콩차를 껍질째 사용하는 작두콩차, 작두콩 발효 효소를 만들 때는 꼬투리가 부풀기 전 콩알이 덜 여물어 있는 8월 즈음부터 수시로 수확합니다. 콩이 목적인 경우의 수확 시기는 보통 10월 상순부터 서리가 내리기 전에 아주 수확하고 채 여물지 않은 콩깍지도 아주 수확합니다. 지역마다 다소 차이는 있지만, 작두콩 꼬투리는 날이 추워지고 서리가 내려도 좀처럼 누렇게 여물지 않고 여전히 푸른색을 띕니다. 그래서 종자용은 가장 실하게 여문 것을 사용합니다. 필자는 맨 처음 열리는 꼬투리를 종자용으로 점 찍어 둡니다. 종자용은 꼬투리를 까지 않고 햇볕이 들지 않는 춥지 않은 곳에 매달아 두는데, 꼬투리가 마르면서 콩알이 단단해집니다. 이때 콩알의 부피는 작아집니다. 종자의 충실도는 다소 떨어지겠지만, 필자의 경험상 큰 문제는 없었습니다. 또한 대부분의 농부들도 이와 똑같은 방법으로 종자를 확보합니다.

잘 여문 작두콩(10월 9일)

종자용은 꼬투리째 매달아 둔다(10월 25일).

작두콩 먹는 법

작두콩은 콩알을 삶거나 밥에 넣어 먹기도 하고 꼬투리를 썰어 말린 후 볶아서 물을 끓여 먹기도 합니다. 작두콩의 꼬투리는 무척 단단해서 칼로 썰기가 무척 힘듭니다. 그래서 손작두로 썰기도 합니다. 작두콩은 뭐 하나 버릴 게 없습니다. 줄기, 잎, 뿌리 모두가 좋은 약성이 있어 한방에서도 좋은 약제로 이용되고 있습니다. 필자는 줄기만 수습해서 꼬투리와 함께 물을 끓여 먹습니다.

작두콩 줄기와 꼬투리를 써는 모습(10월 29일)

작두콩 줄기

작두콩의 효능

작두콩은 크기 못지않게 영양분도 풍부합니다. 작두콩은 성질이 따뜻해서 장과 위를 보호하고 뱃속을 편안하게 해 줍니다. 작두콩은 다른 콩류에 비해 비타민 A나 비타민 C가 많아 면역력 증진, 기침, 천식에 도움을 줍니다. 특히, 작두콩은 비염과 축농증에도 탁월한 효과가 있어 많은 사람에게 사랑받고 있습니다. 또한 작두콩은 장 운동을 활발하게 해 주고 배변 활동을 도와주기 때문에 변비나 비만에도 좋습니다. 치질·치루에 효과가 있고 입냄새를 잡아 주는 것은 물론 플라보노이드가 풍부해 항산화 효과도 뛰어납니다. 이 밖에도 작두콩에는 시신경의 건강에 중요한 역할을 하는 비타민 B군이 다른 콩에 비해 3~4배 더 들어 있으며 작두콩의 다양한 아미노산은 눈의 피로를 풀어 주는 데도 도움을 줍니다.

종류	비타민 A	비타민 B$_1$	비타민 B$_2$	비타민 B$_3$	비타민 C	참조
일반 콩	1	0.5	0.17	3.2	1	농촌진흥청 식품 분석표
작두 콩	137	19	0.9	13.6	21.5	한국식품연구소 시험 성적표

푸**   작두콩 한 봉지에 5알이 들어 있네요. 빨리 밭에 심으려고 물 불림을 했는데 썩은내가 진동해서 보니 흐물흐물해요. ㅠㅠ

아**   작두콩은 한두 시간 물에 담갔다가 직파해도 발아가 잘되는데….

대**   5시간이면 충분한 걸 5일을 담갔으니….

투**   제 작두콩은 진딧물 때문에 망한 거 같아요. 뽑아버리려고요. ㅠㅠ

꽃**   덜 여문 초록색을 꼬투리째 두면 갈색으로 마릅니다. 갈색으로 완전히 마르면 꼬투리는 얇아지고 알맹이는 여물어져요.

시**   볶은 작두콩차의 맛이 둥굴레차와 똑같아요. 냄새까지도요. 저를 제외한 가족들이 비염이 심한 편이고 아무리 좋은 것도 먹기 힘들면 싫어할 텐데 말하지 않으면 질 좋은 둥굴레차인 줄 알겠어요.

열려라 참깨!

분류 참깨과

원산지 인도

재식 거리 포기 간격 30cm / 줄 간격 30cm

직파 ○ **육묘** ○

퇴비 20kg **복합비료(완효성)** 600g

추비 없음

비고 2평 기준

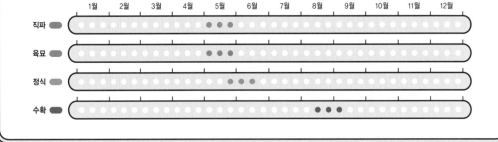

5월에 심는 대표적인 작물인 참깨는 10평 이상 심어 키워야 참기름을 어느 정도 얻을 수 있습니다. 그렇지만 볶음참깨가 목적이라면 몇 포기라도 심어 보는 것이 좋습니다. 참깨는 보통 직파를 하는 편입니다. 들깨처럼 옮겨 심기를 하면 거의 죽기 때문에 모종을 심을 때는 트레이에 육묘한 후 옮겨 심기를 하는 것이 좋습니다.

참깨 심는 시기

참깨는 추위에 약하기 때문에 냉해를 입지 않는 시기에 파종하는 것이 가장 좋습니다. 진달래꽃이 피면 감자를 심고 아카시아꽃이 피면 참깨를 심습니다. 참깨 파종 시기는 5

월 초~6월 초까시입니다. 남부 지방에서는 4월 말, 중부 지방에서는 5월부터 참깨 씨앗을 파종합니다.

참깨밭 만들기

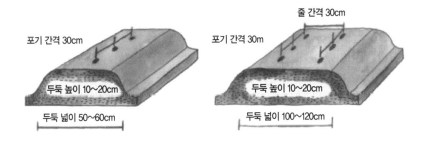

참깨는 생명력이 좋아서 아무 땅에서나 배수만 좋으면 잘되며 전국 어디에서나 재배할 수 있습니다. 생육 기간이 90~120일로 짧은 편이고 비료는 기비 위주로 시비하고 추비는 하지 않습니다. 심는 거리는 30cm가 적당합니다. 15~20cm 간격으로 다소 밀식을 하기도 하지만, 관리하기 어렵기 때문에 추천하지는 않습니다. 한 줄 심기 또는 두 줄 심기를 많이 합니다. 또한 참깨는 흑색 비닐 멀칭 재배를 권장합니다. 권장하는 주된 이유는 수분 관리, 풀 관리 때문입니다. 참깨를 심는 데는 직파를 하는 방법과 육묘한 후 밭에 옮겨 심는 방법이 있습니다.

외대깨와 가지깨

우리나라에서 재배되고 있는 참깨는 약 40여 종이 있습니다. 백설깨, 안산깨, 유풍깨, 만리깨, 풍성깨, 아름깨, 회룡깨, 수지깨가 흔히 재배되고 있고 씨앗의 색에 따라 '흰깨' 와 '검정깨'가 있습니다. 또한 자라는 형태에 따라 '외대깨'와 '가지깨'로 구분하기도 합니다. 외대깨는 줄기에 곁가지가 발생하지 않고 마디마다 잎이 나오며 잎과 줄기 사이에 꽃이 피고 깨가 열립니다. 가지깨는 곁가지가 발생하는데 곁가지가 자라면서 꽃이 피고 깨가 열립니다. 재배 관리는 외대깨가 쉽지만 수확량은 다소 떨어지고 가지깨는 수확량은 다소 많지만 재배 관리가 다소 어려운 편입니다. 이 책에서는 외대깨를 기준으로 설명하며 가지깨도 외대깨 재배에 준합니다. 품종을 선택할 때는 내가 심고자 하는 참깨가 외대깨인지 가지깨인지부터 확인하세요.

외대깨

가지깨

참깨 직파하기

검정깨를 직파하는 모습. 씨앗은 4~5알씩 넣는다.

◀ 5월 12일

검정깨를 직파하는 모습입니다. 30cm 간격으로 구멍을 뚫은 후 한 구멍에 참깨 씨앗을 4~5개씩 넣고 흙을 덮어 줍니다. 흙은 씨앗 크기의 2~3배 정도로 덮어 주면 되는데, 참깨 씨앗은 작기 때문에 너무 두껍게 덮지 않아야 합니다.

싹이 튼 모습

◀ 5월 21일

싹이 튼 모습입니다. 참깨는 파종 후 1~2주가 지나면 싹이 올라오는데, 이때 점차 솎아가면서 최종 한 포기만 남겨 둡니다. 참깨는 한 구멍에 한 포기만 키웁니다. 직파 재배는 기후의 영향을 많이 받습니다. 파종 후 가물거나 세찬 비가 오면 발아율이 현저히 떨어집니다. 따라서 발아가 되지 않은 자리에 재파종하는 일이 빈번하게 일어납니다.

참깨 육묘하기

참깨 육묘

◀ 5월 30일

육묘를 하는 모습입니다. 아카시아꽃이 피면 직파를 하거나 육묘를 시작하고 찔레꽃이 피면 옮겨 심기를 합니다. 트레이에 한 구멍당 3~4개씩 넣고 싹이 나면 1~2회에 걸쳐 최종 한 포기가 남도록 솎음합니다.

참깨를 옮겨 심는 모습

◀ 6월 20일

정식한 모습입니다. 본잎이 4~5장 나왔을 때 옮겨 심기를 합니다. 참깨는 한 구멍에 한 포기만 키웁니다.

한 포기씩 심기

참깨 줄 매기

참깨 옆 줄을 매는 모습(7월 11일)

비바람에 쓰러진 참깨(7월 26일)

참깨를 재배할 때 가장 힘든 부분은 '도복 문제'입니다. 소량을 심는다면 그다지 어려운 일이 아니겠지만, 대량을 심는다면 얘기가 달라집니다. 따라서 미리 지지대를 세우고 참깨 키가 자랄 때마다 옆 줄을 매서 참깨가 쓰러지는 것을 예방해야 합니다.

참깨 개화

참깨꽃 개화 시작(7월 19일)

참깨 꼬투리(8월 4일)

참깨는 파종 후 30일 정도 지나면 꽃이 피기 시작합니다. 꽃의 색깔은 품종에 따라 '흰색'과 '연분홍'으로 나눌 수 있습니다. 꽃은 아래쪽부터 피기 시작해 위쪽으로 피면서 올라갑니다. 꽃이 수정되면 꼬투리가 달리는데, 이 꼬투리 안에 참깨 씨앗이 들어 있습니다.

참깨 적심

참깨는 무한정 꽃을 피웁니다. 맨 아래 쪽은 먼저 피었다가 지면서 꼬투리가 발생하고 여물어가는데 꼭대기는 계속 꽃을 피웁니다. 이 무렵이면 참깨는 성인의 키만큼 자라 있습니다. 우리나라에 겨울이 없다면 잭과 콩나무처럼 하늘에 닿을지도 모를 일입니다. 어쨌든 무한정 꽃을 피운다고 해서 모두 거둘 수는 없습니다. 따라서 적당한 위치에서

참깨 적심은 20~25화방을 기준으로 한다(8월 22일).

적심해야 합니다. 이때 중요한 건 적심의 위치인데, 따로 정답이 없습니다. 농부마다 기준이 다르지만, 보통 아래쪽에서 윗쪽으로 20~25화방 바로 위쪽을 적심합니다. 필자는 20번째 화방을 기준으로 적심하며 몇 포기 세어 본 후 높이를 짐작해 가위나 낫으로 자릅니다. 반면, 가지깨는 일반적으로 적심을 하지 않고 키웁니다.

참깨 병충해

참깨 재배 시 유의해야 할 점은 참깨는 연작 피해가 심한 작물이기 때문에 연작을 피해야 한다는 것입니다. 병충해로는 노린재, 진딧물, 거세미나방류 등과 같은 해충과 시들음병, 잘록병, 잎마름병, 흰가루병 등이 있습니다. 병해를 예방하기 위해서는 연작을 피하고 종자를 소독한 후에 파종해야 합니다. 충해를 예방하기 위해서는 토양 살충제를 뿌리거나 해충이 발생하면 늦지 않게 방제해야 합니다.

해충이 파먹어 구멍이 난 꼬투리(7월 27일)

꼬투리에 피해를 입히고 있는 노린재(7월 27일)

참깨잎에 발병한 흰가루병(8월 25일)

참깨 수확 및 타작하기

수확은 처음에 달린 가장 아래쪽의 꼬투리가 갈색으로 여물면서 반쯤 갈라졌을 때 베어 말립니다. 위쪽 꼬투리가 여물지 않아 푸르스름해도 수확해야 합니다. 그 이유는 위쪽 꼬투리가 모두 여물 때를 기다리다가는 추후 낫으로 벨 때 깨알이 땅으로 모두 쏟아져 버리기 때문입니다. 양이 많지 않다면 잘 여문 꼬투리를 수시로 따는 방법도 있습니다. 참깨를 벨 때는 잘 드는 낫으로 가급적 꼬투리가 흔들려 깨알이 땅으로 쏟아지지 않게 조심스럽게 베어 냅니다.

베어 낸 포기는 10포기 정도씩 모아 위, 아래 두 군데 정도를 가볍게 묶어 해가 잘들고 바람이 잘 통하는 곳에 세워 추숙 건조시킵니다. 참깨는 통풍이 원활해야 잘 마릅니다. 말릴 때는 바닥에 비닐을 깔아 떨어지는 깨알을 받고, 비가 올 경우에 대비해 비닐을 덮어 비가림을 하거나 비를 맞지 않는 장소를 선택해야 합니다. 이후 잘 마른 참깨는 넓은 깔개를 깔고 막대로 두드려 깨알만 골라 냅니다.

참깨를 세워서 말리는 모습(8월 21일)

말리는 다른 방법으로는 '거꾸로 매달아 말리는 방법'도 있습니다. 깨알이 쏟아질 정도로 마르면 막대로 두드려 타작합니다. 이는 양이 많지 않는 경우에 적당한 방법입니다.

꺼꾸로 매달아 말리기(9월 19일)

이물질을 가려 낸 참깨는 햇볕에 펴서 1~2일 정도 말립니다. 말리는 과정에서 매우 작은 벌레가 도망을 가기도 합니다. 이후 자루 등에 넣어 햇볕이 들지 않는 선선한 곳에 보관하며 필요할 때마다 씻어서 이용합니다.

채를 이용해 깨를 고르는 모습

탈립된 검정 참깨

참깨 말리기

참깨의 효능

중국 속담에 "참깨를 100일 먹으면 모든 병이 완치된다. 1년 먹으면 피부에서 광택이 나고 아름다워진다. 2년 먹으면 백발이 검게 된다. 3년 먹으면 빠진 이도 다시 난다. 5년 이상 먹으면 반드시 장수한다"라는 말이 있습니다. 허풍이 심하긴 하지만, 그만큼 사람의 몸에 좋다는 뜻 정도로 받아들이면 될 것 같습니다. 참깨의 효능은 가히 만병 통치 수준입니다. 숙취 해소, 피부 미용, 뇌 건강, 염증 개선, 체중 감량, 간 기능 개선, 빈혈 예방, 고혈압 예방, 관절 통증 완화, 면역력 강화에 도움을 주는 것으로 알려져 있습니다.

참깨 농사의 딜레마(직파와 육묘)

필자의 모친은 반평생 텃밭 농사를 짓고 계시는데 '참깨는 무조건 직파를 해야 한다'라고 굳게 믿고 계십니다. 나이가 지긋한 어르신들 역시 직파를 합니다. 타당한 이유는 없고 관습이라고 생각합니다. 반면, 최근 들어 육묘 재배가 많이 이뤄지고 있는데, 나름 타당한 이유도 있습니다. 육묘는 직파와 달리, 깊게 심을 수 있어 도복에 강하고 자연적으로 1화방이 지면에서 최대한 가까이 열리기 때문에 수확량도 많아집니다. 필자는 주로 육묘 재배를 하는 편입니다. 직파 시 기후의 영향으로 발아가 고르지 못해 땜빵을 하기 싫기 때문입니다.

판매 중인 참깨 모종

블로그이웃들의수다

용**   참깨를 직파했는데 비 때문에 전멸했어요. 그래서 모종 200구짜리 열판을 만들어 놓았어요. 다행스럽게 잘 자라서 이번 토요일에 밭에 심으려고요.

초**   참깨 수확 시기는 '맨 아래에 있는 꼬투리가 1~2개 벌어질 때'라고 알고 있어요. 하지만 아래가 터지길 기다리면 위는 더 익지만, 아래에서 손실이 오고 그 반대라면 위가 덜 여물어서 손실이 오니 과감하게 베어야 합니다.

경**   맨 아래 줄기가 노랗게 되면 베는 게 나아요. 너무 늦으면 수확할 때 땅에 모두 떨어져요.

루**   세력이 좋을 때는 몇 개 더 남겨도 되지만, 저는 보통 20~25 정도에서 적당히 적심하고 있습니다.

한**   우리집은 고소한 참기름을 짜먹는 재미에 해마다 참깨를 심어요. 재배 기간도 짧고 가뭄에도 비교적 강한 작물이라... 올해는 수지깨랑 황금깨를 심은 후 말려서 털어 놓았어요.

닫혀라 들깨!

분류 꿀풀과

원산지 중국, 인도

재식 거리 포기 간격 40~60cm / 줄 간격 40~60cm

직파 ✕ **육묘** ○

퇴비 5~10kg kg **복합비료(완효성)** 200~300g

추비 2회

비고 2평 기준

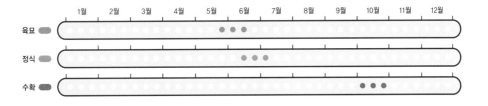

	1월	2월	3월	4월	5월	6월	7월	8월	9월	10월	11월	12월
육묘					● ● ●							
정식						● ● ●						
수확										● ● ●		

들깨는 우리에게 매우 익숙한 채소입니다. 들깨 특유의 고소한 맛이 나며 종자를 볶아 가루를 내서 들깨가루, 각종 탕 재료, 나물 무침 등으로 쓰거나 기름을 짜서 요리용으로 이용합니다. 들깨잎은 독특한 향기를 지니고 있어 깻잎쌈, 장아찌 등과 같은 음식을 만들어 먹고 어린 순은 나물로 이용합니다. 들깨는 토양 적응성이 뛰어나 개간지, 산성 토양, 양분 결핍 토양 등 척박한 토양 환경에서도 생장이 좋고 가뭄이 심해도 생육 장해를 받지 않지만, 토양이 비옥하거나 과습하면 지나친 생장으로 도복 현상이나 결실의 불량으로 품질이 저하되므로 가급적 배수성이 좋은 사질 양토나 양토를 선정해 재배하고 여름 장마기에는 습해가 없도록 관리해야 합니다.

들깨 파종 시기

들깨 모 파종 시기는 5월 하순~6월 중순이고 정식 시기는 6월 중·하순부터 초복인 7월 11일까지입니다. 파종 후 약 4주 동안 들깨 모종을 길러 본 밭에 모종 심기를 합니다. 들깨의 모종 파종 시기는 지역마다, 농가마다 많은 차이가 있습니다. 일찍 심는 곳은 5월 상순에 파종해 6월부터 아주 심기를 하기도 합니다.

들깨 밭 만들기

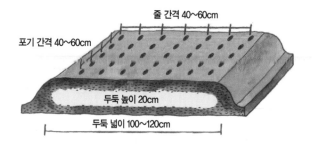

들깨는 심는 곳에 따라 밭 만들기가 달라집니다. 자투리땅이나 산등성이, 산비탈 등에 심었을 경우, 밭을 갈기 곤란해 추비 위주로 재배합니다. 본 밭에 심을 경우 밑거름은 잎채소 시비에 준합니다. 2평 기준 퇴비는 5~10kg, 복합비료는 200g~300g을 시비합니다. 물론 이 수치는 개개인의 상황에 따라 얼마든지 달라질 수 있기 때문에 절대적인 것은 아닙니다. 심는 간격은 보통 40~60cm이며 잎이 목적이라면 40cm, 깨가 목적이라면 60cm 정도가 적당합니다. 경우에 따라서는 1m까지 넓게 심기도 합니다.

들깨 모 붓기

들깨는 직파를 하지 않고 모종을 키워 심습니다. 들깨 모종을 만들기 위해 씨앗을 파종하는 것을 '들깨 모 붓는다'라고 표현합니다. 파종할 곳에 흙을 일궈 부드럽게 고른 후 씨앗을 골고루 흩어 뿌립니다. 그런 다음 갈퀴나 레이크로 씨앗이 살짝만 덮힐 정도로 흙을 덮어 주고 싹이 날 때까지 흙이 마르지 않게 물을 주며 너무 배지 않게 솎아 줍니다.

들깨 씨앗

들깨싹

다 자란 들깨 모종

들깨의 육묘 기간은 25~30일 정도이며 초복인 7월 11일까지 심는 것이 좋습니다. '들깨 모는 초복에 심으면 한 말, 중복에 심으면 낫 뇌, 말복에 심으면 한 뇌'라는 속남이 있습니다. 농촌진흥청 통계 자료에도 6월 30일경에 들깨 모를 심고 10월 10일경에 들깨를 벨 때 수확량이 가장 많다고 안내돼 있습니다.

들깨 모내기

들깨 모종을 심는 일을 흔히 '들깨 모내기' 또는 '깻모 낸다'라고 합니다. 들깨 모를 낼 때는 우선 물을 충분히 준 후 캐거나 뽑습니다. 물을 주지 않고 뽑으면 뿌리가 많이 상합니다. 들깨 모는 너무 키우지 않고 심는 것이

키가 커버린 들깨 모종

좋습니다. 하지만 어쩔 수 없이 키가 큰 모종을 심어야 할 경우도 많습니다. 키가 커버린 모종을 심는 건 매우 난감한 일입니다. 키가 큰 모종은 다른 모종처럼 심을 수도 없고 심어서도 안 됩니다. 그럼 어떻게 심으면 될까요? 요령은 휘어서 심는 것입니다. 다음은 들깨 모를 심는 방법입니다. 실전에 활용해 보세요.

1. 들깨 모종 줄기의 길이만큼 흙을 팝니다.

길이에 맞게 파기

2. 들깨 모를 넣은 후 휘어 줍니다. 너무 휘게 하면 모종이 부러질 수 있으니 주의해야 합니다.

3. 흙을 덮은 후 휘어진 상태가 유지되도록 손으로 지그시 누릅니다. 발로 가볍게 밟아 주기도 합니다. 들깨 모를 이렇게 심을 경우, 원래의 뿌리와 휘어져 꺾인 부분에서 각각 뿌리가 발달해 잘 자랍니다.

들깨는 한곳에 두 포기씩 심습니다. 3포기씩 심는 농가도 있습니다. '들깨는 침 한 번 뱉고 심어도 산다'라는 말이 있을 만큼 옮겨 심어도 잘 자랍니다. 물론 침을 뱉고 심으면 죽습니다. 심는 간격은 사방 40~60cm 정도가 일반적이지만, 잎 수확이 목적이라면 40cm 간격으로 다소 좁게 심습니다.

들깨는 산비탈이나 공터 자투리땅 심지어 논두렁과 같은 척박한 땅에서도 잘 자랍니

깨가 목적인 경우 60cm 간격으로 넓게 심는 게 유리하다.

다. 또한 들깨는 한 말은 수확해야 기름을 짤 수 있기 때문에 많은 양을 심어야 합니다. 그래서 들깨는 비 오기 전 또는 비 올 때 심으면 물을 주는 수고를 하지 않아도 됩니다.

산비탈에 심은 들깨(8월 1일)

논두렁에 심은 들깨(8월 4일)

들깨 적심

생장점 자르기

자른 순은 반찬으로 먹을 수 있다.

'순치기'라고도 합니다. 생장점을 잘라 키를 조절하고 곁가지를 늘려 수확량을 늘리는 것이 목적입니다. 보통 들깨 순치기는 2회 실시하며 생육에 따라 3회까지 실시하기도 합니다.

1회 순치기는 들깨 키가 무릎 높이인 50~60cm 정도 자랐을 때 생장점을 자릅니다. 손으로 잘라 주면 정확하게 자를 수 있지만, 양이 많은 경우 낫이나 예초기를 이용하기도 합니다. 자른 순은 모아서 반찬으로 이용합니다.

2회 순치기는 들깨의 키가 허리 정도까지 자랐을 때 허리 높이인 약 1m를 기준으로 생장점을 자릅니다. 순치기를 하는 시기의 결정은 재배 환경에 따라 달라집니다. 하지만 8월 중순까지는 들깨 순치기를 마쳐야 곁가지가 자라 꽃이 핍니다. 한편 수세가 나쁠 때 순지르기를 하면 성장이 둔화돼 오히려 수확량이 떨어질 수 있습니다.

순치기 요약

1차 순치기	2차 순치기(8월 중순까지)	비고
키가 무릎 높이(50~60cm)일 때	키가 허리 높이(약 1m)일 때	

들깨 추비

들깨 추비는 1~2회 시비합니다. 뿌리가 있는 곳에서 한 뼘 정도 떨어진 곳에 시비합니다. 1회는 정식일 기준 20일 후, 2회는 꽃이 필 무렵에 실시하며 꽃이 피면 시비 효과가 떨어집니다. 들깨는 양분을 크게 요구하지 않지만, 개화 시기에 추비하면 등숙율(곡식이 수확할 수 있을 만큼 여문 비율)이 올라 증수(많이 늘려 거둬들임)하는 효과가 있습니다. 개화 시기에 주는 비료를 '이삭거름'이라고도 합니다.

들깨 재배 관리

들깨 농사의 첫 번째 고비는 '풀 매기'입니다. 들깨는 대부분 비멀칭 재배를 하는데 한여름에 풀이 자라는 속도는 5G급입니다. 이를 방치하면 들깨보다 풀이 더 빨리 자라 풀밭이 돼 버립니다. 풀 작업은 보통 2회 정도 실시하며 북주기를 병행합니다. 농사의 기본은 '풀 뽑기'입니다.

농사의 기본은 풀 뽑기(7월 18일)

들깨 농사의 두 번째 고비는 들깨가 비바람, 특히 태풍에 쓰러지는 일입니다. 순치기를 하면서 키를 조절한다고 해도 사람 키만큼 자라는 들깨를 쓰러지지 않게 하는 근본적인 대책은 없습니다. 물론 소량을 심는 경우 줄을 매는 방법이 있지만, 대량을 심는 경우에는 어쩔 수 없습니다. 농사는 하늘이 반 짓고 농부가 반 짓습니다. 쓰러진 들깨는 할

비바람에 쓰러진 들깨

수만 있다면 일으켜 세워 주고 수확기에 다다른 들깨는 그냥 둡니다. 일으키는 과정에서 잎과 줄기가 상하고 깨가 쏟아져 일으켜 세우는 이득이 적기 때문입니다.

들깨잎 수확과 보관

들깨잎은 단백질, 당질, 무기질, 비타민 A, B_1, B_2, C를 다량 함유하고 있고 혈액 순환의 장해 방지, 미용, 강장 효과가 있는 것으로 알려져 있습니다. 들깨잎은 꽃이 피기 전까지 수확하며 먹기 좋은 크기의 연한 잎을 수확합니다. 한곳에서 너무 많이 따면 생육에 지장을 주니 여러 곳에서 나눠 따는 것이 좋습니다. 수확한 깻잎은 바로 먹는 것이 좋지

만, 보관해야 할 경우에는 냉장 보관을 해야 합니다. 냉장고의 안쪽보다 문쪽 선반 칸에 넣는 것이 더 오랫동안 보관할 수 있습니다. 씻지 않은 깻잎을 밀폐 용기나 지퍼백에 담아 공기를 차단한 후 눕혀 보관하지 말고 잎자루가 아래쪽을 향하도록 세워 둡니다.

들깻잎 따는 모습(8월 5일)

들깨 병충해

들깨 녹병

들깨 오갈병

들깨에서 가장 자주 발생하는 병해에는 '녹병'과 '오갈병'이 있습니다. 녹병은 고온다습한 한여름철에 주로 발병하며 비가 잦은 철에 유독 기승을 부립니다. 잎의 뒷면에 황색 반점이 생기는데 초기에는 반점이 1~2개씩 보이다가 급속도로 확산되는 경향이 있습니다. 마땅한 쌈거리가 없는 철이라 깻잎이라도 먹을 요량으로 물에 씻어 봤지만, 씻어지지는 않았습니다. 잎을 먹을 수는 없지만, 방제를 하지 않아도 실제 수확량에 영향을 미치지는 않았습니다. 오갈병은 식물체가 병원균의 침입을 받아 잎줄기가 불규칙하게 오그라들어 기형이 되는 병해입니다. 주로 어린 새순에 발병합니다.

거세미나방 애벌레의 피해를 입은 들깨(7월 11일)

토양 해충인 거세미나방 애벌레

들깨는 다른 작물에 비해 벌레가 잘 꼬이지 않는 편입니다. 깻잎 특유의 향기가 기피 작용을 하는 것 같습니다. 그렇다고 해충이 전혀 없는 건 아닙니다. 거세미나방 애벌레는 토양 해충으로 낮에는 흙 속에 숨어 있지만, 밤이 되면 밖으로 나와 들깨 모의 목을 자르는 만행을 저질러 땜빵을 하는 일이 종종 발생합니다. 주변의 흙을 파 보면 징그럽다 못해 흉직하게 생긴 애벌레들을 볼 수 있습니다.

들깨잎말이명나방의 피해를 입은 들깨잎(7월 26일)

들깨잎말이명나방 애벌레

들깨잎말이명나방도 재배 기간 내내 피해를 입힙니다. 들깨잎말이명나방은 어린 새순의 목을 자르거나 잎을 둘둘 말고 갉아 먹으며 삽니다. 잎이 말려 있다면 100% 들깨잎말이명나방의 소행입니다.

들깨 개화

들깨는 '단일 식물'이며 들깨의 개화 시기를 결정하는 가장 큰 요인은 '낮의 길이'입니다. 심는 시기와 지역에 상관없이 낮의 길이가 짧아지면 키가 크든 작든 꼬투리가 발생하고 꽃이 피기 시작하는데, 그 시기는 9월 10~20일 정도입니다. 결국 5월 1일에 파종하든, 6월 30일에 파종하든 9월 15일 전후로 대부분의 품종이 꽃을 피웁니다. 너무 일찍 심으면 관리를 해야 하고 너무 늦으면 수확량이 적어집니다. 꽃 하나는 1개의 씨방이 되고 4개의 깨알이 생깁니다.

개화한 들깨(9월 16일)

들깨 베어 말리기

들깨는 포기를 베어서 잘 말린 후 털어서 깨알을 분리합니다. 들깨를 베는 시기는 보통 10월부터이며 베는 시기를 잘 맞춰야 낭패가 없습니다. 너무 일찍 베면 덜 여문 깨를 수확해 수확량이 감소하고 너무 늦으면 땅으로 쏟아져 역시 수확량이 감소합니다. 깨를 베는 시기를 판단하는 데는 크게 2가지 방법이 있으며 2가지 조건을 모두 만족해야 합니다.

1. 잎에 단풍이 든 것처럼 노랗거나 누렇게 변했을 때
2. 꼬투리의 아래쪽 2/3 정도가 검게 변했을 때

아래쪽 꼬투리의 2/3 정도가
검게 변했을 때가 베는 시기

수확 시기가 도래해 잎이 누렇게 변한 들깨(10월 8일)

아래쪽 꼬투리의 2/3 이상이 검게 변했을 때

꼬투리는 한 번에 여물지 않고 아래쪽부터 여물어갑니다. 이후 다 여물지 않은 꼬투리는 말리는 과정에서 모두 익습니다. 덜 여문 꼬투리를 말려서 익히는 과정을 '추숙'이라고 합니다.

들깨는 베는 과정에서 깨알이 떨어지기 쉽기 때문에 이슬을 맞은 아침이나 흐린 날이 좋습니다. 베어서 그 자리에 눕혀 놓고 잘 마르라고 한두 번 뒤집어 주기도 합니다. 들깨를 말리는 기간은 7~10일 정도입니다. 한편 들깨를 벨 때는 일기예보에도 신경 써야 합니다. 말리는 도중 비 예보가 있으면 베는 시기를 늦추거나 비가림 또는 비를 맞지 않는 곳으로 옮겨 줍니다.

들깨 베어 말리기(10월 24일)

들깨 타작

막대나 도리깨를 이용해 두드려 털기(10월17일)

들깨 타작은 넓은 깔개를 깔고 잘 마른 깻대를 옮긴 후 막대나 도리깨로 두드려 텁니다. 이때 힘 조절은 필수입니다. 너무 세게 두드리면 깨알이 엉뚱한 곳으로 튀어 나갑니다. 필자는 깻대를 옮기는 게 제일 조심스럽습니다. 옮기는 과정에서 깨알이 쏟아지기 때문입니다.

들깨 알을 얻기는 결코 쉽지 않습니다. 막대로 두드려 털었다면 이번에는 깨알만 분리해야 합니다. 이 과정에서 많은 먼지를 뒤집어 쓰게 됩니다. 분리에는 키나 채 바람을 이용합니다.

키를 이용해 까부르기

채로 검불 고르기

바람을 이용해 티끌 날리기

선별된 깨알은 씻지 않고 햇볕에 골고루 펴서 말립니다. 1~2일 정도면 잘 마릅니다. 이후 자루 등에 넣어 햇볕이 들지 않는 선선한 곳에 보관하며 필요할 때마다 씻어서 이용합니다.

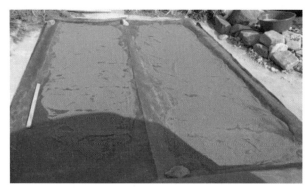
햇볕에 말리기

들깨 기름 짜기

들기름 짜는 모습

깻묵

들깨 알을 짜면 고소한 들기름이 나옵니다. 기름을 짤 수 있는 최소 단위는 한 말이며 한 말은 보통 6kg입니다. 강원도는 5kg, 남쪽 지역은 10kg으로 치는 곳도 있습니다. 기름을 짜거나 깨를 구입할 때 한 말이 몇 kg인지 확인해 보세요. 들기름은 대부분 볶아서 짭니다. 요즘은 볶지 않고 짜는 기름이 좋다며 그냥 짜기도 합니다. 기름 한 말을 짜는 비용은 12,000원(2020년 기준으로 지역마다 차이가 있음)이며 기름을 바로 짤 수 있게 깨끗이 씻은 들깨를 이용합니다. 방앗간에서 씻어서 짜기로 한다면 씻는 비용을 더 지불해야 합니다. 그럼 들깨 한 말을 짜면 기름의 양이 얼마나 될까요? 깨알이 잘 여문 정도, 쭉쟁이의 많고 적음, 볶는 정도에 따라 차이는 있지만, 약 2ℓ(소주병으로 5.5병±0.5병/5kg 기준) 정도 잡으면 될 것 같습니다. 참고로 소주병의 용량은 360ml입니다. 하지만 볶지 않고 짜면 기름의 양은 다소 줄어듭니다. 볶지 않고 짠 생들깨 기름은 빛을 보면 산화되기 때문에 신문 등으로 감싸 빛을 차단하고 어두운 곳에 보관합니다. 기름을 짜고 나면 깻묵은 챙겨 옵시다. 깻묵은 돌처럼 단단하게 뭉쳐 있는데 퇴비나 깻묵 액비로 사용할 수 있습니다.

잎들깨

종묘상에서 판매 중인 잎들깨 모종(4월 27일)　　　　　　차조기잎

소규모 텃밭에서는 잎 수확을 목적으로 3~4포기만 길러도 많은 양의 잎을 얻을 수 있습니다. 들깨는 추위에 약하기 때문에 서리 염려가 없는 5월부터 모종을 심습니다. 일반 들깨를 심어도 되고 잎들깨용 깨를 심어도 됩니다. 잎들깨에는 녹색과 적색이 있으며 일반 들깨보다 맛과 향이 뛰어나고 개화가 늦어 잎을 더 수확할 수 있다고 합니다. 개인적인 견해일 수 있지만, 큰 차이는 없는 것 같습니다. 한편, 들깨잎을 자줏빛으로 물들여 놓은 듯한 '차조기'가 있습니다. '차즈기' 또는 '자소엽'이라고도 불립니다. 들깨처럼 잎을 수확하지만 맛이 강해 호불호가 갈립니다. 주로 약용으로 쓰입니다. 차조기가 취향에 맞는다면 한 포기 정도 길러 보는 것도 좋습니다.

블로그이웃들의수다

오** 　들깨잎을 순치기해서 나물로 먹거나 조려서 먹으면 맛있죠. 저는 그냥 잎을 먹으려고 들깨를 심었으니 소량이라서 잎이 자라는 대로 깻잎장해서 먹고, 깻잎전해서 먹고, 고기를 구워 쌈을 싸먹는 수준으로 만족한답니다. ^^

김** 　들깨가 많이 자라면 바람에도 약하고 수확량도 별로입니다. 순을 잘라 주면 곁가지가 많이 나오지요. 바람에도 잘 견디고요. 특히 들깨잎을 좋아하시는 분들은 정리해서 이용하는 것이 좋습니다.

서** 　들깨는 잎만 따먹는 '잎들깨'와 잎도 먹고 기름도 짜는 '참들깨'가 있어요. 손바닥 정도 크기의 잎을 따서 삼겹살을 먹을 때 이용하면 됩니다.

이** 　들깨 6kg을 짰는데 소주병 6병보다 좀 더 나왔습니다. 덜 볶으면 한두 병 덜 나옵니다.

귀신 쫓는 **팥**

분류 콩과

원산지 중국 일대 추정

재식 거리 포기 간격 30cm / 줄 간격 30cm

직파 ○ **육묘** ○

퇴비 0~10kg **복합비료(완효성)** 없음

추비 없음

비고 2평 기준

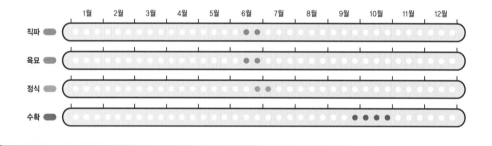

	1월	2월	3월	4월	5월	6월	7월	8월	9월	10월	11월	12월
직파						● ●						
육묘						● ●						
정식							● ●					
수확									● ●	● ●		

팥은 오랜 재배 역사를 갖고 있습니다. 동짓날 팥죽을 쑤어 먹거나, 떡, 빵의 앙금으로 사용하거나, 팥빙수를 만드는 등 사계절 내내 이용할 수 있는 식재료입니다. 팥에 들어 있는 사포닌은 이뇨 작용을 하고 피부와 모공의 오염 물질을 없애 줘 아토피 피부염과 기미 제거에 도움을 줍니다. 또한 칼륨이 풍부하게 함유돼 있어 부기를 빼 주고 혈압 상승을 억제해 주는 효능도 있습니다.

줄기는 콩보다 다소 가늘고 긴데 덩굴이 뻗는 경향이 있으며 쓰러지기 쉽습니다. 키는 보통 50~90cm인 것이 많고 줄기는 녹색이나 붉은빛을 띤 자주색입니다. 팥의 종류는 그리 많치 않습니다. 알곡의 색깔에 따라 붉은 팥, 회색 팥(쉬나리 팥), 검은 팥이 있으며 주로 시루떡이나 팥떡을 해 먹을 때 이용하는 붉은 팥을 많이 재배합니다.

팥 파종 시기와 밭 만들기

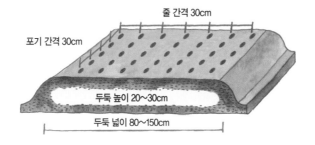

팥의 파종 시기는 6월 중순부터 7월 상순까지이며 10월에 수확합니다. 보통 두 줄 심기부터 넓게는 네 줄 심기를 하며 한 줄 심기는 거의 하지 않습니다. 또한 직파나 육묘를 하는데 직파 시 심는 깊이는 3~5cm, 간격은 사방 30cm가 적당하며 한자리에 3~4알씩 파종하고 두 포기씩 키웁니다. 육묘 시에는 한 알씩 넣고 정식 시 두 포기를 심습니다.

팥 재배 과정(육묘)

씨앗은 1립씩 넣는다.

◀ 6월 17일
플러그 트레이에 팥을 육묘하는 모습입니다. 육묘 시 씨앗은 1립만 넣습니다.

◀ **6월 23일**
싹이 나기 시작합니다.

싹이 나기 시작하는 팥

◀ **6월 30일**
본잎이 4~6장 나있을 때 두 포기씩 옮기 심기를 합니다. 팥은 한 곳에 두 포기를 재배하는 것이 좋습니다.

사방 30cm, 엇갈려 네 줄을 심은 모습

팥 재배 과정(직파)

◀ **6월 15일**
포기 간격은 30cm, 한곳에 씨앗을 3~4알씩 넣고 공간을 확보하기 위해 두 줄 엇갈려 심기를 했습니다.

30cm 간격으로 점뿌림하는 모습

팥 싹

◀ 6월 26일

싹이 나오기 시작합니다.

솎음하는 모습

◀ 7월 2일

튼실한 두 포기만 남기고 솎음했습니다. 생육 기간이 짧은 팥은 추비하지 않아도 잘 자랍니다.

지지대를 세운 후 옆 줄을 맨 모습

◀ 8월 12일

팥은 키가 50~90cm로 성인 허리 높이까지 자라는데, 잦은 비에 쉽게 쓰러집니다. 미리 옆 줄을 서너 줄 매어 도복을 방지합니다. 팥은 적심하지 않습니다.

팥꽃

◀ 8월 24일

노란색의 앙증맞은 팥꽃이 피기 시작합니다. 꽃의 개수만큼 꼬투리가 달립니다.

팥 꼬투리

◀ 9월 8일

먼저 핀 꽃부터 꼬투리가 달리기 시작합니다. 이때부터 콩과 작물의 영원한 불청객인 톱다리개미허리 노린재를 예의 주시했지만, 피해는 없었습니다. 바로 옆에 심은 녹두 쪽으로 간 것으로 보입니다. 톱다리개미허리 노린재들은 녹두를 유독 좋아합니다.

잘 여문 팥

◀ 9월 25일

누렇게 꼬투리가 여물어갑니다. 팥은 10월로 접어들어 꼬투리 하나하나가 누렇게 되면서 여물기 시작합니다. 익는 대로 꼬투리를 따야지 그냥 두면 꼬투리가 갈라지면서 땅으로 쏟아집니다. 꼬투리가 마르기 전 노랗게 될 때 따면 팥알이 통통하고 부드러운데 이것으로 밥을 지으면 식감도 좋고 맛도 좋습니다. 봄에는 완두콩, 여름에는 강낭콩, 가을에는 팥이죠.

꼬투리에 피해를 입히고 있는 애벌레

◀ 팥에 피해를 주는 해충으로는 명나방, 팥나방, 콩줄기명나방, 왕담배나방 등이 있습니다. 모두 꽃과 꼬투리를 먹습니다. 대부분 꽃이 피는 시기에 맞춰 새배시에 들어가 알을 낳으며 이후 알에서 나온 애벌레는 꽃과 꼬투리 안으로 파고들어 피해를 입힙니다.

팥 꼬투리 따기

◀ **10월 20일**

아주 수확하는 모습입니다. 줄기째 벤 후 꼬투리를 따서 손으로 깝니다. 이때 덜 여문 시퍼런 꼬투리는 버리지 말고 밥에 넣어 먹는 것이 좋습니다. 양이 많은 경우, 줄기째 햇볕에 잘 말린 다음 도리깨나 막대 등으로 두드려 알곡만 골라냅니다.

팥 보관하기

타작을 마친 팥은 2~3일 햇볕에 말린 후 지퍼백이나 페트병에 넣어 10℃ 이하의 저온

팥은 10℃ 이하의 저온에 보관한다.

에 보관합니다. 겨울철에는 온도가 낮은 베란다에 둬도 되지만, 봄이 되면 냉장실이나 냉동실에 넣어 두는 것이 안전합니다. 팥은 따뜻한 곳에 보관하면 팥 바구미가 생깁니다. 풍뎅이와 같이 날개 달린 벌레가 집안에 날아다닌다면 팥, 녹두, 콩을 먼저 의심해 보세요. 피해를 입은 팥은 구멍이 뚫려 있는데, 종자로는 사용할 수 없습니다.

'진공 포장된 팥을 샀는데 어떻게 벌레가 들어간 걸까?'

'타작해서 바로 밀봉했는데 벌레가 왜 생기지?'

팥을 한 번이라도 접해 본 사람들이라면 누구나 이런 의문을 가질 겁니다. 대체 팥 바구미는 어떻게 생기는 걸까요?

팥 바구미는 연 4회 발생합니다. 1회는 4월 상순, 2회는 6월 상순, 3회는 8월 상순, 4회는 10월 상순입니다. 팥은 10월에 수확하죠? 성충 암컷은 꼬투리나 팥의 표면에 알을 70~80개 낳고 그 위에 흰색의 끈적끈적한 물질을 발라 알이 움직이지 않게 합니다. 부화한 애벌레는 팥알을 뚫고 들어가 속을 파 먹으며 자라는데 유충과 번데기 과정을 거친 후 우리가 눈으로 볼 수 있는 성충이

팥 바구미 성충

돼 밖으로 나오게 되는 것입니다. 결국 수확한 후 바로 페트병이나 지퍼백에 담아 밀봉하더라도 이미 팥 바구미에 감염돼 있는 것입니다. 하지만 팥 바구미에 감염됐다고 해도 팥 바구미가 발육할 수 없는 온도에서 보관하면 피해를 예방할 수 있습니다. 인정하기는 싫지만, 어쩌면 우리는 매우 작은 팥 바구미 알이나 유충을 먹었을지도 모릅니다.

블로그 이웃들의 수다

__벼**__ 팥도 지지대를 세우나 봅니다. 저는 그냥 심었더니 온통 바닥을 기고 너무 엉켜 이걸 어떻게 해야 하나 고민 중입니다.

__고**__ 저는 팥 열 포기 정도 심었는데 고라니가 자꾸 먹어서 줄기만 남아 있어요. 미운 고라니 ㅠㅠ

__고**__ 농사짓기 전에는 팥에 벌레가 생겨 버리곤 했습니다. 페트병에 넣고 뚜껑을 닫았는데도 벌레가 바글바글…. ㅠㅠ

__심**__ 팥에 생기는 바구미를 방치하면 남는 게 하나도 없어 나중에는 모두 버리게 되더군요. 작은 통에 담아 냉장고에 넣어 두면 오래 먹을 수 있어 좋습니다.

열매를 먹는 채소 ⑥

100가지 독을 치유하는 천연 해독제 **녹두**

분류 콩과

원산지 인도

재식 거리 포기 간격 30cm / 줄 간격 30cm

직파 ○ **육묘** ○

퇴비 0~10kg **복합비료(완효성)** 없음

추비 없음

비고 2평 기준

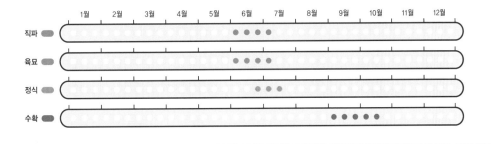

녹두는 한여름에 잘 자라는 고온성 작물로, 평균 기온은 20~40℃이며, 비교적 넓은 범위의 온도에서도 자랍니다. 반면, 저온에는 매우 약해 15℃ 이하에서는 생육이 정지되고 자라지 않습니다. 녹두의 생육은 28~30℃ 정도입니다. 건조에는 강하지만, 습기가 많으면 잘 자라지 않습니다. 토양은 양토가 좋지만, 습기가 많지 않으면 척박한 토양에서도 자랍니다. 연작하면 수확량이 줄어들므로 3~4년 동안은 연작하지 않는 것이 좋습니다.

녹두 심는 시기

녹두의 파종 적기는 6월 상순~중순입니다. 토양에 수분이 알맞을 때 심으면 파종 후 싹이 나오는 데 4~5일 정도 걸립니다. 중부 지역의 파종 한계기는 7월 상순경, 남부 지역은 7월 중순경이며 기상 재해로 작물 재배가 어려울 때 대파 작물로 재배하기도 합니다. 파종이 늦으면 결실이 떨어지기 때문에 가급적 파종 시기를 지키는 것이 좋습니다.

녹두밭 만들기

녹두는 척박한 땅에서도 잘 자랍니다. 토양의 물리성에 따라 퇴비는 10kg 정도 밑거름으로 사용하고 복합비료를 뿌리지 않아도 잘 자랍니다. 오히려 거름진 땅에서는 키만 크고 결실은 부실해집니다

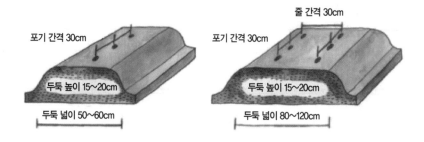

녹두 농사는 예전처럼 많지 않습니다. 손이 많이 가기 때문에 농민들이 꺼려합니다. 녹두는 생육 기간 중 순차적으로 3~4회 꽃이 핍니다. 먼저 핀 꽃부터 꼬투리가 달리고 여무는데 잘 여문 꼬투리는 탈립(잘 여문 꼬투리가 터지면서 알곡이 떨어짐)이 되기 때문에 수시로 꼬투리를 골라 따야 합니다. 결국 수확도 신경 써야 하고 노동력 또한 많이 들어갑니다. 이런 이유로 밭을 만들 때나 수확할 때 염두에 둬야 합니다. 필자의 경험상 두 줄 심기가 관리하기 좋았습니다.

녹두 직파 vs. 육묘

녹두는 보통 직파를 합니다. 물론 육묘 후 옮겨 심기를 해도 되지만, 많이 이용하는 방법은 아닙니다. 재배 기간이 길지 않기 때문에 추비는 하지 않으며 멀칭 재배, 비멀칭 재배 모두 괜찮습니다. 씨앗은 주변 농가에서 얻거나 종묘상에서 구입할 수 있습니다. 이후 내가 수확한 녹두를 종자로 사용합니다.

녹두 재배 과정

녹두는 줄뿌림을 하지 않고 점뿌림을 한다.

◀ **6월 15일**

비멀칭, 두 줄 엇갈려 심기, 간격은 30cm이며 발아율을 생각해 3~4립씩 점뿌림을 합니다.

녹두의 싹

◀ **6월 22일**

싹이 나기 시작합니다. 발아율은 90% 이상으로 뛰어납니다.

녹두 솎음

◀ **6월 28일**

튼실한 두 포기만 남겨 놓고 나머지는 솎아 줍니다. 녹두는 한곳에 두 포기를 재배하는 것이 좋습니다.

녹두 꽃과 꼬투리

◀ **8월 6일**

노란색의 꽃이 핀 후 작은 꼬투리가 생기기 시작합니다. 꽃 하나가 꼬투리 하나가 됩니다.

녹두는 옆 줄을 매야 한다.

◀ **8월 17일**

녹두는 순지르기를 하지 않습니다. 녹두는 키가 80cm까지 자라고 비바람에 잘 쓰러집니다. 필자가 북주기를 해 봤지만, 효과는 크지 않았습니다. 녹두의 키가 커질 때마다 서너 줄 정도 옆 줄을 매서 도복을 방지합니다. 이를 소홀히 하면 매우 난감한 일이 일어납니다.

꼬투리에 피해를 입히고 있는 톱다리개미허리노린재

◀ **8월 25일**

녹두 재배 시 가장 큰 어려움은 톱다리개미허리 노린재입니다. 톱다리개미허리 노린재는 유독 녹두를 좋아합니다. 그래서 녹두를 미끼 작물로 심기도 합니다. 톱다리개미허리 노린재는 주로 덜 여문 시퍼런 꼬투리에 침을 박아 즙액을 빨아먹습니다. 꼬투리가 달리기 시작하면 수시로 살펴 늦지 않게 방제를 해야 합니다. 톱다리개미허리 노린재는 약을 뿌리면 날아가 버리기 때문에 방제하기가 어렵습니다. 약제는 이슬을 맞아 비행 능력이 떨어지는 이른 아침이 효과가 좋습니다.

톱다리개미허리노린재 피해를 입은 꼬투리

잘 여문 꼬투리는 검은색을 띤다.

◀ **9월 5일**

갈색의 꼬투리가 검게 변하면 수확을 시작합니다. 녹두는 수확하기 나름이지만, 4~5회 정도 수확하게 됩니다. 수확은 잘 여문 꼬투리를 골라 따는데 수확이 늦으면 꼬투리가 갈라지면서 녹두 알이 땅으로 쏟아집니다.

녹두 꼬투리 말리기

◀ 수확한 꼬투리는 햇볕에 잘 말려 줍니다. 이때 반드시 해야 할 일은 햇볕이 투과되는 망을 씌워 주는 것입니다. 그 이유는 말리는 과정에서도 꼬투리가 갈라지면서 녹두 알이 튀어 나가기 때문입니다. 그럼 녹두는 타작하지 않아도 될까요? 그렇지는 않습니다.

잎이 누렇게 변한 녹두

◀ 10월 6일

가을로 접어들면서 잎이 누렇게 변해 더 이상 잎의 기능을 못하게 됐을 때 아주 수확을 합니다. 녹두대를 뽑거나 베어 남아 있는 꼬투리를 따며 실하게 여문 꼬투리는 종자용으로 선별해 둡니다. 농부는 굶어도 씨앗은 베고 잡니다.

포기째 거둬 수확

덜 여문 꼬투리도 먹을 수 있다.

◀ 덜 여문 꼬투리도 버리지 말고 따로 모아 밥에 넣어 먹으면 좋습니다. 애써 재배한 작물이니 알차게 갈무리합시다.

녹두 타작하기

타작은 꼬투리가 잘 말라야 하기 때문에 충분히 말려 줍니다. 타작은 농사가 없는 한겨울에 해도 됩니다. 소량일 때는 일일이 까기도 합니다.

양이 많아 손으로 깔 수 없는 경우, 튼튼한 자루에 꼬투리를 넣고 막대 등으로 두드려 꼬투리를 부숩니다. 이후 채, 키, 선풍기 바람 등을 이용해 알곡만 골라 냅니다.

꼬투리 까기   자루에 넣어 꼬투리 부수기   바람을 이용해 검불 날리기

녹두 보관하기

녹두는 바구미가 생긴다.

녹두는 벌레(팥 바구미)가 잘 생깁니다. 유리병이나 플라스틱 용기에 담고 뚜껑을 닫았다고 해서 안심하면 안 됩니다. 겨울에는 15℃ 이하의 온도에 보관해도 되지만, 기온이 높은 여름철에는 냉장고에 보관하는 것이 좋습니다. 이를 소홀히 했을 경우, 구멍 난 녹두와 함께 딱정벌레처럼 생긴 팥 바구미를 보게 될 수도 있습니다.

녹두 먹는 법과 효능

녹두는 청포, 빈대떡, 녹두죽, 숙주나물 등 다양한 용도로 사용되며 가공 식품으로는 당면의 원료가 되기도 합니다. 또한 '백 가지의 독을 풀어 준다'라는 옛말이 있어 예로부터 한방에서는 해열제나 해독제로 널리 사용돼 왔습니다. 녹두는 차가운 성질을 갖고 있어 더운 여름에 잘 어울리는 식품으로 여겨지고 있습니다. 체온을 낮춰 주고 갈증을 해소해 주며 눈의 피로를 풀어 주는 등 다양한 효과가 있는 건강 음식입니다. 이 밖에 당뇨 개선 및 예방, 피부 미백, 혈액 순환, 체중 감량, 심근경색, 뇌졸중, 고혈압 예방, 스트레스 완화, 원기 회복, 이뇨 작용, 신장 기능 강화 등의 효능이 있습니다.

녹두의 용도 및 활용 메뉴

용도	활용 메뉴
밥, 죽	녹두밥, 녹두죽, 율무녹두즙, 녹두닭죽
탕	녹두삼계탕
구이, 전	빈대떡, 녹두전
기타	녹두차, 녹두떡, 청포묵, 녹두주

블로그이웃들의수다

단** 초록색 꼬투리를 좀 더 두면 까맣게 변해요. 근데 까맣게 익어서 딴 거보다 색이나 크기가 별로입니다. 그냥 밥 지을 때 넣으세요.

자** 녹두는 익어가는 꼬투리가 제각각이어서 익는 족족 따야 합니다. 그렇지 않으면 밭에서 꼬투리가 터져서 날아가요.

지** 전 녹두로 숙주나물을 해 먹었어요. ^^ 집에 있는 검은콩보다 발아가 잘되더군요.

니** 녹두 한 줌 넣고, 찹쌀 한 줌 넣고, 닭을 삶아서 먹으면 맛있어요.

해** 녹두를 타작할 때 꼬투리째 말려 마대 자루에 넣어 발로 밟으면 하나도 안 튀어 나가서 좋더군요.

백** 녹두나 팥 종류는 순치기할 필요가 없는데요. 토양에 질소 성분이 과하면 웃자랄 수 있어요. 지주대를 세워 줄을 쳐 주면 돼요. 고추처럼요~

비염, 기관지 질환 치료제 **수세미**

분류 박과

원산지 인도 열대 지방

포기 간격 1m 이상

직파 ○ **육묘** ○

퇴비 20kg **복합비료(완효성)** 600g

추비 2~3회

비고 2평 기준

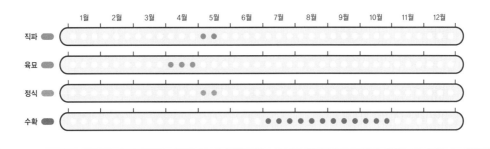

	1월	2월	3월	4월	5월	6월	7월	8월	9월	10월	11월	12월
직파												
육묘												
정식												
수확												

수세미는 우리나라 중부 지방에서 많이 재배되며 8~11월에 수확하는 채소이자 약용 식물이기도 합니다. 보통 어린 열매를 생으로 무쳐 반찬으로 이용하거나, 수세미즙을 내어 마시거나, 말린 후 물을 끓이면 비염에 좋은 차가 되기도 합니다. 또한 관상용으로도 좋으며 수세미 수액은 당뇨 및 기관지 천식에 뛰어난 효과가 있습니다. 최근에는 화장수로도 인기가 있습니다.

수세미밭 만들기

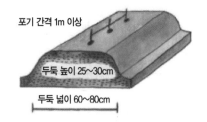

포기 간격 1m 이상

두둑 높이 25~30cm

두둑 넓이 60~80cm

덩굴성 작물인 수세미는 유인 망이나 지지대를 세워 주면 덩굴손이 알아서 잡고 올라가기 때문에 별다른 문제는 없습니다. 다만, 수세미는 생육 기간이 길고 잎과 줄기가 무성하게 자라므로 퇴비 등 비료를 충분히 시비해야 결실이 좋아집니다. 2평당 퇴비 20kg, 완효성 복합비료 600g을 넣고 밭을 깊게 갈아 주며 포기 간격은 1m 이상으로 넓게 하고 토양 수분이 풍부한 곳을 좋아하지만, 과습에는 약하므로 두둑을 최대한 높여 줘야 합니다.

수세미 정식

수세미는 장일에는 주로 수꽃, 단일에는 암꽃이 핍니다. 장일과 단일은 일조량을 말하는데 하지를 기점으로 낮의 길이가 길어지고 밤의 길이가 짧아지면 장일, 하지를 지나면서 낮의 길이가 짧아지고 밤의 길이가 길어지면 단일이라고 합니다. 6월에 심으면 암꽃의 개화가 늦어져 열매가 달리지 않고 잎만 무성해지므로 5월 상순 또는 늦어도 5월 중순까지는 심는 것이 좋습니다.

수세미는 본잎이 2~3매일 때가 정식 적기입니다. 재배 기간이 길기 때문에 멀칭 재배가 좋으며 너무 깊게 심지 않는 것이 좋습니다.

수세미 모종

재식 거리 1m

충분한 공간을 확보하라

수세미는 심기 전 생각해 봐야 할 게 있습니다. 그것은 바로 '유인'입니다. 덩굴성 작물인 수세미는 포복 재배를 하지 않으며 2m 이상의 지지대를 세운 후 망을 씌워 유인합니다. 수세미는 날이 무더워지는 7월에 접어들면서 생장이 빨라지는데, 수세미의 엄청난 성장세를 보고 있으면 혀를 내두를 정도입니다. 필자가 그동안 키워 본 여주나 호박은 명함도 못 내밉니다. 따라서 심기 전에 충분한 공간을 확보하는 것이 중요합니다.

담장 유인(4포기 식재, 8월 24일)

합장 유인(4포기 식재, 8월 5일)

수세미 재배 관리

수세미는 곁가지인 아들줄기에서 암꽃이 많이 핍니다. 1m까지는 원줄기에서 나오는 곁가지를 모두 제거하고 그후는 방임하면서 곁가지를 키우면 많은 열매를 얻을 수 있습니다.

수세미 추비

수세미는 저온기인 5월, 9월, 10월에는 7일에 한 번 정도 물을 주지만, 성장이 왕성한 여름철에는 2~3일에 한 번 정도 물을 줍니다. 생육 기간이 긴 수세미는 많은 양분이 필요하므로 정식일 기준 40~50일에 한 번씩 웃거름을 줍니다. 웃거름은 원줄기에서 20cm 정도 떨어진 곳에 땅을 판 후에 주고 비료의 손실을 막기 위해 흙을 덮어 줍니다.

추비 예시

정식일	1차 추비	2차 추비	3차 추비(선택)	비고
5월 10일	6월 20일	7월 30일	9월 10일	40일 간격

어릴 때 따자.

식용 수세미의 수확 시기는 상당히 제한적입니다. 생육 초기에는 암꽃이 피고 14~15일, 한여름에는 7~8일 후에 오이 만하게 자라므로 수확이 지연되지 않게 수시로 살펴 수확해야 합니다. 수확이 늦어지면 섬유질이 생겨 먹지 못하게 됩니다.

수세미 수액받기

수세미 수액의 채취 기간은 폭이 넓습니다. 보통 8월 중순부터 시작합니다. 수액이 목적이라면 8월 중순, 수세미가 목적이라면 10월부터 실시합니다. 수액 채취 순서는 다음과 같습니다.

1. 매달려 있는 열매를 모두 거둡니다.
2. 1m 높이에서 모든 줄기를 사선 방향으로 자릅니다. 사선으로 자르는 이유는 줄기의 절단면이 넓을수록 수액이 빨리, 잘 나오기 때문입니다.
3. 수액이 나오는지 확인한 후 페트병에 꽂아 벌레나 빗물이 들어가지 않게 입구를 잘 막아 줍니다. 이때 페트병이 쓰러지지 않게 잘 고정합니다.

입구는 잘 막고 쓰러지지 않게 고정한다.

4. 수액을 받는 동안 햇볕에 변질될 수 있으므로 검은색 비닐이나 천으로 가려 줍니다.
5. 하루 1~2회 확인해 수액이 꽉차면 페트병을 바꿔 줍니다. 이때 자른 면이 아물어 수액이 나오지 않거나 덜 나올 수 있으므로 줄기의 끝부분을 다시 잘라 줍니다.

햇빛 차단은 검은색이 좋다.

6. 면보 등을 이용해 채취 도중 발생한 부유물을 깨끗히 걸러 줍니다.

면보로 부유물 거르기

7. 수세미 수액은 쉽게 변질되지 않으므로 1년 이상 보관할 수 있습니다. 냉장고에 보관하거나 직사광선이 들지 않는 서늘한 곳에 보관합니다. 다음은 필자가 수세미 수액을 채취한 기록입니다. 채취가 늦을수록 양도 적어지는 것을 알 수 있습니다.

필자가 수액을 채취한 기록

(단위: 포기, 리터)

수액 채취 시작 일자	채취 기간	포기 수	1	2	3	4	평균
2020년 8월 27일	10일	4	14	17	11	3	11.2
2019년 10월 29일	5일	3	2	1	0.3	–	1.1

한편 한여름 수액 채취 시 포기마다 나오는 양이 많기 때문에 하루 한 번은 말에 들러 통을 교체해야 합니다. 무척 번거롭죠. 필자의 경우 때를 놓쳐 넘치기도 했습니다. 그래서 필자는 큰 통을 사용합니다.

밭에 매일 올 형편이 안 된다면 큰 통을 준비한다.

천연 수세미 만들기

수세미 만드는 데는 크게 '끓여서(삶아서) 만드는 방법'과 '끓이지 않고 과피만 벗겨 만드는 방법'이 있습니다. 이 2가지 방법 모두 수세미의 품질에는 별 차이가 없는 것 같습니다. 대부분 끓여서 만듭니다. 이 책에서는 끓여서 만드는 방법을 소개합니다.

천연 수세미를 만들기 위해서는 과피가 누렇게 변할 때가 좋습니다. 너무 어린 수세미는 흐물거려서 적합하지 않습니다. 우선 수세미가 솥에 들어갈 수 있는 크기로 큼직하게 자른 후 수세미가 만들어지면 필요한 크기로 잘라 쓰거나 아예 쓰기 좋은 크기로 자릅니다. 종자용이 아닌 이상 내부에 있는 씨앗은 굳이 빼지 않아도 됩니다.

수세미를 솥에 넣은 후 물을 자박하게 넣고 물을 끓입니다. 수세미가 물에 뜨기 때문에 잠기게 하지 않아도 됩니다. 이때 소금을 한 줌 넣어 주는 것이 좋습니다.

물이 끓기 시작하면 20~30분 정도 더 끓여 줍니다. 그리고 물이 식을 때를 기다렸다가 과피를 벗겨 냅니다. 과피는 손으로도 잘 벗겨집니다.

과피를 벗겼다면 이번에는 씨앗을 빼 냅니다. 씨앗은 손바닥에 대고 툭툭 치거나 싱크대 벽에 가볍게 치면 잘 빠집니다. 빼 낸 씨앗은 종자로 사용할 수 없습니다.

깨끗이 헹궈 물기를 빼고 햇볕에 바싹 말립니다. 사용 중 흐물거리면 끓는 물에 데쳐 다시 사용할 수 있습니다.

수세미 끓이기

껍질 벗기기

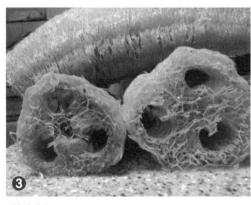
씨앗 빼 내기

말리기

블로그이웃들의수다

자** 천연 수세미 너무 좋아요. 특히 기름기 있는 그릇이 깨끗히 잘 닦여요.

크** 종자가 필요할 때 꼭지 부분만 칼로 잘라 툭툭치면서 털어 내면 씨가 빠져요. 그후엔 끓는 물에 담갔다가 빼면 미끌거림이 없어져요. 사용할 크기로 자르기도 편하고요. 색도 뽀얗게 올라와 말리면 뽀얀 천연 수세미로 재탄생해요.

유** 천연 수세미로 쓰려면 더 누렇게 됐을 때 따는 것이 좋고 수세미 액이나 차로 이용하려면 어릴 때 따는 것이 좋아요.

최** 수액은 처서의 앞뒤로 1주일부터 추분쯤에 가장 많이 나와요. 수세미를 자른 부위가 공기에 노출되면 잘 나오지 않아요.

산속의 장어 **열매마(하늘마)**

분류 마과

원산지 아프리카(추정)

포기 간격 80cm 이상

직파 ○ **육묘** △(권장하지 않음)

퇴비 20kg **복합비료(완효성)** 600g

추비 2~3회

비고 2평 기준

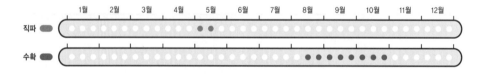

우리에게 익숙한 마는 땅속의 뿌리에서 캐내는 마입니다. 열매마는 열매처럼 달린다고 해서 '열매마', 공중에 달린다고 해서 '하늘마', 모양이 우주선 같이 생겼다고 해서 '우주마'라고도 부릅니다. 보통 오이처럼 지주를 세우고 줄기를 유인하면서 재배합니다. 열매마는 1년에 1회 수확하는 기존 마와 달리, 눈으로 보면서 키울 수 있어 수확 시기를 조절할 수 있습니다. 또한 열대성 작물로 더위에 강하고 추위에 약하지만, 서리가 내리기 전까지 여러 차례 수확할 수 있는 장점이 있습니다. 특히 일반 마에 비해 수확량이 많고 보는 즐거움도 쏠쏠합니다.

열매마 심는 시기

열매마는 보통 직파를 합니다. 육묘를 하기도 하지만 많이 하지는 않습니다. 필자도 직파를 권장합니다. 직파 시기는 늦서리가 내릴 염려가 없고 기온이 따뜻한 5월 상순경이 좋습니다. 열매마의 싹은 서리를 맞으면 죽습니다. 본인이 살고 있는 지역에서는 고추 심을 때가 가장 좋습니다.

열매마밭 만들기

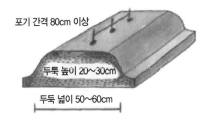

다비성, 덩굴성 작물인 열매마는 봄에 심고 8월부터 수확하기 때문에 밑거름은 넉넉하게 넣어 주고 깊게 갈아 줍니다. 2평당 퇴비 20kg, 완효성 복합비료 600g을 넣습니다. 재배 기간이 길기 때문에 멀칭 재배가 좋으며 재식 거리는 80cm 이상을 유지해야 무성한 잎이 겹치지 않고 햇볕을 잘 받습니다. 열매마는 어느 토양이든 관계없이 잘 자라지만, 땅심이 깊고 유기물의 함량이 많은 참흙이 적당하며 배수가 나쁜 곳이나 자갈밭 등은 피하는 게 좋습니다.

열매마 유인하기

유인 방법을 생각해 보겠습니다. 유인은 개개인의 형편에 따라 다르겠지만, 관건은 열매 찾기가 쉬워야 한다는 것입니다. 1열 지주를 세운 후 유인하거나 담장 유인, 아치형 유인이 좋으며 합장 유인은 권장하지 않습니다. 권장하지 않는 이유는 합장 지주의 특성상 열매를 찾기가 어렵기 때문입니다. 필자도 합장 지주로 유인한 적이 있는데, 덩굴이 엉켜 잎에 가려진 열매를 찾느라 번번이 보물 찾기를 해야만 했습니다.

열매마 1열 지주 유인   열매마 지붕형 망 유인

종자 준비 및 파종하기

다양한 크기의 열매마

열매마는 2가지 방법으로 번식합니다. 첫 번째는 열매를 심는 방법입니다. 처음 심을 때는 주변에서 얻거나 인터넷 또는 종묘상에서 구입합니다. 이후 수확한 열매를 종자로 사용합니다. 어른 주먹만큼 큰 것은 감자처럼 쪼개 심고 반주먹 만한 크기는 통으로 심습니다. 달걀 크기보다 작은 것은 종자로 적합치 않습니다. 필자는 통째로 심는 것을 권장합니다. 그 이유는 잘라서 심는 것보다 세력이 왕성하기 때문입니다.

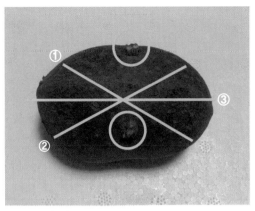
열매마 자르기(예시)

싹이 난 열매마

열매마는 크기에 관계없이 싹이 나오는 곳은 두 곳입니다. 씨눈처럼 생긴 곳에서 싹이 나고 뿌리가 나옵니다. 잘라 심는 경우 두 곳의 씨눈 기준으로 절반이 되게 자릅니다. 자를 때 절단면이 적을수록 좋습니다. 3번보다 1번이나 2번 방향으로 자르는 게 좋습니다. 자른 절단면은 3~4일 정도면 피막이 생기면서 아뭅니다.

종자의 보관 환경에 따라 싹이 나는 경우도 있습니다. 이럴 땐 싹을 자르지 않고 그냥 심습니다.

종자의 크기만큼 구멍을 뚫고 물을 넉넉히 준 후 열매마를 심습니다. 싹이 나지 않았다면 열매가 충분히 덮힐 정도로 흙을 덮어 주고 싹이 난 경우 역시 밑동에 흙을 충분히 덮어 줍니다.

열매마 심기

두 번째는 구근을 심는 방법입니다.

열매마 구근은 땅속에 있습니다. 수확을 모두 마친 후 캐내 종자로 사용합니다. 종근은 그냥 심어도 되지만, 미리 싹을 틔우면 생육을 앞당길 수 있습니다. 정식 일자를 역계산해 40~50일 전에 싹틔우기를 시작합니다.

열매마 구근(위)   열매마 구근(아래)

다음은 싹을 틔우는 방법입니다.

1. 스티로폼 상자에 흙을 깐다.
2. 위아래를 구분해 구근을 넣는다.
3. 흙을 두툼하게 덮어 준다.
4. 흙에 수분이 없는 경우, 흙이 살짝 젖을 정도로 물을 준다.
5. 뚜껑을 덮어 따뜻한 곳에 둔다.

싹틔우기 시작(3월 9일)

구근에 싹이 난 모습(5월 4일)

싹이 난 구근 정식(6월 4일)

임시 유인(6월 25일)

심을 때는 (싹의 크기에 따라 다르지만) 싹을 모두 덮지 않고 조금 남겨 둡니다. 싹이 작은 경우, 흙을 모두 덮어 줍니다. 지금까지 열매를 심는 방법과 구근을 심는 방법을 알아봤습니다. 보통 구근을 심었을 경우 수확량이 많다고 합니다. 필자가 2가지 방법으로 심어 본 결과, 큰 차이는 없는 것 같습니다. 한편, 열매를 통으로 심었거나 구근을 심었을 경우 싹은 1개가 먼저 올라오고 상당히 자란 다음 다른 싹이 올라옵니다. 올라오지 않는 경우도 있습니다. 뒤늦게 올라온 두 번째 싹은 싹은 바로 제거합니다.

열매마 적심해 곁가지 키우기

열매마는 우리나라에서 재배 역사가 짧기 때문에 표준 재배법이 없습니다. 따라서 농가에서는 각각의 상황에 맞게 여러 형태로 재배하고 있는 실정입니다. 그러다 보니 '열매마는 다비성 작물이기 때문에 퇴비를 많이 해야 한다', '종자는 큰 게 좋다', '종자는 작아도 상관없다' 등 논란이 분분합니다. 가장 큰 논란은 '적심'입니다. "적심을 해야 한다"와 "적심을 하지 않아도 된다"라는 의견 모두 틀리지 않습니다. 어떻게 하든 열매가 달리고 수확이 되니까요. 저는 적심을 하는 편입니다. 참외, 수박, 여주, 호박 등과 같은 대부분의 열매 채소는 원줄기(어미줄기)를 적심한 후 곁순(아들줄기)을 키우는 게 보편적인 방법입니다. 주된 이유는 수확량이 많기 때문입니다. 열매마 또한 다르지 않을까요? 열매마를 적심하는 방법은 고랑에 섰을 때 허리 높이인 1m 정도의 높이에서 원줄기를 적심해 곁줄기의 왕성한 생육을 유도하고 원줄기가 필요 이상으로 뻗는 것을 차단해 영역을 조정합니다. 그러나 앞에서도 언급했듯이 꼭 해야만 하는 일은 아닙니다.

허리 높이에서 적심

열매마는 꽃이 피지 않는다

열매마는 심은 지 50~60일이 지나면 열매가 달리기 시작하고 이후 30~40여 일이 지나면 수확이 가능할 만큼 자랍니다. 열매마는 다른 작물과 달리, 꽃이 피지 않고 바로 열매가 달립니다. 열매는 콩알처럼 작게 달리는데, 시간이 지날수록 커집니다. 열매마는 초반에는 큰 열매가 열리지만, 후반부로 갈수록 크기가 작아집니다. 따라서 밑거름을 넉넉히 넣었더라도 안정적인 생육을 위해 열매가 열리기 시작했을 때를 기점으로 20~30일 간격으로 2~3회 추비를 실시합니다.

열매마 초기의 모습(콩알처럼 작다)

열매마 중기의 모습(색은 연초록)

추비 예시

1차 추비 열매가 열리기 시작할 때	2차 추비	3차 추비	비고
7월 10일	7월 30일	8월 20일	20일 간격
7월 10일	8월 10일	9월 10일	30일 간격

열매마 병충해와 수분 관리

열매마는 병충해가 전혀 없는 착한 작물입니다. 잎이 무성해 통풍이 나쁠 때 발생하는 흰가루병도 발생하지 않고 그 흔한 노균병 또한 없습니다. 이렇듯 열매마는 무농약 재배가 가능해 누구나 손쉽게 재배할 수 있습니다. 또한 비가 많이 오는 장마철에도 거뜬한 몇 안 되는 작물 중 하나이기도 합니다.

열매마는 넝쿨이 힘을 받고 자라기 시작하고 콩알 만한 열매가 달리기 시작하면 수분 공급을 넉넉하게 해 줘야 합니다. 물 주는 횟수를 정한다는 게 무리겠지만, 최소 10일에 한 번 정도 물을 충분히 공급해 줍니다. 물이 부족할 경우 모양이 둥글지 않고 울퉁불퉁합니다. 한 마디로 못생긴 열매마가 달리게 됩니다.

수분이 부족한 경우 못난 열매가 많이 달린다.

열매마 수확 시기

지역에 따라 다소 차이는 있지만, 열매마는 8월 중·하순부터 수확할 수 있습니다. 먼저 달린 줄기의 아래쪽 열매부터 익으면서 위로 올라갑니다. 열매마는 먼저 달린 열매부터 먼저 수확하는데, 연두색에서 진갈색으로 변했을 때가 수확 적기입니다. 잘 여문 열매는 꼭지가 쉽게 따집니다. 수확 시 과피에 상처가 나지 않게 하세요. 필자는 당장 먹을 것만 가끔 따고 나머지는 남겨 뒀다가 서리가 내리기 전에 한꺼번에 수확하는 편입니다. 수확기에 다다른 열매마는 오래 매달아 둬도 아무런 문제가 없습니다.

열매마는 열매뿐 아니라 잎도 빼 놓을 수 없는 별미입니다. 손바닥 만한 연한 잎을 채취해 쌈으로 먹거나 간장 장아찌를 만들어 먹습니다. '잎을 쌈으로 먹을 때는 어떤 맛이 날까?'라는 궁금증이 생겨 쌈으로 먹어봤습니다. 많은 기대 이상으로 좋았습니다. 물론 개인적인 취향일 수 있습니다. 열매마는 잎이 많아야 좋은 결실을 볼 수 있습니다. 이런 이유 때문에 잎은 너무 많이 따지 않는 게 좋습니다.

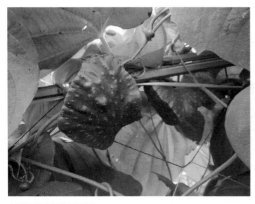
수확은 서둘지 않아도 된다.

열매마 잎은 하트 모양

열매마는 다년생입니다. 계속 줄기를 뻗고 열매가 달리는데 우리나라에서는 계절적인 요인으로 더 이상 결실을 맺지 못합니다. 이런 이유로 9월부터 각 줄기의 끝을 적심해 덩굴이 필요 이상으로 뻗는 것을 억제함으로써 이미 열려 있는 열매에 양분을 집중시켜 주는 것이 좋습니다. 물론 꼭 해야 하는 일은 아닙니다. 하면 좋고 하지 않았다고 해서 문제가 될 건 없습니다.

열매마 줄기 적심하기

열매마는 추위에 약하므로 서리가 내리기 전에 아주 수확을 마쳐야 합니다. 큰 것부터 작은 것까지 아주 수확하세요. 서리를 맞으면 겉모습은 멀쩡해도 속부터 썩기 시작합니다. 어쩔 수 없이 서리를 맞은 열매를 수확했다면 이것부터 소비하는 것이 좋습니다. 물론 종자로도 사용할 수 없습니다.

서리를 맞아 잎이 죽은 열매마

열매 수확을 모두 마쳤다면 이번에는 구근을 캡니다. 구근은 밤송이처럼 생겼는데 서리를 맞아 잎이 죽은 후에 캐도 됩니다. 구근은 보통 포기당 2개가 있습니다. 그러나 1개가 있는 경우도 있고 전혀 없는 경우도 있습니다. 필자의 경험상 2개가 있는 경우는 40%, 1개가 있는 경우는 20%, 전혀 없는 경우는 40% 정도 되는 것 같습니다.

이는 재배 환경에 따라 달라지는 것 같습니다. 캔 구근은 흙이 묻은 채로 잔뿌리를 제거하지 않고 스티로폼 상자에 넣어 뚜껑을 덮은 후 춥지 않은 곳에 보관합니다. 필자는 거실에 있는 책꽂이 위에 보관합니다.

열매마 구근

수확한 열매는 바람이 잘 통하고 따뜻한 곳에서 4~5일 정도 펴서 말린 후 종이상자 등에 담아 10~15℃ 정도의 습하지 않은 곳에 보관합니다. 저장을 잘한다며 냉장고에 넣어두면 안 됩니다. 모두 썩어 버립니다. 보관 시 온도가 높으면 일찍 싹이 나기 때문에 너무 높은 온도는 피해야 합니다. 가정에서는 거실에 두는 것이 무난하며 종자로 사용할 것은 따로 분류합니다. 필자는 종이상자에 넣은 후 신문 한 장을 가볍게 덮어 줍니다.

한편, 덜 여문 열매는 종자로 써도 될까요? 이에 대한 의견은 분분합니다. 개인적인 의견이긴 하지만, 모든 종자는 충분히 성숙돼야 보관하기 쉽고 발아율도 높기 때문에 종자로는 사용하지 않는 것이 좋습니다.

열매마 펴서 말리기

덜 여문 열매는 종자로 사용하지 않는 게 좋다.

필자의 열매마 재배 기록(양주시)

5월 3일	구근 파종
7월 10일	열매마 맺히기 시작
7월 22일	달걀 만한 크기로 커짐
8월 7일	주먹 만한 크기로 커짐
8월 20일	열매마 1차 수확
9월 1일	열매마 2차 수확
9월 20일	열매마 3차 수확
10월 10일	열매마 4차 수확
10월 22일	서리가 예상돼 아주 수확
10월 31일	열매마 뿌리종근 수확

열매마 효능과 먹는 법

열매마에는 뮤신과 폴리페놀 성분이 풍부합니다. 뮤신의 끈적한 성분은 위 점막을 보호해 주며 소화 운동을 도와줘 위 건강에 도움이 됩니다. 폴리페놀 성분은 간과 폐를 건강하게 해 비만에 도움이 됩니다. 열매마에는 무기질, 당질, 단백질도 포함돼 있습니다. 특히 껍질에 많이 들어 있다고 알려져 있습니다.

열매마를 넣고 지은 밥

열매마의 맛은 마와 비슷하지만 효능은 기존의 마보다 높은 것으로 알려져 있습니다. 마 중 제일로 치는 참마의 효능에 버금간다고 합니다. 열매마를 먹는 방법은 일반 마나 고구마, 감자와 비슷합니다. 샐러드, 튀김, 구이, 밥, 볶음 등과 같은 식재료로도 손색 없으며 과일과 함께 껍질채 생으로 갈아먹으면 부드럽고 고소한 식감을 즐길 수 있습니다. 또한 썰어 말려서 차로 마셔도 좋습니다.

블로그이웃들의수다

산**   아무 땅에나 잘 자라고 거름만 잘하면 대량 수확할 수 있어요~

허**   감자처럼 넣어 먹으면 돼요. 갈비찜에도 넣고 부침개로도 먹고 생선조림에도 넣어 먹어요~

창**   우유나 야쿠르트에 같이 갈아서 마시거나 얇게 썰어 삼겹살이나 오리고기 구울 때 감자칩처럼 얇게 썰어서 같이 구어 먹으면 맛나요~ 열매마 잎도 손바닥 정도 되는 어린잎은 호박잎을 찌듯이 쪄서 쌈을 싸 먹어도 위장 건강에 좋습니다.

아**   맛은 그다지 없지만, 골다공증에 좋다고 하더군요. 억지로 먹어 보려 해도 맛이 없네요.

소**   감자, 고구마처럼 얇게 썰어서 전으로 부쳐 먹었더니 아들도 잘 먹더군요.

대***   저는 생으로 잘라 기름소금에 김을 싸먹습니다.

와**   열매마는 반드시 따뜻한 곳에 보관해야 합니다. 겉을 만졌을 때 젤리처럼 말랑말랑하면 썩었을 가능성이 있습니다.

무**   신문지에 하나하나씩 싸서 박스에 넣어 보관하면 수분의 증발을 막을 수 있어요.

머리를 좋아지게 하는 착한 채소 **차요테**

분류 박과

원산지 멕시코 등 열대 아메리카

포기 간격 2m 이상

직파 ✕ **육묘** ○

퇴비 5kg **복합비료(완효성)** 200g

추비 2~3회

비고 한 포기 시비량 기준

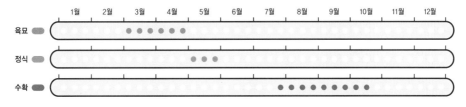

	1월	2월	3월	4월	5월	6월	7월	8월	9월	10월	11월	12월
육묘			●●●●●									
정식					●●●							
수확							●●●●●●●●●					

아열대 작물인 차요테(Chayote)는 남미 페루의 잉카제국 때부터 즐겨 먹던 작물이지만, 우리에게는 잘 알려지지 않은 작물입니다. 차요테가 우리나라에서 재배되기 시작한 것은 그리 오래 되지 않았습니다. 몇 년 전부터 기온이 따뜻한 제주도를 시작으로 남부 지역에서 재배되다가 최근 들어 전국적으로 재배되고 있습니다.

차요테는 고혈압에 좋고 엽산이 많아 수험생들과 노인들의 두뇌 건강에도 좋은 것으로 알려져 있습니다. 차요테는 무, 오이, 호박을 합쳐 놓은 듯한 맛이 납니다. 주로 장아찌, 생채, 피클 등의 요리에 이용되고 있습니다. 특히, 장아찌와 무침은 오이가 울고 갈 정도로 맛이 뛰어납니다.

모양이 독특해 관상용으로도 좋고 특별한 병충해가 없어 재배하기도 어렵지 않습니다.

또한 한 포기에서 평균 200개에서 많게는 400개의 많은 열매를 거둘 수 있어 재배 만족도가 높은 작물이기도 합니다.

차요테 모종 준비

구입한 차요테 모종

◀ 4월 4일

차요테 모종을 구입했습니다. 차요테는 열매 자체가 종자가 되는 '영양 종자'입니다. 재배가 흔치 않아 아직은 종묘상에서 보기 힘듭니다. 주변 재배 농가나 카페 또는 인터넷에서 구해 심어야 합니다. 필자는 인터넷을 통해 재배 농가에서 모종 두 포기를 구입했습니다. 요즘은 택배로 모종을 받는 세상입니다

차요테는 추위에 약하다.

◀ 4월 26일

차요테는 추위에 약하기 때문에 낮 기온이 충분히 올라가고 늦서리 피해가 없는 5월부터 본 밭에 옮겨 심습니다. 그동안 낮에는 춥지 않고 햇볕이 잘 드는 곳에 두고 밤에는 따뜻한 실내에 들여 놓기를 반복했습니다. 이를 소홀히 하면 얼어 죽거나 일조 부족으로 포기가 연약해지고 웃자랄 수 있습니다. 결코 쉽지 않은 일입니다. 모종 구입 시 품절이 예상되지 않는다면 너무 일찍 구입할 필요는 없습니다.

차요테 재배 과정

차요테는 열매가 보이지 않을 정도로 심는다.

◀ 5월 4일

한 달 동안 노심초사하던 차요테를 심었습니다. 차요테를 심는 시기는 지역마다 다릅니다. 본인이 살고 있는 고추 심을 때가 가장 좋습니다. 차요테는 다비성 작물이라 비료가 많이 필요합니다. 먼저 차요태를 재배할 곳에 구덩이를 깊게 파고 퇴비는 1/4포대(5kg), 복합비료 200g(종이컵으로 깎아서 한 컵)을 흙과 충분히 섞어 줍니다. 기비 시비량은 한 포기를 기준으로 합니다. 차요테는 심기 전에 고민해야 할 게 있습니다. 바로 '유인'입니다. 한 포기에서 보통 200개의 이상의 열매가 열리는 만큼 줄기가 엄청나게 뻗어 나가므로 충분한 공간과 일조가 확보돼야 합니다. 또한 열매 찾기가 쉬워야 합니다. 일반적으로 1자형 지주나 아치형 터널 재배를 많이 하며 심는 간격 또한 최소 2m 이상의 거리를 둬야 하고 포복 재배는 권장하지 않습니다.

◀ 5월 28일

차요테는 물을 매우 좋아하는 작물입니다. 또한 뿌리가 깊게 뻗지 않고 지면 가까이에 넓게 퍼져 자라는 천근성 작물이기 때문에 가뭄에 취약합니다. 결국 물을 얼마나 잘 주느냐에 따라 농사의 성패가 결정됩니다. 그럼 물은 얼마나 자주 줘야 할까요? 할 수만 있다면 매일 익사시킬 만큼 흠뻑 주세요. 여건상 밭에 자주 올 수 없다면 멀칭 재배가 도움이 됩니다.

차요테 재배의 핵심은 물 관리

◀ 6월 4일

차요테는 한 포기에서 2~5개 정도의 본줄기가 나오는데, 모두 키울 수도 없고 키워서도 안 됩니다. 그럼 몇 개가 좋을까요? 이에 대한 명확한 지침은 없습니다.

여러 개의 줄기가 발생한 차요테

2개의 줄기를 기르는 것이 적당하다.

◀ 필자의 경험상 2개를 권장합니다. 그 이상 키우면 전체적인 생육이 느려지고 유인 또한 힘들어집니다.

순지르기는 하지 않아도 잘 자란다.

◀ 6월 15일

치유대는 참외처럼 순지줄기에 열매가 앞서히게 달리기 때문에 적당한 시기에 순지르기를 실시해야 합니다. 순지르기 방법은 다음과 같습니다.

1. 지상부가 30cm 정도 자라고 본잎이 5~6매 나왔을 때 어미줄기를 적심한다.

2. 아들줄기 2~3개를 키우고 아들줄기가 120~150cm 정도 자라면 다시 적심해 손자줄기 3~4개를 키운다.

어려운가요? 하지만 너무 걱정할 건 없습니다. 필자가 위 방법과 방임 재배 방법을 모두 실시해 봤는데 암꽃의 발생 시기에만 조금 차이가 있었을 뿐, 수확량에는 별 차이가 없었습니다.

◀ 7월 4일

초기에는 잘 자라지 않아 답답하지만, 기온이 충분히 올라가는 7월부터는 성장 속도가 눈이 띄게 빨라집니다. 한곳으로 너무 몰리지 않게 수시로 유인하고 감당이 안 되는 줄기는 과감하게 잘라 줍니다.

차요테 두 줄기를 유인하는 모습

차요테 수꽃

◀ 7월 8일

차요테 꽃이 피기 시작합니다. 차요테는 암꽃, 수꽃이 따로 핍니다. 수꽃은 워낙 작아 존재감도 없고 볼품도 없지만, 나름 수수한 매력이 있습니다. 차요태 암꽃은 잎과 줄기 사이인 마디에서 핍니다. 꽃과 열매가 함께 발생하는데 수정은 곤충 특히 벌이 합니다. 벌은 참 고마운 곤충입니다.

차요테 암꽃

차요테는 병충해가 없다.

◀ 7월 18일

열매가 커지기 시작합니다. 암꽃이 피고 15~20일이면 수확이 가능합니다. 차요태는 병충해가 전혀 없어 재배는 반쯤먹고 들어갑니다. 그 흔한 진딧물 피해도 없었습니다.

어른 주먹 만할 때 수확

◀ 8월 5일

차요테 수확은 크기가 어른 주먹 만할 때가 좋습니다. 무게
는 200g 전후, 손톱으로 눌렀을 때 손톱이 잘 들어갈 때가
수확 적기입니다. 수확 시기가 늦으면 육질이 단단해 손톱
이 잘 안 들어갈 뿐 아니라 씨앗이 생기기 때문에 먹기가 거
북합니다. 수확한 차요테는 가급적 빨리 먹는 게 좋습니다.

무게는 200g 전후가 좋다.

일교차가 큰 가을에 수확량이 많다.

◀ 9월 10일

한여름 폭염에 주춤하던 차요태가 아침, 저녁으로 선선한
가을로 접어들면서 미친 듯이 열매를 달아 줍니다. 밭에 올
때마다 한바구니씩 따야 했습니다.

싹이 나기 시작하는 열매

◀ 10월 26일
아열대성 작물인 차요테는 추위에 매우 약합니다. 서리를 맞으면 잎은 모두 죽어 버리고 뿌리는 지온이 5℃ 이하가 되면 죽습니다. 따라서 일기예보를 수시로 확인해 서리가 내리기 전에 수확을 마치는 게 좋습니다. 한편, 차요테는 줄기에 매달린 채로 싹이 나기도 합니다. 크기가 크든 작든 싹이 나는데 수확 시기가 지났거나 기온의 영향으로 생각됩니다.

싹이 자란 열매

모두 수확(10월 26일, 방임 재배 두 포기 생산량)

차요테 추비

차요테는 생육 기간이 120~150일로 길고 비료 요구도가 높아 생육 기간 중 웃거름을 2~3회(권장 3회) 시비합니다. 추비 시기는 첫 꽃이 피었을 때 또는 첫꽃을 봤을 때를 기준으로 1차 추비를 하며 이후 30일 간격으로 시비합니다.

추비 예시

1차 추비 첫 꽃이 핀 날짜 또는 본 날짜	2차 추비	3차 추비	비고
7월 8일	8월 8일	9월 8일	30일 간격, NK 비료

차요테 종자 보관, 모종 만들기, 모종 심기

차요테 재배의 최대 관건은 '종자 보관'입니다. 이를 위해서는 가을부터 준비가 필요합니다. 종자용 차요테는 서리가 내리기 전에 수확한 열매를 이용합니다. 육질이 단단하고 싹이 나지 않은 것, 너무 크지도 작지도 않은 것을 선별합니다. 작으면 보관 도중 부패해 버리고 너무 큰 것은 모종을 만들 때 화분이 커야 한다는 부담이 있습니다. 한편, 종자용 차요테는 40일

작은 것은 부패하기 쉽다.

된 열매가 좋다고 합니다. 하지만 이를 구분하기는 사실상 불가능합니다.

종자용 차요테 보관의 가장 큰 어려움은 보관 도중 썩거나 싹이 나는 것입니다. 한겨울에도 싹이 납니다. 난감한 일이지요. 차요테는 휴면이 없고 기온이 따뜻하면 싹이 나기 때문에 서늘한 곳에 보관해야 합니다. 보관 온도는 12℃ 이하의 햇볕이 들지 않는 곳이 좋습니다. 그러나 저온에 약하기 때문에 냉장 보관은 권장하지 않습니다. 스티로폼 박스나 종이상자에 담은 후 신문으로 일일이 싸거나 신문 1~2장을 덮어 빛을 가려 줍니다. 그러나 보관 도중 대부분 썩거나 싹이 나서 실패합니다. 보관 환경이 천차만별이기 때문입니다. 필자 역시 실패하지 않는 방법을 제시하지는 못합니다. 다만, 목표 수량보다 3~4배의 차요테를 확보한 후 두세 곳에 분산해서 보관하면 실패할 확률이 현저히 낮아집니다. 필자가 이용하는 방법입니다.

신문으로 감싸기

냉장고 문칸 선반에 넣은 종자용 차요테

필자가 종자용 차요테를 신문 4장에 돌돌 말아 냉장실에서 가장 온도가 높다고 생각되는 무짝 윗칸에 넣은 적이 있습니다. 참고로 냉장실의 평균 온도는 2.2~3.3℃이며 채소칸, 생선칸, 고기칸 및 선반의 위치에 따라 차이는 있습니다. 파종 시기가 임박해서 꺼내 봤을 땐 얼지 않았고 우려했던 싹도 나지 않았습니다. 하지만 정작 필요한 싹은 나지 않았습니다. 이것이 바로 필자가 냉장 보관을 권장하지 않는 이유입니다.

싹이 난 차요테

◀ **3월 21일**
싹이 난 것도 있고 아직 나지 않은 것도 있습니다. 차요테의 평균 육묘 기간은 50~60일 정도입니다. 물론 육묘 기간은 상황에 따라 달라질 수 있습니다. 싹이 난 것은 세워서 심어 줍니다.

싹이 난 차요테 세워 심기

싹이 나지 않은 차요테는 눕혀 심는다.

◀ 싹이 나지 않은 것은 비스듬하게 눕혀 심고 흙은 1/3 정도 덮어 줍니다.

거꾸로 심지 않는 것이 좋다.

◀ 왼쪽 차요테는 마땅한 화분이 없어 어쩔 수 없이 거꾸로 세워서 심었습니다. 싹이 나기까지는 더 많은 시간이 필요하고 경우에 따라서는 싹이 나지 않아 실패할 수도 있습니다. 앞에서 언급했듯이 종자용은 너무 크지 않은 것을 준비하는 것이 좋습니다.

다 자란 차요테 모종

◀ **5월 10일**
성장이 빠른 것은 키가 제법 컸습니다. 막대 등으로 지지대를 세워 임시로 유인합니다. 하지만 너무 자라서 감당이 안 된다면 50cm 정도에서 생장점을 잘라 줍니다.

화분에서 모종 빼기

◀ 심을 때는 흙이 부서지지 않게 화분에서 잘 빼 냅니다. 미리 물을 주면 부서지지 않고 모종을 쉽게 빼 낼 수 있습니다. 유인 및 물 관리가 쉬운 장소를 선택해 심습니다.

차요테 먹는 법

차요테 써는 모습

차요테는 열매뿐 아니라 잎과 줄기도 먹을 수 있습니다. 차요테의 열매는 다른 과일처럼 그대로 먹어도 됩니다. 식감이 아삭하고 단맛이 있습니다. 또한 오이나 무의 대용으로도 손색 없습니다. 깍둑 썰기해 샐러드, 수프에 넣어도 좋으며 얇게 썰어 무침 요리를 하거나 생채, 비빔밥, 무침이나 장아찌를 담가도 좋습니다. 가장 인기가 있는 레시피는 '장아찌'입니다. 차요테의 잎과 줄기도 좋은 먹거리입니다. 잎과 줄기는 나물로 무쳐 먹을 수 있습니다.

블로그이웃들의수다

그** 차요테 잎은 호박잎처럼 데쳐 먹으면 맛있습니다. 샐러드로 먹기엔 좀 질긴 감이 있네요. ^^

여** 차요테의 식감이 아삭하고요. 맛은 오이+무? 단맛은 없어요. 장아찌를 많이 담는데 전 개인적으로 생채 나물이 좋아요. 부추랑 함께 무쳐 먹어도 좋고요.

가** 너무 따뜻한 곳에서는 순이 일찍 자라서 겨울 동안 양분이 다 소진돼 버립니다. 10℃ 전후되는 곳에서 보관하거나 화분에 심어 죽지 않을 정도로 관리하다가 5월 상순에 심으면 됩니다.

다** 박스에 담은 후 신문에 싸서 실내에서 가장 시원하고 습하지 않는 곳에 둡니다. 보관 잘되요.

열** 전 두 군데 보관합니다. 베란다에 보관한 건 싹이 났고요. 농장 한 켠에 보관한 건 추워서 그런지 얼음땡이네요(11월 29일).

녹** 가장 시원한 현관 신발장에 뒀는데 벌써 싹이 5cm쯤 나왔어요. ㅠㅠ(12월 7일)

신이 내린 곡물 **아마란스**

분류 비름과

원산지 중남미

재식 거리 포기 간격 30~40cm / 줄 간격 30~40cm

직파 ○　**육묘** ○

퇴비 20kg　**복합비료(완효성)** 600g

추비 2회

비고 2평 기준

	1월	2월	3월	4월	5월	6월	7월	8월	9월	10월	11월	12월
직파				●●●								
육묘			●●									
정식				●●								
수확							●●					

아마란스는 비름과에 속하는 한해살이풀로, 원산지는 남아메리카 안데스 산맥이며 약 5,000년 전부터 재배됐습니다. '영원히 시들지 않는 꽃'이라는 고대 그리스어에서 유래된 아마란스는 '신이 내린 곡물'이라 불릴 정도로 각종 영양소가 풍부한 곡물 중 하나입니다. 특히, 반기문 전유엔 사무총장이 '세계를 구할 작물'이라고 극찬할 정도로 영양학적 가치가 인정돼 세계적으로 주목받는 '슈퍼 곡물'이기도 합니다. 다른 곡류에 비해 단백질 함량이 높고 식물성 스쿠알렌 및 필수 아미노산을 함유하고 있으며 성인병 예방, 특히 당뇨와 고지혈, 고혈압에도 좋습니다.

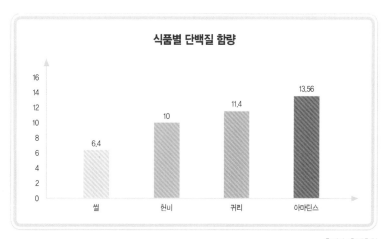

식품별 단백질 함량

쌀 6.4
현미 10
귀리 11.4
아마린스 13.56

출처: 농촌진흥청

아마란스 파종 시기

아마란스의 파종 시기는 4월 하순에서 5월 중순으로 낮 기온이 15℃ 이상일 때가 좋습니다. 육묘 후 정식할 경우 30일 정도 앞당겨서 시작합니다.

아마란스밭 만들기

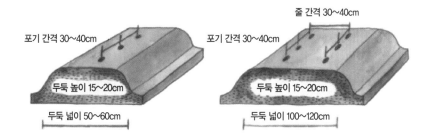

아마란스는 비교적 햇볕이 많고 따뜻한 고온에서도 잘 자라는 작물로, 산성 토양을 좋아하며 초기 뿌리의 성장에는 토양 수분이 필요하나 일단 본엽이 2~3개 나오면 건조한 조건에 잘 자라지만, 뿌리가 약해 비바람에 쉽게 쓰러지는 단점이 있습니다. 1열 또는 2열 재배가 좋으며 포기 간격은 30~40cm 정도가 적당합니다.

아마란스 종류에는 어떤 것이 있을까?

잎은 초록색, 씨앗은 사주색인 아마란스

잎은 초록색, 씨앗은 황금색인 아마란스

아마란스는 씨앗의 색에 따라 잎과 꽃(이삭)의 색깔 또한 달라지는 것이 특징입니다. 잎은 자주색, 초록색, 황금색이 있으며 씨앗의 색은 자주색, 주황색, 노란색, 보라색, 녹색, 검은색 등이 있습니다. 국내에서는 잎은 자주색, 씨앗은 검은색, 잎은 초록색, 씨앗은 자주색, 잎은 초록색, 씨앗은 노란색의 아마란스가 주로 재배됩니다.

아마란스 파종

아마란스는 직파를 하거나 모종을 심습니다. 직파를 할 경우 줄뿌림 또는 점뿌림을 합니다. 점뿌림을 할 경우, 씨앗을 3~4개씩 넣고 흙을 두껍게 덮으면 발아율이 떨어지므로 1cm 정도로 얇게 덮어 줍니다.

포기 간격 30cm, 줄 간격 30cm, 점뿌림

아마란스 싹

모종은 한곳에 1포기씩 심으며 직파 역시 한 포기만 남기고 솎아 줍니다.

아마란스 모종

포기 간격 30cm, 줄 간격 40cm 모종 심기

아마란스 적심 및 곁가지 제거

아마란스의 키가 30~40cm정도 자라면 원가지의 생장점을 잘라 줍니다. 생장점을 자르는 이유는 키를 조절하고 곁가지의 생육을 촉진시켜 수확량을 늘리기 위해서입니다. 꽃대는 잎 사이에서 나오므로 곁가지와 잎이 많은 것이 좋습니다.

아마란스를 적심하는 모습

곁가지 제거

곁가지는 제거하는 게 좋다.

지면 가까이에 발생한 곁가지를 제거해 포기가 너무 무성하게 되는 것을 방지합니다. 하지만 꼭 해야 하는 일은 아닙니다. 적심과 곁가지 제거는 함께하는 것이 좋습니다.

아마란스 지지대 세우기

아마란스는 키가 2m가 넘을 정도로 크게 자랍니다. 반면, 뿌리는 약해 비바람에 잘 쓰러집니다. 따라서 키가 50cm 정도 자라면 도복 방지용 줄을 매 주는 것이 좋습니다. 이후 자라는 상황을 봐서 1~2회 줄을 더 매 줍니다.

아마란스 옆 줄 매기

비바람에 쓰러진 아마란스

아마란스 추비하기

아마란스는 다른 작물에 비해 비료가 많이 필요한 작물은 아니지만, 양분이 부족할 경우 곁가지의 발생이 적어 수확량이 감소할 수 있습니다. 보통 1~2회 정도 추비하며 정해진 시기는 없습니다. 파종일 또는 정식일을 기준으로 30일 간격으로 실시합니다.

추비 예시

구분	일자	1차 추비	2차 추비	비고
직파	5월 5일	6월 20일	7월 20일	30일 간격
정식	5월 5일	6월 5일	7월 5일	

아마란스 병충해

아마란스의 병해에는 어린 모의 밑동 부분이 잘록하게 되는 모잘록병, 줄기에 반점이 생기고 괴사하는 궤양병, 잎에 옅은 갈색 또는 갈색의 둥그스름한 반점이 생기는 반점병 등이 있습니다.

아마란스에 피해를 입히고 있는 배추흰나비 애벌레

충해에는 나비 또는 나방의 유충 정도가 가해를 합니다. 필자의 밭에서는 유독 '청벌레'라고 불리는 배추흰나비 애벌레의 피해가 많았습니다. 이들은 생육 초기부터 발생하기 때문에 늦지 않게 방제해야 합니다.

아마란스 수확과 타작하기

아마란스의 생육 기간은 보통 110일~120일 정도입니다. 4월 말에서 5월 초에 파종한 경우, 대략 8월 중순부터 수확할 수 있습니다. 이삭이 누렇게 변했을 때 수확하는데, 이삭을 손으로 비벼 판단합니다. 수확이 너무 빠르면 알갱이가 작아 수확량이 감소하고 늦으면 씨앗이 많이 떨어집니다.

손으로 이삭을 비벼 수확 시기 판단하기

아마란스를 수확하는 데는 크게 2가지 방법이 있습니다. 첫째, 먼저 핀 잘 여문 이삭만 수시로 골라 따는 방법입니다. 시간과 노동력이 많이 들지만, 잘 여문 이삭을 오랫동안 골라 딸 수 있습니다. 양이 많지 않은 경우에 적합한 방법입니다.

둘째, 일괄 수확하는 방법입니다. 포기째 베어 햇볕에 3~4일 잘 말린 후 타작합니다. 넓은 깔개를 펴고 막대로 두드리거나 거꾸로 매달고 막대 등으로 두드려 텁니다.

포기째 베어 말리기

거꾸로 매달아 말리기

거꾸로 매달아 털기

아마란스의 최대 관건은 '알곡을 골라 내는 일'입니다. 알곡 분리 작업은 다른 작물에 비해 많은 노동력과 시간이 필요합니다. 알곡이 매우 작기 때문입니다. 보통 선풍기 바람을 이용해 분리하는데 알곡도 함께 날아가 여간 힘든 게 아닙니다. 어느 정도 손실을 감수하더라도 과감하게 작업해야 합니다.

채와 채반을 이용해 알곡 고르기

선풍기를 이용해 검불 날리기

선별된 아마란스 알곡

아마란스 보관하기

아마란스는 통풍이 잘되고 온·습도가 낮은 서늘한 곳에 밀폐해서 보관합니다. 개봉 후에는 부패 또는 변질 우려가 있으니 밀봉한 후 바로 냉장 보관하는 것이 좋습니다.

아마란스 먹는 법

아마란스 잎은 영양 덩어리라고 할 만큼 맛과 효능이 뛰어납니다. 시금치보다 단백질은 1.5배, 칼슘은 7배, 철분은 2.4배나 많습니다. 아마란스의 잎과 줄기는 시금치와 같은 채소로 활용하는데, 데쳐서 나물로 무치거나 볶음 요리, 국물 요리에 사용하거나 말려서 묵나물로 사용해도 좋습니다.

아마란스 잎과 줄기는 좋은 식재료

아마란스로 지은 밥

알곡은 반드시 익혀 먹어야 하며 쌀과 함께 넣어 밥을 하거나 15분 성도 삶아 샐러드로 먹기도 하고 중불에서 3~5분 동안 볶아 요거트 토핑에 이용하거나 시리얼 또는 각종 요리에 넣어 먹습니다.

블로그이웃들의수다

고**　나물로 먹으면 너무 맛있어요. 삶은 물을 물김치에 부으면 색깔이 예뻐서 좋아요.

홍**　요즘 수확하는 시기인데 탈곡이 쉬운 편이 아니예요. 아마란스 씨앗만 빠질 수 있는 철망 소쿠리를 준비해 탈곡 분리한 후 약한 선풍기 바람으로 먼지를 날리는 과정을 밟으면 알 맹이만 잘 골라 낼 수 있더라고요.

나**　윗순을 잘라 주라고 해서 자르는 중입니다. 그러면 가지가 옆으로 더 퍼지고 열매가 많이 달린다고 하네요~

정**　3명을 기준으로 밥할 때 어른수저로 1개 넣어서 밥하면 밥이 찰지답니다. 너무 많이 넣 으면 별로고요. 쌀하고 함께 씻으면 다 떠내려가니 아마란스를 따로 씻어 쌀 위에 올려놓 고 밥을 해야 한답니다.

오**　저는 잎은 쌈을 싸먹고 줄기는 볶음 요리를 할 때 사용해요. 식감이 괜찮아요.

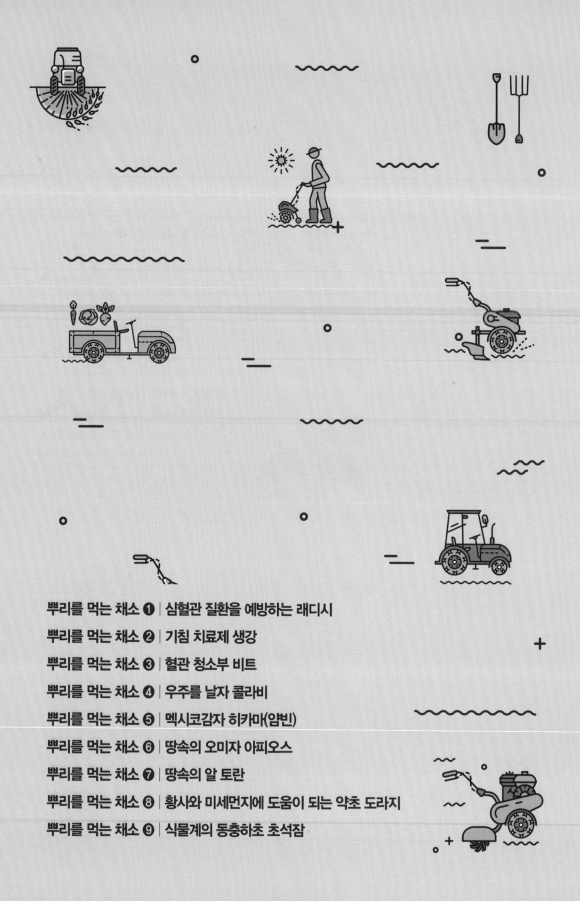

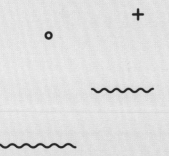

건강을 책임지는
든든함,
뿌리채소

심혈관 질환을 예방하는 **래디시**

분류 십자화과

원산지 중앙아시아

재식 거리 포기 간격 20cm / 줄 간격 15~20cm

직파 ○ **육묘** ✕

퇴비 5~10kg **복합비료(완효성)** 200g

추비 없음

비고 2평 기준

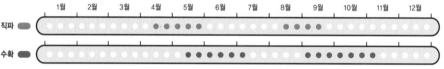

래디시는 '20일무', '방울무', '적환무'라고도 불립니다. 특히 20일무는 기온이 적당하면 20일 만에 수확이 가능하다고 해서 붙여진 이름입니다. 모양이 둥글고 뿌리는 붉은색을 띠며 1년 내내 재배할 수 있어서 키우는 재미와 수확의 기쁨이 큰 채소입니다. 무와 마찬가지로 선선한 기후를 좋아합니다. 따라서 한여름 재배는 잦은 비로 인한 열근이 나타나므로 피하는 게 좋습니다. 래디시의 종류로는 빨간색, 흰색, 빨간색과 흰색이 반반씩 나뉜 것 등이 있습니다. 우리나라에서 재배하는 품종은 주로 겉은 빨간색 속은 흰색입니다.

래디시밭 만들기

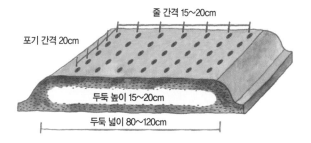

래디시밭은 평이랑을 만듭니다. 퇴비는 5~10kg 정도 뿌린 후 깊게 갑니다. 포기 간격은 20cm, 두둑의 높이는 15~20cm, 두둑의 폭은 80~120cm 정도로 하며 생육 기간이 짧아 추비는 하지 않습니다. 봄 파종은 4월 중순~5월 하순, 가을 파종은 8월 중순~9월 중순입니다. 직파 줄뿌림을 하며 육묘는 권장하지 않습니다.

래디시 자라는 모습

래디시 봄 파종하는 모습

◀ **4월 20일**
파종하는 모습입니다. 포기 간격은 한뼘 20cm, 줄뿌림했고 발아 시까지 흙에 수분이 마르지 않도록 물 관리를 합니다.

래디시 싹

◀ **5월 2일**
파종 후 12일째입니다. 떡잎이 나기 시작합니다. 자랄 때마다 밀집된 곳을 수시로 솎아 줍니다.

래디시는 열무보다 성장 속도가 빠르다.

◀ **5월 16일**
파종 후 26일째입니다. 따뜻한 봄볕을 받고 폭풍 성장했습니다.

북주기는 1회 실시한다.

◀ 밑이 뭉치면서 빨간색의 무가 보이기 시작합니다. 이때 해야 할 일은 바로 '북주기'입니다. 북주기는 뿌리기 드러니 햇볕에 노출되지 않게 흙을 덮어 주는 일을 말합니다. 북주기의 목적은 도복 방지, 잡초 발생 억제, 뿌리 보호이며 생육 기간이 짧아 1회 정도가 적당합니다. 그러나 북주기를 하지 않아도 별 문제는 없습니다. 하면 좋고, 하지 않았다고 해서 결과가 크게 나빠지지는 않습니다.

래디시 아주 수확

◀ **5월 22일**
파종 후 32일째입니다. 아주 수확을 했습니다. 수확은 계절에 따라 달라지지만 25~40일째의 지름이 2~3cm 정도일때가 좋습니다. 참고로 탁구공의 지름은 4cm, 골프공은 4.3cm입니다.

래디시 병충해와 생리 장해

벼룩잎벌레 피해

◀ **5월 25일**

래디시는 떡잎 때부터 벼룩잎 벌레의 피해를 입습니다. 잎이 커지면 구멍도 함께 커지기 때문에 적시에 방제를 해야 합니다. 필자는 밭을 만들 때 토양 살충제를 사용합니다.

뿌리가 터지는 열근 피해

◀ **7월 14일**

뿌리가 갈라지거나 터지는 열근이 발생했습니다. 무덥고 비가 잦은 장마철에 집중됩니다. 따라서 여름 재배는 가급적 피하는 게 좋습니다.

필자의 래디시 재배 기록

파종일	4월 20일	6월 12일	8월 30일	9월 15일
수확일	5월 22일	7월 14일(열근 발생)	10월 4일	10월 26일
재배 기간	32일	30일	34일	41일

래디시는 '20일무'라고도 합니다. 수확하기 나름이겠지만 파종일 기준 30일은 돼야 수확할 수 있으며 봄 재배보다는 기온이 선선해지는 가을 재배가 시간이 더 걸립니다.

래디시의 놀라운 효능

래디시는 〈타임지〉가 선정한 슈퍼푸드 중 하나로, 크기는 작지만 그 효능은 무궁무진합니다. 단백질, 지방, 당류, 섬유질, 비타민 B, 비타민 C, 칼슘이 풍부하게 함유돼 있습니다. 특히 비타민 C는 사과의 13배, 자두의 3배, 마그네슘은 고추의 3배, 양파의 1.2배나 들어 있습니다. 래디시의 대표적인 효능은 심혈관계 질환에 도움을 준다는 것입니다. TV 프로그램인 〈천기누설〉에서 래디시가 심혈관 질환에 효과적이라는 내용으로 2020년, 2021년에 걸쳐 방송되기도 했습니다. 이 밖에 심장 건강, 혈관 노화 예방, 항암 작용, 피부 건강, 당뇨 개선, 소화 기능 향상, 변비 예방, 간 건강에 도움이 된다고 알려져 있습니다. 작다고 대수롭게 여기지 말고 꾸준히 먹으면 장수하는 데 도움이 되지 않을까요?

래디시를 먹는법

래디시의 어린 잎은 겨자채처럼 약간 매운맛이 나는데, 쌈 또는 물김치를 담아도 좋습니다. 무는 톡 쏘는 맛과 함께 수분감도 강하고 매운맛이 나는데, 순무와 비슷한 맛이 나며, 아삭거리는 맛이 좋아 물김치, 피클, 샐러드의 재료로 많이 이용됩니다. 필자의 입맛에는 샐러드가 좋았습니다. 무의 크기가 큰 것은 썰어서, 작은 것은 그대로 샐러드에 이용합니다.

래디시는 익히지 않고 생으로 먹는다.

제** 20일로 돼 있는데 실제 40일가량 걸린다고 하네요. 저도 줄뿌림해 놓고 일주일 만에 찾아갔더니 그 사이 삐죽삐죽 나와 있더라고요. ^^

피** 래디시도 다른 무와 마찬가지로 호냉성이예요. 봄과 가을에 키우는 게 수월합니다.

동** 500원짜리 동전 만할 때 샐러드나 물김치에 넣어 먹으면 색감 예뻐요.

기침 치료제 **생강**

분류 생강과

원산지 동남아시아

재식 거리 포기 간격 30cm / 줄 간격 30cm

직파 ○ **육묘** ✕

퇴비 20kg **복합비료(완효성)** 600g

추비 2회

비고 2평 기준

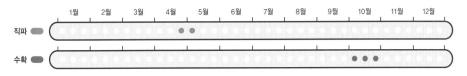

생강은 양념 재료로 많이 이용하는 뿌리채소입니다. 특히, 김치를 담을 때 빠질 수 없는
재료이며 젓갈의 비린내를 없애는 데 큰 역할을 합니다. 봄에 씨 생강을 심고 한 달 이
상 지나야 싹을 볼 수 있을 정도로 싹이 트는 데 오래 걸립니다. 생강은 반음지성 작물
로, 햇볕의 양이 많지 않아도 키울 수 있는 작물이고 2~3년 동안은 연작을 피해야 합니
다. 또한 다른 작물에 비해 고온에서 잘 자라는 편이지만, 건조한 밭에서는 재배하기 어
렵습니다. 따라서 수분을 관리하기 쉬운 곳에서 재배하는 것이 좋습니다. 아열대 지방
에서는 여러해살이로 꽃도 피지만, 우리나라에서는 겨울을 나지 못해 단년생으로 분류
합니다.

생강 심는 시기(직파할까, 육묘할까?)

보통 생강은 직파를 합니다. 물론 육묘를 해서 안 될 것도 없지만 기간이 길기 때문에 권장하지는 않습니다. 심는 시기는 4월 하순부터 5월 상순이 적기입니다.

생강 종자 준비

생강을 심으려면 우선 종자용 생강이 있어야 하는데, 흔히 '씨 생강'이라고 부릅니다. 씨 생강은 종묘상이나 시장에서 쉽게 구입할 수 있습니다. 이후 수확한 생강의 일부를 남겨 종자로 다시 사용합니다.

종묘상에서 판매 중인 생강 모종

씨 생강

생강 자르기

생강은 통째로 심는 게 아니라 잘라서 심는데 자른 한 조각의 무게가 20~30g, 싹이 나오는 발가락 부분은 2~3개가 적당합니다. 그러나 막상 자르려고 하면 어디를 어떻게 잘라야 하는지, 크기는 얼마 만해야 하는지 고민되는 게 사실입니다. 필자 역시 처음에는 막막하기만 했습니다.

생강 자르기 전

생강 자른 후

씨 생강 자르기는 저울을 이용하면 쉽게 할 수 있습니다. 씨 생강을 저울에 달아 보면 몇 등분해야 하는지 판단할 수 있겠죠? 너무 크기나 무게에 연연하지 말고 큼직하게 자릅니다.

저울에 무게를 달아 생강 자르기

생강 촉 틔우기

생강은 싹 출현이 느린 작물 중 하나입니다. 재배 환경에 따라 차이는 있겠지만, 파종 후 싹이 날 때까지 평균 30일, 늦으면 45일까지도 걸립니다. 그래서 미리 싹(촉)을 틔워 파종하는 것이 좋습니다. 싹 틔우기는 파종 30~40일 전에 실시합니다. 구하기 쉬운 스티로폼 상자에 생강과 흙 또는 상토를 켜켜이 넣고 뚜껑을 닫은 후 따뜻한 곳에 두고 상자 안에 수분이 마르지 않게 관리합니다.

생강 싹(촉) 틔우기

생강 싹(촉)

그럼 촉 틔우기를 먼저하고 생강을 자를까요, 생강을 먼저 자르고 촉 틔우기를 할까요? 사실 정해진 순서는 없습니다. 필자는 촉 틔우기를 먼저 하는 편입니다.

생강 소독

생강에 치명적인 피해를 주는 병해에는 뿌리썩음병이 있습니다. 이를 예방하기 위해서는 소독을 한 후에 심는 것이 좋습니다. 씨 생강을 양파망에 넣은 후 소독액에 충분히 잠기도록 3~4시간 정도 소독하고 그늘에서 물기를 잘 말려 줍니다. 소독 시간은 약제마다 다를 수 있으며 소독은 파종 하루 전 또는 파종 당일에 실시합니다.

생강 소독하기

물기 말리기

생강밭 만들기와 심기

생강은 다비성 작물입니다. 밑거름을 충분히 줘야 하고 적절한 시기에 웃거름을 시비해야 많은 수확을 할 수 있습니다. 생강은 뿌리가 약하므로 배수가 잘되는 땅이 좋으며 포기 간격은 30cm, 줄 간격은 30cm 정도가 좋습니다. 싹(촉)이 위로 가게 세워 심고 흙은 2~3cm 정도로 덮어 줍니다.

재식 거리 사방 30cm

생강은 여러 가지 형태로 재배합니다. 생강을 심은 후 그 위에 볏짚을 3~4cm 두께로 덮어 주고 바람에 날리지 않게 고정합니다. 볏짚을 덮는 것은 제초의 목적도 있지만 흙의 수분을 유지하려는 목적이 더 큽니다.

짚 멀칭 재배

볏짚을 구할 수 없는 경우 비닐 멀칭 재배를 하기도 하는데, 이 경우 분구될 때마다 비닐을 넓혀 줘야 하는 부담이 발생합니다.

비닐 멀칭 재배

비닐을 들치고 올라오고 있는 생강 싹

왕겨 멀칭은 제초 수분 관리가 수월한 편이지만 비바람에 날리거나 씻겨 내려 왕겨의 손실이 발생합니다.

왕겨 멀칭 재배

비멀칭은 풀 관리, 물 관리 그리고 흙이 굳어지기 때문에 수시로 김매기를 해야 하는 부담이 발생합니다.

비멀칭 재배

지금까지 생강 재배의 여러 가지 형태에 대해 알아봤습니다. 어느 방법이든 수분이 마르지 않게 관리하는 것이 중요합니다. 필자의 경험상 짚 멀칭 재배가 무난했지만, 짚을 구하기가 어려워 비닐 멀칭을 주로 하는 편입니다.

필자가 권장하는 생강 멀칭의 순위는 다음과 같습니다.

짚 멀칭 > 왕겨 멀칭 > 풀 멀칭 > 비닐 또는 종이 멀칭 > 비멀칭

생강 추비

생상은 다비성 작물이라고 했습니다. 생강은 파종 후 씩이 돋을 때까지 40~50일 정도 걸리고 수확기까지 생육 기간이 길기 때문에 밑거름보다 추비를 잘해야 많은 수확을 할 수 있습니다. 보통 추비는 2회 시비하며, 1차 추비는 싹이 모두 나오는 6월 중·하순부터 7월 상순, 2차 추비는 생강의 비대기인 8월 하순부터 9월 상순까지 실시합니다.

생강 추비하는 모습

추비 예시

파종일	1차 추비	2차 추비	비고
4월 하순~5월 상순	6월 중·하순~7월 상순	8월 하순~9월 상순	NK 비료

생강 병충해

생강에 발생하는 대표적인 병해로는 '노랑병'이라고 불리는 '뿌리썩음병'을 들 수 있습니다. 고온기 비가 자주 내리면 흔히 발생하는데, 전염성이 빨라 급속히 확산하는 경향이 있습니다. 이는 토양과도 연관성이 높습니다. 밭을 만들 때 또는 파종 시 전용 약제를 사용해 사전에 차단하는 것이 가장 좋습니다. 필자의 경험상 발병이 심한 토양에서는 큰 효과가 없었으며 이듬해 다른 곳에 심었더니 괜찮았습니다.

뿌리썩음병

뿌리썩음병 피해

생강의 충해로는 파밤나방과 조명나방 정도가 있습니다. 파밤나방은 5~10월까지 연 1~5회 발생하며 다 자란 애벌레는 잎을 갉아 먹습니다. 조명나방은 연 2~3회 발생하는 데 애벌레는 생강대에 구멍을 뚫고 들어가 파먹으며 배설물을 배출하는데, 잘 관찰하면 쉽게 볼 수 있습니다. 피해가 심한 경우 상부가 말라 죽거나 바람이 불면 그 부분이 부러지는 피해가 발생합니다.

해충 피해

나비·나방의 유충이 범인

생강 수확

생강은 된서리를 맞아 잎이 죽어 광합성 능력이 없어지는 10월 하순부터 11월 상순까지 수확합니다. 한편 종자용으로 사용할 생강은 서리를 맞기 전에 수확해 잎과 뿌리를 깨끗이 제거한 후 저장하는 것이 좋습니다.

서리를 맞아 잎이 죽은 생강

생강을 수확할 때는 토양이 단단하게 굳어지지 않았다면 포기째 잡고 통째로 뽑아 내거나 삽으로 흙을 넓찍하게 떠서 뽑는 것이 좋습니다. 이때 생강에 붙어 있는 흙은 털어 낸 후에 뿌리를 제거합니다.

뿌리를 제거한 생강은 줄기째 2~3시간 정도 뒤집어가며 잘 말려 줍니다. 생강에 묻은 흙도 말리고 생강의 껍질 수분도 말리기 위한 것입니다.

생강은 삽으로 캐는 게 좋다.

생강 말리기

다음은 줄기를 자릅니다. 생강은 가급적 부수거나 자르지 않는 게 좋습니다. 뿌리와 줄기를 제거할 때는 상처가 나지 않게 조심스럽게 작업하세요.

뿌리·줄기 제거

생각의 수확 순서는 다음과 같습니다.
생강 캐기 → 흙 털어 내기 → 뿌리 제거하기 → 말리기 → 줄기 자르기
말리기와 줄기 자르기는 순서가 바뀌어도 괜찮습니다.

생강 저장하는 방법

생강 농사의 최대 관건은 저장입니다. 생강의 적정 저장 온도는 10~15℃, 습도는 90%입니다. 온도가 15℃ 이상 유지되면 발아하고 10℃ 이하에서는 부패하기 때문에 전업 농가에서는 큐어링을 마친 후 토굴을 파서 저장합니다. 가정에서는 이를 지키기가 어려워 저장 도중 대부분 건조 또는 부패해 버리기 때문에 손질해서 말리거나 냉동 보관하는 게 일반적이며, 종자용 생강 정도만 저장합니다. 그러나 대부분 실패하는데 이는 환경적인 요인이 큰 것 같습니다. 필자 역시 몇 해 동안 실패를 거듭하던 중 무난한 저장 방법을 알게 돼 그 방법을 소개합니다. 단, 필자의 개인적인 저장 방법이며 개개인의 환경에 따라 결과는 달라질 수 있습니다.

1. 종자용 생강은 된서리를 피해 수확하는 것이 유리하며 상처가 나지 않게 주의합니다.
2. 뿌리썩음병이 발생하지 않은 곳의 생강을 선택합니다. 부득이 뿌리썩음병이 발생한 곳의 생강을 종자용으로 사용해야 할 경우, 병해가 없거나 적은 쪽의 생강을 선택합니다.
3. 따뜻한 실내에 펴서 2~3일 정도 충분히 말립니다. 이를 큐어링이라고 하는데, 큐어링을 해 줘야 저장성이 좋아집니다.
4. 흙이 묻어 있는 상태로 저장합니다.

종자용 생강 말리기

생강은 흙이 묻어 있는 상태로 저장하기 때문에 상처가 나거나, 부러진 부위, 줄기를 자른 부분을 통해 병원균이 침투하기 쉽습니다. 따라서 온도, 습도, 환기 등 환경이 맞지 않으면 부패됩니다. 갓 수확한 생강은 온도 25~30℃, 습도 95% 정도 되는 따뜻한 곳에서 2~3일 정도 잘 말려 주면 그냥 저장한 것보다 부패율을 감소시킬 수 있습니다.

10~15℃의 공간을 찾아라

가정마다 실내 온도가 다르겠지만, 거실에 두는 것이 가장 무난합니다. 이때 온도계를 이용해 10~15℃의 온도가 유지되는 공간을 찾습니다. 그런 다음 종이박스나 스티로폼 상자에 넣고 신문을 한 겹 가볍게 덮어 주고 온도를 수시로 체크합니다.

생강의 저장 온도는 10~15℃

곰팡이를 제거하라

생강에 핀 곰팡이

생강은 습기가 너무 많으면 곰팡이가 피고 습기가 적으면 말라 쪼그라듭니다. 곰팡이는 대부분 쪼그라드는 부위에 발생하는데 잘 살펴서 발견 즉시 제거해야 다른 생강으로의 전염을 막아 줍니다. 필자는 못 쓰는 칫솔로 곰팡이를 문질러 제거합니다.

생강의 효능과 먹는 방법

생강은 중국의 성인 공자가 몸을 따뜻하게 하기 위해 식사 때마다 꼭 챙겨 먹었다고 전해질 정도로 그 효능이 뛰어납니다. 동의보감에는 생강이 기침, 딸꾹질, 숨이 차는 증상 등을 치료하는 효과가 있다고 언급돼 있습니다. 생강은 신진대사를 활발하게 해 먹으면 땀이 나고 기관지의 가래를 삭히는 작용을 합니다. 또한 혈액 순환과 체온을 조절하여 해열이나 감기에 도움을 주기도 합니다. 생강은 특유의 향기와 매운맛이 나는데 이는 진저론이라는 성분 때문이며 이 성분은 혈액 순환을 돕고 내장 운동을 활발하게 하는 역할을 합니다.

생강차는 보약

중국의 보양 속담에 '겨울에 무, 여름에 생강을 먹으면 의사가 필요 없다'라는 말이 있습니다. 생강은 크게 생으로 먹는 방법과 말려서 먹는 방법이 있습니다. 김치 담을 때 생강이 빠지면 안 되죠? 생강청, 생강 편강으로 이용할 수 있고 장어 요리에 빠지면 안 되는 것이 생강입니다. 이 밖에 생강차, 생강 라떼, 고기의 잡내를 잡을 때, 생강 빵, 생강 주스 등 다양한 이용 방법이 있습니다.

필자의수다

어느해 봄이었습니다. 생강을 심었는데 많이 남았습니다. 그래서 전우들에게 심어 보라고 나눠 줬습니다. 촉 틔우기는 하지 못했습니다. 그러나 30일이 넘도록 싹이 나지 않는 겁니다. 같은 날 심은 울금은 대부분 싹을 올리고 잎을 펴고 있는데 말이죠. 슬슬 불안해지기 시작하더군요. 저만 망하면 그만이지만 잘못하면 독박 쓰고 1년 내내 원성을 듣게 됩니다. 그야말로 좌불안석이었죠. 그러던 어느날 살포시 싹을 올리고 있는 생강 싹을 봤습니다. 40일만

생강 싹

에 싹이 난 겁니다. 필자가 농사를 지으면서 느껴 본 기쁨 중 제일 컸을지도 모릅니다. 전우들의 생강 싹이 나든 말든 일단 필자는 면피를 했습니다. 다행스럽게도 전우들에게 나눠 준 생강도 모두 싹을 올렸습니다. 생강은 싹트는 데 오래 걸립니다. 때론 무던하게 기다려 보는것도 정신 건강에 도움이 됩니다.

블로그이웃들의수다

청** 생강은 너무 쉽게 상하는지라 저는 포기하고 해마다 사서 심는답니다.

초** 씨 생강으로 이용할 건 서리 전에 캐야 한다고 하던데 저희 엄마는 서리를 맞고 캐서도 씨 생강으로 잘만 활용하시더라고요.

사** 생강으로 유명한 전북 완주군입니다. 제가 사는 지역에선 서리를 맞은 후에 수확합니다. 찬바람에 생강이 커진답니다.

탱** 저도 씨 생강 한번 꺼내 봐야겠어요. 늘 실패라…. 올해 저도 5kg이나 저장해 뒀는데. 벌써 걱정이네요. ㅋㅋ

혈관 청소부 **비트**

분류 명아주과

원산지 남유럽

재식 거리 포기 간격 20~25cm / 줄 간격 20~25cm

직파 ○ **육묘** ○

퇴비 10~20kg **복합비료(완효성)** 300~600g

추비 없음

비고 2평 기준

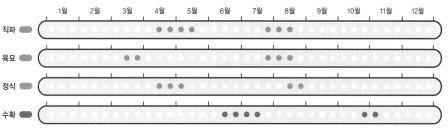

	1월	2월	3월	4월	5월	6월	7월	8월	9월	10월	11월	12월
직파				●●	●●		●●	●				
육묘			●●				●●	●				
정식				●●	●			●●				
수확						●●●	●			●●		

비트잎은 근대와 같고 뿌리는 무와 같아서 잎과 뿌리를 모두 활용할 수 있는 작물입니다. 비트잎은 중간중간 수확해서 쌈이나 샐러드로 활용하고 뿌리는 빨간 무처럼 활용할 수 있습니다. 비트는 식품이지만, 약초라고 할 정도로 혈액과 혈관 건강에 좋은 식품입니다. 고혈압, 고지혈, 혈전, 고콜레스테롤, 동맥경화, 심장병, 뇌졸중 등을 개선하는 효능을 지니고 있습니다.

비트 먹는 법은 매우 다양합니다. 장시간 찜솥에 쪄서 비트찜으로 먹기도 하고 즙, 채무침, 샐러드, 볶음, 냉채, 전, 튀김, 조림, 물김치, 장아찌, 피클, 비트잎 김치, 비트잎 겉절이를 담가 먹기도 합니다. 한편 혈관에 좋은 비트 효능을 제대로 누리려면 가급적 가열

조리는 피하는 것이 좋습니다.

비트 파종 시기

비트는 봄 재배, 여름 재배 그리고 가을 재배를 합니다. 여름 재배는 주로 고랭지에서 이뤄지고 있기 때문에 소규모 텃밭에서는 봄·가을 재배가 적합합니다. 봄 재배는 3~5월에 씨를 뿌려 5·7월에 수확합니다. 보통 4월부터 파종합니다. 가을 재배는 8~9월에 씨를 뿌려 10·11월에 수확합니다. 보통 8월부터 파종합니다. 가을 재배는 날이 추워지고 서리가 내리기 시작하면 비트가 크지 못합니다. 지역에 따라 차이는 있지만, 적어도 8월 중에는 심어야 합니다.

어떤 비트를 심어야 할까?

레드 비트와 옐로 비트

비트 품종은 주로 겉과 속의 색이 적색인 레드(Red) 비트와 겉은 주황색이고 속은 노란색인 옐로(Yellow) 비트가 있습니다. 당도는 적색 비트가 높지만, 식감과 맛은 노랑 비트가 좋습니다. 뿌리 모양은 둥근 것과 당근처럼 긴 것이 있습니다. 비트의 생육 기간에 따라 조생종은 60일, 중생종은 70일, 중만생종은 80~150일, 만생종은 100일 이상 걸리는데, 노지에서는 수확이 빠른 '조생종과 중생종'을 키워 빨리 수확하는 게 좋습니다. 소규모 텃밭용 비트는 둥근 모양이며 조생종과 중생종이 대부분입니다. 씨앗 구매 시 조생종인지 중생종인지를 확인하세요!

비트밭 만들기

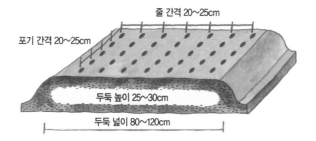

비트는 20~25cm의 간격으로 재배합니다. 그러나 15cm로 다소 밀식해 작게 키우기도 합니다. 퇴비는 10~20kg, 복합비료는 300~600g 정도를 넣습니다. 또한 뿌리가 30cm 깊이까지 뻗기 때문에 깊이 갈고 두둑은 최대한 높여 줍니다.

여러 형태의 비트 재배

몇 가지 재배 방법을 알아보겠습니다. 필자의 경험상 비트는 북주기를 해야 할 일이 많습니다. 수분 관리도 잘해야 합니다. 멀칭 재배는 수분 관리는 수월하지만 북주기가 곤란하고 비멀칭 재배는 수분 관리의 어려움은 있지만 북주기가 수월합니다.

1열 멀칭 재배(모종 재배)

2열 비멀칭 재배(모종 재배)

4열 비멀칭 재배(직파 재배)

직파할까, 육묘할까?

비트 씨앗

비트 씨앗은 근대 씨앗처럼 큼직합니다. 1개의 씨를 파종하면 1개 또는 2개의 싹이 나옵니다. 비트는 파종하기 12시간 정도 물에 담가 파종하면 발아 성공률을 높일 수 있습니다. 담그는 동안 2~3차례 깨끗한 물로 바꿔 줍니다. 비트는 씨앗을 직파해도 되고 육묘 후 모종을 심어도 됩니다. 각각 장단점이 있습니다. 내 형편에 맞고 내가 쉽게 할 수 있는 방법을 선택하세요.

줄뿌림을 할 경우 1개씩 2.5cm 정도의 간격으로 한 알씩 뿌립니다. 파종할 때의 깊이는 2~3cm가 좋습니다. 파종 후 8~14일이면 싹이 나는데 20cm 간격으로 2~3회에 걸쳐 솎아 줍니다. 씨앗은 다소 많이 소모됩니다.

파종일 4월 20일 , 줄뿌림 , 간격은 20cm

점뿌림은 씨앗을 1~2개씩 뿌립니다. 필자는 발아율을 고려해 2개씩 뿌렸습니다. 이후 싹이 나면 한 포기만 남기고 솎아 줍니다. 줄뿌림에 비해 씨앗을 아낄 수 있습니다.

파종일 8월 30일, 점뿌림, 간격은 사방 20cm

육묘는 씨앗을 한 알만 넣습니다. 이후 싹이 2개가 나면 1개를 솎아 줍니다. 비트는 육묘 재배가 까다로운 작물입니다. 다른 작물에 비해 성장이 느리고 뿌리 활착이 늦어 조심스럽게 물을 줘도 쓰러져서 애를 먹곤 했습니다.

파종 시기를 놓쳤거나 직파나 육묘를 할 수 없는 경우 모종을 사다 심어도 됩니다. 비트 재배가 많이 이뤄지고 있는 추세여서 모종은 쉽게 구입할 수 있습니다.

육묘 중인 비트(4월 25일)　　　　　　　　　판매 중인 비트 모종

비트 재배 관리

봄 재배(줄뿌림 5월 8일, 비트 싹이 난 모습)

◀ **5월 8일**

비트싹은 잎은 푸르지만, 줄기는 붉은색을 띕니다. 2~3회 정도 솎아 줍니다.

봄 재배(점뿌림 6월 16일 고라니 피해를 입은 모습)

◀ **6월 16일**

비트는 고라니 피해가 많은 작물입니다. 필자의 밭에 고라니가 왔다 간 적이 있었습니다. 다른 작물은 발자국 피해 정도만 있었는데, 유독 비트만 피해를 많이 입었습니다. 고라니도 몸에 좋은 건 알고 있나 봅니다.

돌출된 알뿌리(6월 20일)

◀ 6월 20일

비트는 재배 도중 뿌리의 상단부가 돌출됩니다. 이때 복토 (북주기, 흙 덮기)를 해야 할까요? 하지 않아도 됩니다. 대부분 수확기에 발생하는데 잎이 우거져 복토하기도 힘들고 효과도 크지 않습니다.

봄 재배(줄뿌림, 6월 30일)

◀ 6월 30일

비트는 다른 작물에 비해 유독 가뭄에 약합니다. 긴 가뭄에 당장이라도 죽을 것처럼 늘어져 있습니다. 결국 수분 관리가 비트 농사의 성패를 결정합니다. 물은 주 1~2회 땅속 깊이 스며들 정도로 충분히 줍니다.

비트의 병충애

비트는 우려할 만한 병해가 없습니다. 다만, 해충 피해가 발생합니다. 도둑나방, 파밤나방, 거세미나방 등이 발생하며 이 중 흰띠명나방은 유독 비트에만 발생하고 피해를 입히며 심지어 피해 규모도 큽니다. 발견 즉시 방제해야 합니다.

비트잎에 피해를 입히는 흰띠명나방 애벌레(10월 2일)

비트 추비

생육 기간이 짧은 비트는 추비를 하지 않습니다. 소규모 텃밭에서는 생육 기간이 60~70일인 조생종과 중생종을 심게 된다고 했습니다. 반면, 생육 기간이 100일 이상인 만생종의 경우 정식 후 20일 간격으로 추비를 실시하며 수확 시기가 도래하면 추비를 하지 않습니다.

비트 수확

비트는 잎에도 많은 영양소가 함유돼 있습니다. 솎음한 것이나 부드럽고 연한 잎을 따서 이용합니다. 비트잎은 한 포기에서 너무 많이 따면 안 됩니다. 식물에서 잎은 영양분을 만드는 공장입니다. 하지만 잎은 윤기와 광택이 없고 색이 바랜 느낌이 들 정도여서 쌈으로 먹기에는 거부감이 듭니다. 맛도 그냥 그랬습니다. 생식보다 즙을 내어 마시는 게 좋을 것 같습니다. 물론 지극히 개인적인 의견입니다.

비트잎 수확(5월 28일)

6월 26일 비트는 주먹만할 때 수확한다.

비트는 잎이 7~8매가 되고 뿌리의 지름이 3~5cm 이상 자라면 수확합니다. 어렵지요? 비트의 수확 시기는 정답이 없습니다. 상태를 봐가면서 수확합니다. 보통 파종일 기준 60~70일이면 수확이 가능하며 어른 주먹 만할 때 수확합니다.

비트는 무처럼 포기째 수확하는데 수확이 늦으면 맛이 떨어지고 상부가 터지는 열근 현상이 발생하며 경우에 따라서는 부패됩니다. 고온다습한 장마철에 발생률이 높습니다.

비트 열근(7월 21일)

블로그이웃들의 수다

얌**(잎) 전 오늘 중간 치기로 1~2장씩 땄습니다. 쌈을 싸먹으면 맛있어요.

순**(잎) 버리자니 그렇고 쌈을 싸먹기는 너무 크고…. 엄마를 주니까 무쳤네요. ㅋㅋ 먹을 만합니다. 일단 색깔이 예뻐요. ㅋㅋ

달**(잎) 저는 물에 살짝 데쳤어요. 햇볕에 말리는 중입니다. 잘 말려 보관하면 맛있는 묵나물이 탄생하지요.

자**(알뿌리) 손질해서 냉동실에 넣어 놓고 갈아 마셔도 좋아요.

매**(알뿌리) 출산 후에 빈혈로 비트 2박스를 소비했는데 요구르트를 갈아 마시는 건 힘들더라고요. 피클을 만들어 먹으면 좋을 것 같아요. 반찬으로도 잘 먹어지더라고요. ^^

파**(알뿌리) 장아찌도 좋고 말려서 차를 만들어 먹어도 좋을 것 같아요.

유**(알뿌리) 저는 말려서 가루로 만들었어요.

바**(알뿌리) 비트는 너무 많은 양을 먹으면 안 된다고 하더라고요. 조절해서 드세요.

우주를 날자 **콜라비**

분류 십자화과

원산지 유럽 서남부

재식 거리 포기 간격 20cm / 줄 간격 20cm

직파 ○ **육묘** ○

퇴비 10kg **복합비료(완효성)** 600g

추비 3회

비고 2평 기준

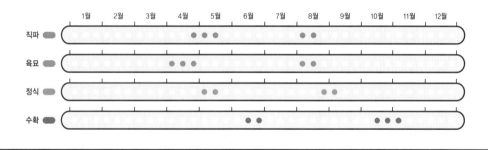

	1월	2월	3월	4월	5월	6월	7월	8월	9월	10월	11월	12월
직파				●●●			●●					
육묘			●●●				●●					
정식				●●				●●				
수확						●●			●●●			

비행 접시를 닮은 재미 있고 특이한 모습을 띤 콜라비는 양배추와 순무의 교배에 의해 만든 채소로, '순무양배추'라고도 불리는데, 관상용으로도 손색이 없으며 '웰빙 채소'로 각광받고 있습니다. 무와 달리, 땅속에 생기는 것이 아니어서 토심이 깊지 않은 곳에서도 재배할 수 있습니다. 겉 색상에 따라 '적콜라비'와 '청콜라비' 2가지 종류가 있는데, 둘 다 속살은 푸른빛이 나는 무 색깔입니다. 서늘하고 시원한 기후를 좋아하고 생육 적정 온도는 15~20℃이며 양배추보다 고온이나 저온을 잘 견디고 병충해가 많지 않아 재배는 까다롭지 않습니다. 열량이 낮고 섬유질이 풍부해 소화 작용을 촉진하고 변비 개선에도 탁월한 효과가 있습니다. 또한 양상추의 10배에 달하는 비타민 C를 함유하고

있어 피로 회복, 노화 방지, 혈압 조절, 당뇨 예방에도 도움을 주며 위를 보호하는 역할도 합니다. 특이한 점은 채소인데도 풍부한 칼슘을 섭취할 수 있다는 것입니다. 생으로 먹거나 즙, 생채, 물김치, 깍두기 등 열을 가해 조리하지 않습니다.

콜라비 파종 시기

콜라비는 봄 파종과 가을 파종을 합니다. 콜라비는 보통 육묘를 합니다. 직파를 하기도 하지만, 해충이 많고 관리하기가 어려워 많이 하지는 않습니다. 필자는 육묘를 권장합니다. 어려서 육묘가 어렵다면 인터넷을 통한 모종 재배 농가나 종묘상에서 쉽게 구입할 수 있습니다. 육묘 기간은 30일 정도입니다. 콜라비는 가을 재배가 좋습니다. 서리를 맞아도 죽지 않으며 오히려 서리를 맞고

판매 중인 콜라비 모종

자란 콜라비가 단단하고 맛도 좋으며 저장성도 좋습니다.

콜라비밭 만들기

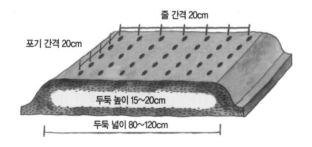

콜라비는 초기 성장이 활발해야 하므로 밭을 만들 때 퇴비와 비료를 넉넉히 넣어 줍니다. 퇴비는 두 평에 한 포, 복합비료는 600g 정도 뿌려 줍니다. 수분이 유지돼야 생육이 좋기 때문에 멀칭 재배가 좋으며 비멀칭 재배 시 수분이 마르지 않게 해야 합니다.

어떤 콜라비를 심어야 할까?

콜라비의 잎은 초록색이지만, 알 줄기의 색이 '적자색'인 것과 '녹색'인 것이 있습니다. 전자를 '레드 콜라비' 또는 '적콜라비', 후자를 '그린 콜라비' 또는 '청콜라비'라고 부릅니다. 이 중 레드 콜라비가 더 많이 재배되고 있습니다.

레드(적) 콜라비

그린(청) 콜라비

어떻게 심어야 할까?

콜라비는 재배 형태에 따라 여러 가지 방법이 있습니다. 여러분이 재배하기 쉬운 방법을 선택하세요!

멀칭 1열 재배

비멀칭 2열 재배

비멀칭 3열 재배

콜라비 모종 심기

콜라비 모종은 대부분 이렇게 웃자란 느낌이 납니다. 이런 모종은 깊게 심어야 합니다. 심을 때는 줄기의 표시된 부분까지 심어 줍니다.

깊이를 가늠해 흙을 판 후 뿌리 부분을 넣어 줍니다. 이때 잎 부분은 똑바로 세워 줍니다.

모종을 심은 후의 모습입니다. 흙 속에 묻히는 뿌리와 줄기는 휘어져 심어져도 괜찮습니다.

콜라비 물 주기

콜라비의 알 줄기 형성기에는 수분이 많이 필요하므로 알 줄기의 지름이 2cm 정도 되면 충분히 물을 줍니다. 멀칭, 비멀칭이 다르고 토양의 성질에 따라서도 다르겠지만, 하루에 한 번은 물 주기를 해야 잘 자랍니다. 물을 주는 시간은 지온이 낮은 아침이나 해질 무렵이 좋습니다. 참고로 어릴 적 많이 갖고 놀던 왕구슬의 지름은 1.6cm입니다.

콜라비 추비하기

콜라비의 재배 기간은 환경에 따라, 품종에 따라 다소 차이가 있지만, 정식일 기준 40~50일 만에 수확이 되는 작물입니다. 따라서 적절한 추비를 해야 좋은 결과를 얻을 수 있습니다. 정식일 기준 15일 간격으로 2~3회 추비를 실시하며 수확기가 가까워지면 추비를 하지 않습니다. 콜라비는 양분이 부족하면 알 줄기가 크지 않거나 맛이 떨어질 수 있습니다.

콜라비 추비 모습

추비 예시

정식일	1차 추비	2차 추비	3차 추비	비고
5월 5일	5월 20일	6월 5일	6월 20일	봄 재배
8월 20일	9월 5일	9월 20일	10월 5일	가을 재배

콜라비 잎 따기

콜라비 재배의 핵심은 '잎 따기'입니다. 잎을 잘 따 줘야 알 줄기가 실하게 듭니다. 생육 중기에 위쪽 잎 5~6장을 남기고 아랫잎을 따 줍니다. 생육 중기라고 하니 막연하지요? 쉽게 설명하겠습니다. 즉, 알 줄기가 어른 주먹 만할 때 따면 됩니다. 잎은 가위로 깔끔하게 따며 너무 바짝 따지 않도록 합니다. 2~3cm 정도 남기고 땁니다. 그러나 막상 잎을 따려면 난감합니다. 콜라비는 위쪽 중앙에 크고 작은 연한 잎들이 많기 때문입니다.

잎 따기 전

잎 따기 후

사진으로는 설명이 충분하시 않겠시만, 예시를 참고해 실전에 활용하기 바랍니다.
콜라비의 잎 따기는 상단 가운데에 있는 연하고 작은 잎을 제외하고 그 아래 5~6장을
남기고 아랫잎을 따 준다고 했습니다. 그러나 너무 5~6장에 연연하면 잎 따기가 어려
울 수 있으니 아래쪽부터 옆으로 나란히 있는 잎부터 따고 위쪽에 만세를 부르고 있는
잎은 남겨 둡니다. 잎은 5~6장보다 많아도 되며 모자라지만 않으면 되니 너무 어려워
하지 마세요.

잎 따기 예시 1

잎 따기 예시 2

콜라비 병충해와 생리 장해

십자화과 작물인 콜라비 재배의 가장 큰 어려움은 해충 피해입니다. 가장 먼저 진딧물
이 꼬이고 배추좀나방, 배추흰나비의 피해가 발생하며 가끔 노린재도 해를 입힙니다.

진딧물과 배추 흰나비 피해

콜라비는 서늘한 환경에서 잘 자라는 작물로, 15~20℃ 정도에 가장 잘 자랍니다. 봄 재배는 여름에 수확하게 되는데 고온다습한 기후로 인해 잘 자라지 않습니다. 알 줄기가 목질화되면서 칼도 안 들어갈 만큼 딱딱해지거나 비가 잦은 장마철에는 짓무르는 피해가 발생하기도 합니다.

고온에 짓무른 청 콜라비(7월 1일)

고온과 잦은 비로 짓무른 적콜라비(8월 5일)

콜라비 가을 재배

가을 재배는 보통 8월부터 9월 상순까지가 좋습니다. 너무 늦게 심으면 자랄 수 있는 시간이 모자라므로 너무 늦지 않게 심는 게 핵심입니다. 시기상 감자나 옥수수 후작으로 알맞습니다.

서리를 맞은 모습(11월 9일 오전 8시)

회복한 모습(11월 9일 오전 11시)

콜라비는 추위에 강한 작물입니다. 된서리가 내리고 새벽 기온이 일시적으로 영하로 떨어져도 괜찮으니 수확은 서두르지 않아도 됩니다.

콜라비 수확하기

뿌리째 뽑은 콜라비

잎을 3~4장 붙여 수확

콜라비의 수확 시기는 정해진 것은 없습니다. 무게는 600g 내외가 좋고 알 줄기의 지름이 5cm 이상 됐을 때부터 수확합니다. 너무 오래 키우면 구경은 커지는데 모양이 기형적으로 변하고 중간에 심이 박혀 거칠어지고 먹기가 나빠집니다. 밑동을 자르거나 뽑아 뿌리를 제거한 후 잎을 3~4장 정도 남겨 수확합니다.

콜라비 보관하기

스티로폼 박스에 넣어 보관하는 모습

콜라비는 수분이 많은 식품이라 보관 시에도 수분을 유지시켜 보관하는 것이 중요합니다. 양이 많지 않은 경우, 씻지 않고 개별로 하나씩 신문으로 싸서 비닐봉지에 넣고 냉장고의 채소칸에 넣는 게 가장 좋습니다. 양이 많은 경우, 스티로폼 상자에 넣고 뚜껑을 닫아 밀봉시킨 후 서늘한 곳에 둡니다. 콜라비 보관의 알맞은 온도는 2~5℃ 정도이며 잎은 제거하는 것이 좋습니다.

풍**　전 이번에 쌈무, 피클, 깍두기를 담았어요. 콜라비도 김장 무처럼 겨울철에 심은 것이 맛있지만, 봄에 심은 것도 매운맛은 안 나더라고요. 전 만족하며 먹고 있어요.

으**　후숙시키면 매운맛이 줄어들고 단맛이 더 생긴답니다. 그리고 신문에 싸서 야채실에 넣어 두면 한 달 이상 갑니다.

러**　콜라비는 5~6장 남기고 아래 부분의 잎은 모두 따 줘야 알이 굵어진다네요. 딴 잎은 쌈으로도 먹는다는데 전 너무 크고 질길 것 같아 버렸어요.

귀**　케일, 콜라비는 진딧물이 많이 생기는 종류죠. 진딧물의 입맛에 맞나 봐요.

멕시코감자 히카마(얌빈)

분류 콩과

원산지 멕시코

포기 간격 30cm

직파 ○ **육묘** ○

퇴비 20kg **복합비료(완효성)** 600g

추비 없음

비고 2평 기준

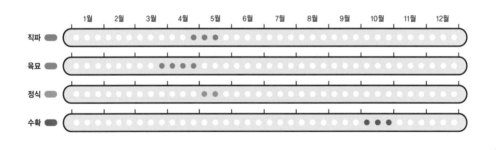

	1월	2월	3월	4월	5월	6월	7월	8월	9월	10월	11월	12월
직파					●●							
육묘			●●	●●								
정식					● ●							
수확										● ● ●		

‘히카마(jicama)’, ‘얌빈(yam bean)’ 또는 ‘멕시코 감자’라고 부릅니다. 다년생 작물이지만 우리나라에서는 계절적인 요인으로 단년생으로 분류합니다. 덩굴성 작물이며 잎과 줄기의 키가 4~5m까지 자라기 때문에 지지대를 세워 유인하거나 망 재배 또는 포복 재배를 합니다. 과일처럼 생으로 먹거나 샐러드 또는 주스로도 먹습니다. 당뇨, 고혈압 등 성인병 예방과 항암 작용 등의 효과가 있습니다.

히카마 파종 시기

히카마 씨앗

히카마는 직파 또는 육묘를 합니다. 직파는 4월 하순에서 5월 상·중순까지 하며 지역에 따라 빨라질 수 있습니다. 육묘 기간은 30~40일이고 3월 하순부터 실시하며 서리 피해가 없는 5월 상순에 정식합니다. 하카마의 씨앗은 단단하므로 발아에 많은 시간이 걸리기 때문에 따뜻한 물에서 4시간 정도 담근 후에 심습니다. 또한 히카마는 발아 시 밀어 올리는 힘이 약하기 때문에 싹이 나오기까지 오랜 시간이 걸립니다. 발아율도 낮기 때문에 씨앗은 여유 있게 3~4립 정도 넣어 줍니다. 직파했을 경우, 풀이 먼저 자라 실패할 확률이 높기 때문에 모종으로 심는 것이 좋습니다. 필자 역시 육묘 후 모종 심기를 합니다.

히카마밭 만들기

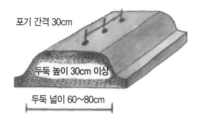

포기 간격 30cm

두둑 높이 30cm 이상

두둑 넓이 60~80cm

히카마는 해가 잘들고 물 빠짐이 좋은 사질 토양을 좋아합니다. 알뿌리가 매우 크게 자라므로 밭은 깊고 부드럽게 갈고 두둑은 높게 만듭니다. 2평당 퇴비 20kg, 복합비료 600g을 뿌립니다. 생육 기간이 길기 때문에 멀칭 재배가 좋습니다. 또한 덩굴성 작물이라는 것을 고려해 심을 곳을 결정합니다. 참고로 히카마는 국내에서 재배된 지가 오래되지 않아 시비량과 관련된 자료는 없습니다. 감자의 시비량에 준하여 재배하면 좋을 것 같습니다.

히카마 유인하기

덩굴성 작물은 심기 전 유인 방법을 먼저 생각해 봐야 합니다. 보통 지지대를 세워 유인합니다. 경우에 따라서는 포복 재배를 하기도 합니다. 여러분의 형편에 맞는 방법을 선택하세요.

망 재배

지지대를 세우거나 해체하거나 망을 씌우거나 유인줄을 매야 하는 등과 같은 노동력이 필요하지만, 소규모 텃밭에서는 공간 활용도가 높아 대부분 망 재배를 합니다. 수시로 열매를 수확하는 오이 등에 적합한 유인법입니다.

히카마 망 재배

포복 재배

작물을 심기 곤란한 빈 밭, 휴경지나 언덕 등으로 유인하는 방법으로 땅의 활용도는 높은 편이지만, 풀 관리, 물 관리, 통행의 어려움이 있습니다. 대규모로 농사를 짓는 농가에서 주로 이용하는 방법으로, 연 1회 뿌리를 수확하는 작물에 적합한 유인법입니다.

히카마 포복 재배

히카마 재배 과정

히카마 모종(육묘일 3월 31일)

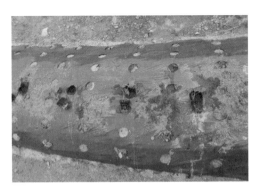
한 포기씩 심는다.

◀ **5월 18일**
히카마는 본잎이 3~4장 나오면 정식합니다. 멀칭 재배, 한 줄 심기를 이용하며 포기 간격은 30cm로, 한 포기만 심었습니다. 두 포기는 안 됩니다. 한 포기만 심으세요.

◀ 6월 12일
순지르기를 해야 할까요? 해야 한다면 어떻게 하는 것이 좋을까요? 순지르기에 대한 의견은 다음과 같습니다.
1. 본잎이 5장 나왔을 때 원순을 적심하고 곁순을 키운다.
2. 아들줄기 1, 2, 3, 4, 5번을 제거하고 원순만 키운다.
3. 방임한다.

정해진 순지르기 방법은 없다.

히카마는 우리에게 다소 생소한 작물입니다. 당연히 재배 농가가 많지 않고 농가 상황에 맞게 재배가 이뤄지고 있습니다. 필자가 위 3가지 방법으로 재배해 봤는데 큰 차이는 느끼지 못했습니다. 필자는 주로 방임 재배를 하는 편이며 지지대 꼭대기를 넘어서는 줄기와 바닥으로 기는 줄기 정도만 정리(제거)하는 편입니다.

◀ 7월 21일
히카마의 자라는 모습을 보고 있으면 답답할 때가 많습니다. '저게 자라기나 할까?'라는 의구심마저 들기도 합니다. 반면, 줄기가 많이 뻗지 않아 관리하기는 수월합니다.

히카마는 줄기를 많이 뻗지 않는다.

◀ 7월 25일
꽃이 피기 시작합니다. 꽃은 연보라색으로 피며 꽃이 피는 날짜는 파종일에 따라, 지역에 따라 차이가 있습니다. 히카마는 비교적 오래 자라는 작물이고 알뿌리도 크지만, 따로 웃거름을 주지 않아도 됩니다. 그러나 전반적인 생육이 부진하다고 생각되면 꽃이 피기 시작할때 NK 비료를 포기 사이에 시비하는 것이 좋습니다.

히카마꽃과 봉오리

히카마 꼬투리

◀ 8월 8일

꼬투리가 열리기 시작합니다. 굵은 히카마를 수확하기 위해서는 가장 먼저 발생한 맨 아래쪽 꽃 또는 꼬투리만 종자용으로 남기고, 나중에 피는 꽃은 제거하는 것이 좋습니다. 한편 꼬투리, 씨, 잎, 껍질에는 로테논이라는 독성 물질이 들어 있으므로 먹으면 안 됩니다.

시들지 않는 히카마 잎

◀ 9월 20일

수확 시기가 도래하도록 잎은 시들지 않고 푸르름을 유지합니다. 꼬투리도 여전히 푸른색입니다. 히카마의 잎, 줄기, 씨앗에는 천연 살충제 성분이 있어 각종 벌레나 병에 강합니다. 그러나 알뿌리는 굼벵이 피해를 볼 수 있습니다. 필요시 토양 살충제를 미리 뿌리고 재배합니다.

서리를 맞고 잎이 죽은 모습

◀ 10월 24일

서리를 맞고 잎이 생을 마감했습니다. 이제는 수확을 시작합니다. 히카마의 수확 시기는 정해진 것이 없습니다. 보통 10월부터 하는데 가급적 서리가 내리기 전에 수확을 마치는 것이 좋습니다. 하지만 첫 서리를 맞아 잎이 죽은 후에 캐도 됩니다. 너무 춥지만 않으면 괜찮습니다.

히카마 수확하기

히카마는 호미보다 삽으로 캐는 게 좋습니다. 히카마는 과피가 약해 수확 도중 상처가 나거나 껍질이 벗겨지는 경우가 생기는데 저장성이 떨어지기 때문에 조심스럽게 수확해야 합니다. 히카마는 긁힌 자국만 있어도 곰팡이가 쉽게 핍니다.

히카마 모양은 조금 독특하면서 우스꽝스럽습니다. 캐 보면 대부분 큰 거 하나가 달려 있고 이따금 2개, 아주 드물게 3개 짜리도 있습니다.

삽으로 캐기

여러 모양의 히카마

종자로 사용할 꼬투리도 거둬야겠지요? 꼬투리는 여전히 푸른색입니다. 이걸 종자로 써도 될까요? 앞에서 꼬투리는 맨 아랫쪽 것만 남겨 두고 나머지는 제거한다고 했습니다. 히카마의 꼬투리는 서리가 올 때까지도 누렇게 여물지 않기 때문에 가급적 한곳으로 생육을 집중시켜 튼실한 종자를 얻는 것이 좋습니다. 수습한 꼬투리는 며칠 햇볕에 잘 말렸다가 양파 망에 담아 바람이 잘 통하는 곳에 걸어 둡니다. 이때

채종(10월 22일)

꼬투리는 습기가 차면 썩으므로 유의합니다. 양파망에 걸어 둔 씨앗은 충분히 마르면 꼬투리가 터지는데 씨앗을 분리해 이듬해 종자로 사용합니다.

굼벵이 피해와 열근 현상

열근 현상은 알뿌리의 과피가 갈라지는 것을 말합니다. 이 현상은 물이 잘 빠지지 않는 토양에서 주로 발생합니다. 또한 비가 많이 오는 해에 나타나기도 합니다. 열근이 많으면 먹기가 곤란하고 저장성도 떨어지기 때문에 가급적 사양 토질을 선택해 재배하는 것이 좋습니다.

굼벵이 피해

열근 현상

히카마 보관

수확한 히카마는 통풍이 잘되는 그늘에 7~10일 큐어링한 후에 보관합니다. 그러나 소규모 텃밭에서는 큐어링하기가 마땅치 않기 때문에 아침 일찍 캐고 밭에서 최대한 큐어링을 하며, 집에서는 따뜻한 곳에 며칠 펴 놓습니다. 큐어링을 마친 히카마는

갈변된 히카마

15~20℃ 정도 유지되고 습하지 않은 곳에 보관합니다. 10℃ 이하인 곳에서는 갈변(갈색으로 변함)이 생길 수 있습니다. 이때는 가급적 포개지 않고 저장성을 높이기 위해 뿌리를 자르지 않는 것이 좋습니다. 한편 수확 중 상처가 난 것은 저장성이 떨어지므로 따로 모았다가 먼저 소비합니다.

히카마 효능과 먹는 법

히카마는 혈압을 낮추고 심혈관의 건강에 도움이 되며 콜레스테롤 수치 안정, 소염 작

용으로 인한 염증성 질환 증상 개선, 철분 결핍성 빈혈 증상 완화, 피부 손상 및 상처 회복, 소화 개선, 장 건강 개선, 면역력 증진, 체중 조절 및 다이어트에 좋은 효과가 있는 것으로 알려져 있습니다. 특히 당뇨병과 대장암 등을 예방하는 효능이 뛰어납니다.

히카마는 배의 맛이 나기 때문에 '땅속의 배'라고도 합니다. 껍질은 바나나처럼 아주 잘 벗겨집니다. 식감이 좋아 생으로 먹어도 좋고 샐러드, 깍두기, 물김치 재료, 밥할 때 무밥 대용으로 좋으며 찌개, 튀김 등에 이용됩니다.

이** 구근을 예쁘게 하기 위해 직파했습니다. 단지 발아의 정확성을 위해 싹을 틔운 후 파종했죠.

미** 히카마의 맛은 싱거운 배 맛 정도인데 감칠맛이 있어 자꾸 손이 갑니다. 다이어트 식품으로 최적일 듯해요.

키** 씨를 받아 보려고 기다리다 서리도 오고 해서 그냥 캤습니다. 똘똘한 씨앗이 몇 개나 나오려나? ㅎㅎ

꽃** 히카마는 꼬투리가 마르면서 꼬투리의 영양이 씨앗을 더 야물게 만들어 준답니다. 우리나라에서는 씨앗 채종이 어렵네요.

얌** 대규모로 농사를 짓는 사람들은 해마다 동남아에서 씨앗을 수입한다고 하더군요.

키** 8립을 나눔받아 처음으로 심어 봤는데 3개만 싹이 났어요.

사** 저는 히카마 100알을 구입했는데 20개가 발아했어요.

투** 깍두기를 담았어요! 히카마의 식감이 배와 비슷해서 물이 빠지고 흐물흐물해질까 걱정했는데 그렇지 않네요.

깜** 베트남에서는 감자처럼 소금간을 해서 볶아먹기도 한대요.

메** 히카마를 생으로 먹으면 수분이 있고 약간의 단맛도 있어 간식으로 좋더라고요. 생채와 깍두기 담아 바로 먹어도 별미던데요.

허** 히카마는 한 포기에 하나 달리는 게 정상입니다. 큰 것은 3kg 이상 나가고요. 완숙된 씨앗 채종은 어렵습니다.

백** 히카마는 그냥 생으로 먹어도 맛있지만 깍두기 만들어 놓으면 최고! 무국으로도 최고랍니다.

땅속의 오미자 **아피오스**

분류 콩과

원산지 아메리카

포기 간격 30cm

직파 ○ **육묘** ×

퇴비 20kg **복합비료(완효성)** 600g

추비 없음

비고 2평 기준

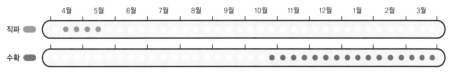

인디언들의 주식으로 이용돼 '인디언 감자'라고도 불리는 아피오스(Apios)는 인삼의 주성분인 사포닌이 많고 고구마와 감자보다 단백질, 섬유소, 칼슘, 철분 등의 함량이 높아 영양가 있는 식품으로 주목받고 있습니다. 땅콩, 고구마, 밤을 섞은 것과 같은 맛이 나며 찌면 인삼 냄새가 강하게 나는 것이 특징입니다. 주로 감자와 비슷하게 활용하지만 덩이줄기뿐 아니라 꽃을 차로 마시는 등 다양하게 활용할 수 있습니다.

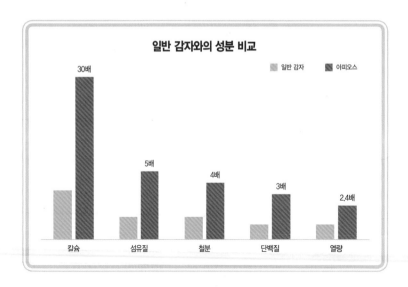

일반 감자와의 성분 비교

일반 감자   아피오스

30배

5배

4배

3배

2.4배

칼슘   섬유질   철분   단백질   열량

아피오스 파종 시기

아피오스는 4월 중순부터 5월 상·중순에 심습니다. 월동이 가능한 작물이라 조금 추워
도 괜찮습니다. 하지만 늦서리가 끝날 때인 5월에 심는 걸 추천합니다. 어차피 1년 농사
이고 후작으로 심을 작물도 없으니까요. 종근을 직파하며 육묘는 권장하지 않습니다.

아피오스밭 만들기

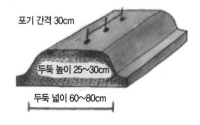

포기 간격 30cm

두둑 높이 25~30cm

두둑 넓이 60~80cm

콩과 작물인 아피오스는 따로 추비를 하지 않아도 잘 자랍니다. 스스로 질소를 고정(공
기 중의 질소를 이용)할 수 있는 식물입니다. 재식 간격은 30cm 정도가 적당하고 봄에
파종해서 늦가을부터 이듬해 봄까지 수확하기 때문에 멀칭 재배가 좋습니다. 물 빠짐
이 좋은 곳을 선택한 후 2평당 퇴비 20kg, 완효성 복합비료 600g을 넣고 가급적 깊게
갈아 줍니다. 두둑은 높을수록 좋습니다. 두둑이 높으면 뿌리를 내리기도 쉽고 비가 많
이 와도 피해가 없으며 땅속에서 굵은 아피오스가 많이 달립니다.

아피오스 유인 망 설치

덩굴성 작물인 아피오스는 포복 재배를 하지 않으며 망을 설치해 덩굴을 유인합니다. 보통 합장형 망 재배를 주로 실시합니다. 2.1m(7자) 지지대를 사용하며 오이망이나 끈으로 줄을 맵니다.

유인을 위해 2.1m 합장형 지지대를 설치한 모습

아피오스 심기

아피오스는 위아래를 구분하기 어렵다.

아피오스는 대부분 럭비공처럼 길쭉하게 생겼습니다. 큰 것은 달걀 만하고 작은 것은 구슬처럼 작습니다. 자르지 않고 통으로 심습니다. 또한 종자용은 조금 큰 것을 사용하는 것이 좋습니다. 구슬처럼 작은 것을 심었더니 수확량도 적고 큰 것도 많지 않았습니다. 감자 만한 것은 아까우니 식용으로, 달걀 만한 것은 종자로 사용합니다. 아피오스는 위아래가 따로 있으며 세워 심습니다. 하지만 싹이 나지 않았을 때는 구분하기 어렵습니다. 필자 역시 잘 구분하지 못합니다.

하지만 걱정할 건 없습니다. 눕혀 심으면 됩니다. 종근이 들어갈 만큼 구덩이를 파고 물을 충분히 준 후 구근을 넣고 비가 와도 보이지 않을 만큼 흙을 5cm 정도 덮어 줍니다. 하나의 구멍에 1개만 심습니다.

눕혀 심어도 된다(5월 1일).

아피오스 자라는 모습

아피오스 싹

◀ **5월 20일**

싹이 나기 시작합니다. 싹의 출현은 그해의 기온과 토양의 수분 상태에 따라 차이가 있습니다. 솎지 않고 모두 키웁니다. 한편, 엉뚱한 곳에서 싹이 올라오기도 합니다. 잘 살펴서 비닐을 넓혀 줍니다.

바닥에 닿지 않게 수시로 유인

◀ **6월 3일**

초기 생육은 답답할 정도로 느린 편입니다. 그러나 기온이 높아지는 여름으로 갈수록 성장은 점차 빨라집니다. 보통 아피오스는 순지르기를 하지 않습니다.

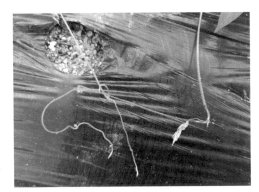
비닐에 닿아 화상을 입은 줄기

◀ 아피오스의 어린 줄기는 뜨거운 멀칭 비닐에 닿으면 화상을 입습니다. 싹이 올라오고 덩굴이 뻗기 시작하면 수시로 살펴 유인 망에 올려 줍니다.

아피오스는 병충해가 거의 없다.

◀ **7월 1일**
성장이 눈에 띄게 빨라지기 시작합니다. 아피오스는 병충해가 거의 없는 작물입니다. 간혹 여름철 고온기에 진딧물이 발생하기도 하는데 필자의 경우 피해가 전혀 없었습니다. 이는 재배 환경에 따라 다른 것 같습니다.

물을 좋아하는 아피오스

◀ **7월 17일**
아피오스는 물을 좋아하는 작물입니다. 가물 때는 물을 충분히 줘야 결실이 좋고 많이 수확할 수 있습니다. 특히 구근 비대기인 8월 중순부터 9월 하순까지는 토양 내 수분을 건조하지 않게 유지해야 좋은 결실을 볼 수 있습니다.

◀ 아피오스는 '녹색 커튼 식물'로도 가치가 높습니다. 녹색 커튼 식물은 한여름 도심에 강렬하게 내리쬐는 햇볕을 차단해 실내에 전해지는 열기를 차단할 목적으로 심는 식물을 말합니다. 건물의 외벽이나 창가에 일정한 간격으로 대형 화분을 놓고 2~3층 높이의 옥상에 줄을 매 연결한 후 덩굴성 식물인 풍선초나 나팔꽃을 심어 타고 올라가도록 합니다. 녹색 커튼은 식물 광합성에 의해 주위 온도를 떨어뜨리는 효과뿐 아니라 미관을 향상시키고 시원한 청량감을 선사하며 시각적인 효과도 뛰어납니다. 특히 건물 외벽의 온도는 평균 10℃, 실내는 2~3℃가 낮아져 에너지 절감 효과도 큽니다. 아피오스는 병충해가 거의 없고 생육 기간 내내 잎의 푸르름을 유지하는 식물로 최근 들어 녹색 커튼 식물로 주목받고 있습니다.

서울시 농업기술센터 녹색 커튼 식물(아피오스)

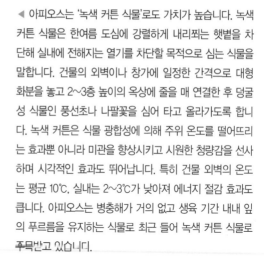

◀ **8월 5일**

아열대 작물인 아피오스는 사람이 죽을 만큼 더울 때 더 잘 자라는 것 같습니다. 빈 공간이 보이지 않을 만큼 무성하게 성장합니다.

아피오스는 한여름에 잘 자란다.

◀ **8월 10일**

아피오스꽃이 만개했습니다. 아피오스꽃은 파종 일자 및 지역에 따라 차이는 있지만, 8월부터 꽃이 피기 시작합니다. 꽃은 관상용으로도 손색 없을 정도로 소박하고 예쁘게 핍니다. 현대 사회에서는 많은 사람이 스트레스, 우울증, 불면 등으로 고생하는데 아피오스를 재배하면 심리적인 안정에 많은 도움이 될 것 같습니다.

아피오스꽃

꽃 따기

◀ 보기만 해도 기분이 좋아지는 아피오스꽃은 허브향이 강해 꽃 차로도 이용할 수 있고 엑기스나 술도 담을 수 있습니다. 꽃 차로 이용할 경우 활짝 핀 꽃을 딴 후 잘 씻어 말리거나 덖어 따뜻한 물에 우려 냅니다.

서리를 맞고 죽은 잎과 줄기

◀ **10월 24일**

서리를 맞고 사실상 생을 마감했습니다. 아피오스는 서리를 맞아 잎이 죽었을 때부터 이듬해 봄까지 수확합니다. 아피오스는 월동이 가능합니다. 땅이 얼지만 않으면 한겨울에 캐도 될 만큼 추위에 강하기 때문에 언제든지 필요할 때 캐면 됩니다.

줄줄이 소시지

◀ 아피오스는 호미보다 삽으로 흙째 떠서 캐는 게 수월합니다. 넓게 한 삽을 떠서 뒤집어 흙을 부순 후 줄기를 잡아당기면 어릴 적 먹었던 줄줄이 소시지처럼 줄줄이 딸려 나옵니다. 캐는 재미와 손맛이 매우 좋습니다.

아피오스 효능과 먹는 법

아피오스에 풍부하게 함유돼 있는 사포닌 성분은 콜레스트롤과 유사한 구조를 갖고 있어 체내 콜레스트롤의 배출을 돕고 혈행을 개선해 혈압을 안정적으로 유지할 수 있도록 도와주므로 고혈압이나 저혈압에 효과가 있습니다. 또한 뼈 건강, 혈관 질환 예방, 다이어트, 면역력 향상, 변비 예방, 노화 방지, 알레르기 완화, 빈혈 예방에도 탁월한 효과가 있는 것으로 알려져 있습니다.

아피오스에는 솔라닌이라는 독성이 있어 생으로 먹으면 안 되고 반드시 익혀 먹어야 합니다. 아피오스는 껍질에 영양분이 많이 함유돼 있기 때문에 가급적 껍질째 먹는 것이 좋습니다. 흐르는 물에 잘 씻은 후 껍질의 딱딱한 부분을 도려 냅니다. 아피오스는 보통 쪄서 먹거나 구워 먹지만, 삼계탕에 인삼 대용으로 사용해도 좋고 식사 대용으로 찐 아피오스를 우유나 요쿠르트와 함께 갈아 마시거나 밥을 지을 때 넣어도 좋습니다.

껍질의 딱딱한 부분은 도려 낸다.

찜기에 찐 아피오스

아피오스 보관하기

아피오스는 수분이 날아가지 않게 보관하는 것이 중요합니다. 가정에는 김치통이나 밀폐 용기 또는 지퍼백에 담아 스프레이로 물을 살짝 뿌린 후 밀봉해 냉장 보관하거나 햇볕이 들지 않고 영하로 내려가지 않는 서늘한 곳에 보관합니다. 신문지에 잘 싸서 김치 냉장고나 일반 냉장고의 채소칸에 보관해도 됩니다. 한편, 종

수분이 날아가지 않게 보관

자용은 캐지 않고 남겨 뒀다가 이듬해 봄에 사용할 수 있습니다. 주말 농장 또는 피치 못할 사정으로 모두 캤다면 화분 또는 스티로폼 박스에 넣은 후 흙을 덮어 둡니다. 아피오스는 얼어도 괜찮습니다.

슈퍼 아피오스

이 밖에 '슈퍼 아피오스'도 있습니다. 일반 아피오스보다 크기가 커서 '슈퍼 아피오스'라는 이름이 붙여신 것 같습니다. 크기는 슈퍼 아피오스가 2배 정도 크고 수확량은 3~4배 많습니다. 일반 아피오스는 꽃이 피지만, 슈퍼 아피오스는 꽃이 피지 않습니다. 영양적인 측면에서는 별 차이가 없지만, 맛은 일반 아피오스가 좋습니다.

구분	일반 아피오스 vs. 슈퍼 아피오스
크기	일반 < 슈퍼 바이오스(1.5~2배)
꽃	일반: 꽃이 핌, 슈퍼: 꽃이 피지 않음
영양	같음
맛	일반 > 슈퍼
수확량	일반 < 슈퍼(3~4배)

블로그이웃들의수다

부** 아피오스 농사를 몇 년 지은 저도 위, 아래 구분이 안 되는 게 많아요. 긴가민가할 때도 있는데 이럴 때는 옆으로 눕혀 심어요.

돌** 봄에 캐면 더 맛있는 거 같아요. 그래서 저는 봄에 캐요.

냥** 꽃의 향기가 예술이더라고요. 바빠서 꽃으로 할 수 있는 꽃 차, 꽃 술, 꽃 효소는 내년을 기약하렵니다.

왔** 아피오스를 냄비에 넣고 찔 때 풍겨 나오는 향은 정말 기분을 좋게 합니다.

세** 아피오스를 쪄서 먹었어요. 톡톡 터진 모습이 소시지 같아요. 맛은 밤 같고 인삼 향이 납니다.

속** 키우는 슈퍼 아피오스가 좋고 맛은 재래종 아피오스가 조금 나아요.

현** 일일 권장 섭취량이 100g 미만이라고 하니 아무리 효능이 좋고 맛이 좋다고 하더라도 과잉 섭취는 지양하는 것이 좋습니다(개수 대략 5~6개).

하** 저는 작년 겨울 종이상자에 담아 다용도실에 감자와 함께 보관했는데 괜찮았어요. 올해는 종자용을 꺼내지 않고 밭에 남겨 놓았습니다.

땅속의 알 **토란**

분류 천남성과

원산지 열대 아시아

재식 거리 포기 간격 30~40cm / 줄 간격 30~40cm

직파 ○ **육묘** ✕

퇴비 20kg **복합비료(완효성)** 600g

추비 3회

비고 2평 기준

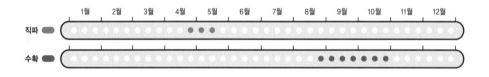

	1월	2월	3월	4월	5월	6월	7월	8월	9월	10월	11월	12월
직파				● ● ●								
수확								● ● ● ● ● ● ●				

'땅속에서 나는 달걀'이라는 별명을 갖고 있는 토란(土卵)은 뿌리는 물론 줄기와 잎까지 모두 먹을 수 있는 유용한 작물이고 영양가도 높아 우리나라뿐 아니라 세계 각지에서 널리 소비되고 있는 텃밭 건강 식품입니다. 줄기는 무더위가 꺾이는 9월 상순부터, 뿌리는 서리가 내리기 전에 수확하며 비교적 저장성이 좋아 오래 두고 먹을 수 있습니다. 토란에는 뮤신, 멜라토닌, 칼륨이 많아 소화 촉진, 혈압 조절, 불면증 개선, 변비 예방, 피부 미용, 다이어트, 항암 작용, 면역력 향상, 염증 완화, 위장 장해 개선 그리고 위염, 위궤양 예방, 간 건강에 도움이 되는 것으로 알려져 있습니다.

토란 심는 시기

열대성 작물인 토란은 날씨가 충분히 따뜻해져야 재배할 수 있습니다. 보통 남부 지방은 4월 중순, 서울·경기 지역은 4월 하순경부터 밤 기온이 10~15℃ 이상일 때 파종합니다. 알 줄기로 번식하며 약간 습한 곳에서 잘 자랍니다.

토란밭 만들기

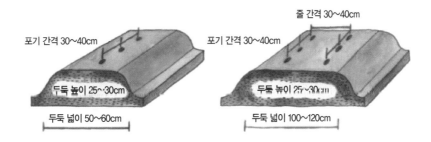

토란은 물과 햇볕을 매우 좋아하는 작물입니다. 따라서 양지바른 곳과 물을 공급하기 쉬운 곳에 심는 것이 좋습니다. 따라서 가장 물기가 많은 곳을 선택합니다. 또한 키가 크고 잎도 커서 옆에 심는 작물에도 신경 써야 합니다. 필자는 토란 옆에 그늘이 져도 잘 자라는 레몬밤과 참나물을 심었습니다. 포기는 30~40cm 간격으로 심으며 생육 기간이 길기 때문에 멀칭 재배가 좋고 두둑은 넓고 높게 만들어야 수확량이 많습니다.

토란 종자 준비

토란을 심으려면 우선 종자용 토란이 있어야 합니다. 종자용 토란을 '씨토란'이라고도 합니다. 지난해 수확해 얼지 않도록 보관한 씨토란을 준비하거나 처음 재배하는 경우라면 재래시장이나 종묘상에서 구입할 수 있습니다. 씨토란은 가급적 큰 것이 좋으며 썩거나 무른 것 곰팡이가 난 것은 적합치 않으므로 골라 냅니다. 한편, 씨토란은 보관 상태에 따라 수분이 바짝 말라 있기도 합니다. 시간적인 여유가 없을 땐 그냥 파종해도 무방하지만 가급적 물에 하루 또는 몇 시간 만이라도 담가 수분을 흡수하게 해야 싹이 나는 기간을 앞당길 수 있습니다.

종묘상에서 구입한 씨토란 2kg

씨토란 물에 담가 불리기

토란 자라는 모습

토란 심기

◀ **5월 4일**

토란 종근이 들어갈 만큼 충분히 구덩이를 파고 물은 다른 작물에 비해 2배 정도 넉넉히 줍니다. 토란은 수분이 많아야 싹이 빨리 납니다. 토란 종근은 위, 아래 구분이 있습니다. 촉(싹)이 났을 경우 당연히 싹의 방향이 위로 가게 세워 놓습니다. 촉이 나지 않았을 경우 토란 종근의 모양을 보고 구분합니다. 종근의 모양은 항아리와 비슷하게 생겼는데 둘레가 넓은 곳이 위, 좁은 곳이 아래입니다. 이때에도 세워서 심습니다. 구분하기 애매한 경우에는 눕혀 심어도 됩니다.

토란 싹

◀ **5월 17일**

싹이 나기 시작합니다. 싹의 출현은 그해의 기온과 토양의 수분에 따라 달라지며 촉이 난 종근을 심었을 경우 다소 빠릅니다. 멀칭 재배의 경우, 싹이 나기 시작하면 신경 써야 할 일이 있습니다. 싹이 엉뚱한 곳으로 올라 비닐을 들치고 있는 일이 허다하게 일어나기 때문에 수시로 살펴 비닐을 넓혀 줍니다. 싹은 종근의 크기에 관계 없이 딱 하나만 납니다.

토란잎

◀ **5월 25일**

우산 모양의 둥근 본잎이 나기 시작했습니다. 토란은 발아가 매우 불규직합니다. 이제 싹을 올리는 토란도 있고 전혀 소식이 없는 토란도 있습니다.

추비는 30일 간격으로 3회 시비한다.

◀ **6월 19일**

모두 싹을 올렸습니다. 먼저 나온 잎은 손바닥 만하게 커졌고 새로운 잎이 계속 나옵니다. 토란은 땅이 건조하지 않게 물 관리를 하며 생육 기간이 길기 때문에 추비를 해야 잘 자랍니다.

추비는 파종일 기준 1개월 간격으로 3회 정도 시비하며 8월 상순까지 마치는 것이 좋습니다.

추비 예시

파종일	1차 추비	2차 추비	3차 추비	비고
5월 5일	6월 5일	7월 5일	8월 5일	1개월 간격

토란 재배의 핵심은 물 관리

◀ 7월 25일

생강은 물을 좋아하는 작물이라고 했습니다. 그래서인지 비가 많이 오는 장마철에도 쓰러지지 않고 거뜬하게 잘 자랍니다. 또한 병충해가 거의 없어 무농약 재배가 가능한, 착한 작물이기도 합니다. 한편, 토란은 작은 알토란이 여러 개 있는 것보다 큰 것이 좋은데, 북주기를 해 주면 분화가 억제되고 비대가 촉진돼 큰 토란이 생깁니다. 그러나 멀칭 재배의 경우 북주기가 곤란하고 효과도 크지 않기 때문에 북주기를 하지 않아도 별 문제는 없습니다. 북주기는 보통 장마 이후인 7월 하순부터 8월 상순경에 1회 실시합니다.

◀ 8월 4일

열대성 작물인 토란은 한여름에 잘 자랍니다. 잎이 사람 얼굴보다 넓고 키도 사람의 키만 해졌습니다. 어릴 적 토란잎을 우산처럼 쓰고 다녔던 생각이 납니다.

우산 모양의 토란잎

멀칭 비닐을 뚫고 올라온 토란싹

◀ 토란 싹은 중앙에서 굵고 튼튼한 싹이 먼저 나와 자라고 그 주변에서 작은 싹들이 여러 개 나와 자랍니다. 비닐 멀칭 재배의 경우 수시로 살펴 비닐을 넓힌 후 뒤늦게 싹을 올려 시기상 충분히 자라지 못하게 되는 싹을 제거합니다. 토란은 가는 줄기가 많은 것보다 적은 수의 굵은 줄기가 좋습니다.

늦게 올라온 싹은 제거한다.

사람의 키보다 큰 토란잎

◀ **9월 8일**

고랑을 지나다니기 힘들 정도로 무성해졌습니다. 토란 재배의 포인트는 '물 주기'입니다. 습한 땅에 심었더라도 흙이 마르는 것 같으면 물을 넉넉히 주어 줄기의 주위가 마르지 않게 관리하는 것이 좋습니다.

토란 수확하기

토란은 보통 가을철에 아주 수확합니다. 10월 상순부터 캐기 시작하지만, 중순 이후에 더 맛이 듭니다. 그러나 서리를 맞으면 안 되므로 그 전에 캐야 합니다. 수확은 먼저 토란대를 베어 냅니다. 토란대는 토란 줄기를 말하는데, 잎은 제거하고 굵은 토란대만 골라 햇볕에 1~2일 정도 말려 줍니다. 며칠 햇볕을 보면 수분이 줄어들면서 껍질이 잘 벗겨집니다. 한편, 토란은 수확하는 과정에서 독성에 주의해야 합니다. 이를 '토란독'이라고 하는데 토란의 줄기에서 나오는 짐액이 피부에 닿으면 매우 가렵습니다. 토란 수확 시 장갑을 착용하고 가급적 반소매는 피해야 합니다.

토란대 베어 말리기

알토란은 호미로 캘 수 없습니다. 삽으로 알토란이 찍히지 않게 흙째 들어내고 상처가 나지 않게 알토란만 분리합니다. 상처가 나면 병해충 또는 과습에 의해 부패하거나 수분 손실이 늘어나 저장성과 상품성이 크게 떨어질 수 있습니다.

캐낸 알토란

수확한 알토란은 흙이 묻은 채로 신문지에 싸거나 박스에 담아 서늘하고 어두운 곳에 보관합니다. 온도는 8~15℃가 좋으며 가정에서는 햇볕이 들지 않는 베란다나 다용도실이 좋습니다. 종자로 쓸 씨토란은 굵은 것으로 따로 골라 둡니다. 다음 해 봄 기온이 올라가면 싹이 트기 시작합니다.

토란대는 껍질을 벗겨 이용합니다. 토란대가 너무 싱싱한 것보다 약간 시든 것이 살 벗겨집니다. 껍질을 벗길 때도 장갑 착용은 잊지 마세요. 필자는 칼질이 서툴러 감자칼로 감자를 깎듯이 깎습니다. 손질이 끝난 토란대는 먹기 좋은 크기로 잘라 말려 주며 잘 마른 토란대는 반드시 밀봉해 냉장고 또는 상온에 보관합니다. 상온 보관 시 햇볕이 들지 않아야 합니다. 햇볕이 들면 아무리 잘 말랐더라도 습기가 생겨 눅눅해지고 곰팡이가 생길 수도 있습니다.

토란대 껍질을 벗기는 모습

블로그이웃들의수다

채** 저는 물을 안 주고 심어요. 그래서인지 싹이 나오기까지 오래 걸려요. 물고랑 옆에 심으면 실한 토란을 수확할 수 있습니다.

고** 상자에 담기 전에 조금 말려야 하고 보관 시 밀폐하면 안 됩니다. 통풍이 잘되는 곳에 보관하세요.

사** 저는 종이상자나 통풍이 잘되는 바구니에 넣어 보관합니다.

삽** 저는 수확해서 비닐봉지에 담아 햇볕이 들지 않는 쪽 베란다에 두고 큰 것만 골라 먹고 작은 것은 그냥 방치해 뒀다가 이듬해 봄에 다시 심어요.

허** 어린 시절 엄마가 끓여 주신 토란국이 생각 나서 한 봉지 사왔는데 껍질을 까다 손이 가려워 죽는 줄~

뿌리를 먹는 채소 ⑧

황사와 미세먼지에 도움이 되는 약초 **도라지**

분류 초롱꽃과

원산지 인도, 한국, 일본, 중국

재식 거리 포기 간격 15~20cm / 줄 간격 10~15cm

직파 ○ **육묘** ○

퇴비 20kg **복합비료(완효성)** 600g

추비 2회

비고 2평 기준

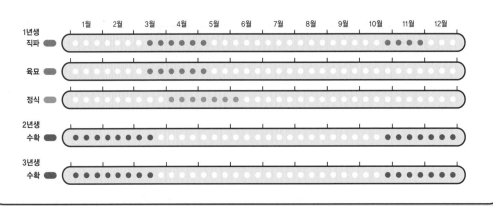

	1월	2월	3월	4월	5월	6월	7월	8월	9월	10월	11월	12월
1년생 직파												
육묘												
정식												
2년생 수확												
3년생 수확												

도라지는 우리에게 매우 익숙한 식물 중 하나입니다. 들과 산 어디에서나 쉽게 볼 수 있고 꽃이 예뻐 관상용으로도 좋습니다. 초롱꽃과의 여러해살이 풀로, 7~8월이면 종 모양처럼 생긴 흰색과 보라색의 꽃이 핍니다. 약용과 식용으로 쓰이는 작물로, 특별히 밭을 가리지 않고 잘 자랍니다.

도라지 파종 시기

도라지는 봄, 가을에 파종합니다. 봄 파종은 3월 중순부터 5월 상순까지가 적당하며 직파를 하거나 육묘 재배를 합니다. 도라지 씨앗에는 발아 억제 물질이 있어 그냥 파종하면 발아하는 데 상당한 시일이 걸리므로 풀이 먼저 자라 실패할 수도 있습니다. 도라지 씨앗을 흐르는 물에 일주일 정도 담가 발아 억제 물질을 제거한 후 파종하면 발아 성공률을 높일 수 있습니다.

가을 파종은 10월 하순부터 땅이 얼기 전인 11월 중순까지 하며 시기상 직파를 합니다. 한편, 가을 재배는 파종 후 싹이 트면 안 됩니다. 왜냐하면 어린 싹은 겨울나기를 할 수 없기 때문입니다. 가을에 뿌린 씨앗은 겨울나기를 하면서 자연 상태로 눈과 비를 맞으면서 발아 억제 물질이 제거돼 봄에 싹을 틔우기 때문에 발아 억제 물질을 제거하는 수고를 하지 않아도 됩니다.

도라지밭 만들기

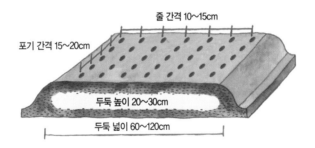

도라지는 한 번 심으면 2~3년간 같은 자리에서 자라기 때문에 밑거름을 넉넉히 넣어 줘야 합니다. 2평당 퇴비는 20kg, 완효성 복합비료는 600g을 넣어 주고 뿌리가 깊이 뻗기 때문에 밭은 가급적 깊게 갈아 줍니다. 또한 밭 한가운데에 심지 않고 가급적 자투리 땅이나 가장자리 쪽을 선택합니다. 재배 적지는 물 빠짐이 좋고 햇볕이 잘 드는 곳이 좋습니다. 보통 물 빠짐만 좋으면 어느 곳에서나 재배할 수 있습니다. 흙은 모래와 진흙이 잘 섞인 모래 참흙이 좋습니다. 또한 토심이 깊고 양분이 풍부한 곳이 좋습니다. 땅이 너무 습하면 잔뿌리가 많아져 상품성이 떨어집니다.

도라지 파종(모종 심기)

도라지 모종

◀ **2019년 6월 2일**

정식용 도라지 모종입니다. 이 모종은 5월 8일 육묘를 시작했습니다. 발아 억제 물질은 제거하지 않았습니다. 한 구멍당 씨앗은 3~4개 넣고 발아가 될 때까지 수분이 마르지 않도록 물 관리를 해야 하며 싹이 나기 시작하면 점차 솎아 내면서 최종적으로 한 포기만 남깁니다.

정식 후 도라지밭

◀ 심는 간격은 15~20cm, 햇볕이 잘 들고 경사가 져서 물 빠짐이 좋은 곳을 선택했습니다. 물 빠짐이 좋지 않으면 뿌리가 썩을 수 있습니다.

도라지 파종(직파)

도라지 씨앗

◀ **2012년 4월 8일**

도라지를 직파했습니다. 봄에는 가뭄이 자주 옵니다. 싹이 날 때까지 수분이 마르지 않게 수시로 물을 줘야 발아 성공률이 높아집니다.

최종 한 포기만 남기고 솎아 준다.

◀ 5월 25일

도라지는 파종 후 40~50일이 지나면 잎이 3~4개 나옵니다. 간격이 최소 10~15cm가 되도록 솎아 줘야 하며 최종적으로 한 포기만 남깁니다. 솎아주기를 하지 않거나 한곳에 두 포기 또는 너무 밀식되면 제대로 크지도 못하고 뿌리끼리 붙어 괴상한 모양의 도라지를 캐게 됩니다.

도라지 옮겨 심기

옮겨 심기 위해 캐낸 도라지의 구근

◀ 2012년 4월 8일

도라지에 촉이 난 모습입니다. 도라지는 옮겨 심지 않는 것이 좋지만, 어쩔 수 없이 옮겨 심어야만 했습니다. 이 도라지는 2년생을 수확할 수 있는 '슈퍼 도라지'입니다.

도라지 구근 세워 심기

◀ 옮겨 심는 모습입니다. 구근은 최대한 자르지 않고 세워 심어야 하기 때문에 깊게 파야 합니다.

◀ 11월 11일
수확한 후의 모습입니다. 잔뿌리가 너무 많아 손질하는 데
많은 시간이 걸렸습니다. 도라지는 부득이한 경우가 아니라
면 옮겨 심지 않는 것이 좋습니다.

잔뿌리가 많이 발생한 도라지 구근

도라지 옆 줄 매기

도라지는 비바람에 쉽게 쓰러지는 특징이 있습니다. 멀칭 재배, 비멀칭 재배 모두 잘 쓰
러집니다. 그래서 도라지가 자랄 때마다 미리 옆 줄을 매 줘야 합니다. 이를 등한시 하면
땅바닥에 누워 있는 도라지를 보면서 한숨을 쉬어야 하는 난감한 상황이 발생합니다.

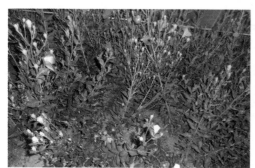

비바람에 쓰러진 도라지

그물망 설치(5월 16일, 2년생)

6월 5일(2년생) 지지대 세우고 옆 줄 매기

도라지 적심 및 적화

도라지는 싹이 나고 꽃망울이 생기기까지 계속 왕성하게 자라다가 꽃이 피기 시작하면 모든 양분을 꽃에 집중시키기 때문에 잎이 자라지 않고 구근의 결실도 부실해집니다. 따라서 채종이 목적이 아니라면 원줄기를 적심하거나 꽃망울을 따 줘야 실한 구근을 얻을 수 있습니다. 도라지꽃은 각 줄기의 맨 꼭대기에 포기당 10개 이상의 꽃이 핍니다. 물론 꽃이 피는 개수는 생육 상태에 따라 달라집니다. 적심은 꽃망울이 보이기 시작할 때 하며 꽃망울로부터 15cm 아래쪽을 적심합니다. 너무 많이 사르면 오히려 생육이 저하되니 너무 많이 자르지 않아야 합니다.

도라지 적심하기

도라지꽃은 꽃 차로 이용할 수 있습니다. 흰색과 보라색 모두 이용할 수 있습니다. 꽃이 피기 직전의 꽃망울이 좋지만 핀 꽃을 채취해도 괜찮습니다. 채취한 꽃은 깨끗이 씻어 덖거나 말린 후 지퍼백이나 밀폐 용기에 담아 습기가 없는 건조한 곳에 보관합니다.

7월 15일 도라지꽃과 꽃망울 채취

건조된 도라지꽃과 꽃망울

도라지 추비

도라지 추비는 보통 6월 하순 꽃망울이 생길 때 1차 추비를 하며 7월 하순 꽃이 필 때 2차 추비를 합니다. 그러나 1년생과 2년생과의 개화 시기는 많은 차이를 보입니다. 아무래도 2년생이 빨리 꽃을 피우겠지요? 이럴 땐 꽃망울이 생기기 시작할 때 1차 추비, 30일 이후에 2차 추비를 실시합니다. 1차 추비 시기와 적심 시기는 거의 비슷합니다. 필자는 1차 추비와 적심을 가급적 같은 날에 실시합니다.

추비 예시

구분	1차 추비 (꽃망울이 생길 때)	2차 추비	비고
1년생	6월 25일	7월 25일	30일 간격
2년생	6월 11일	7월 11일	30일 간격

도라지 병충해

도리지의 병해로는 줄기마름병, 뿌리썩음병, 흰가루병 등이 있는데 물이 잘 빠지고 통풍이 원활하면 예방할 수 있습니다. 특히, 뿌리가 썩는 대부분의 원인은 물 빠짐이 좋지 않기 때문에 발생합니다. 주요 해충으로는 진딧물이 있습니다.

진딧물 피해

도라지 채종

도라지 씨앗은 1년생에서도 채종할 수 있지만, 충실도가 떨어지므로 2년생 이상에서 채종해 이듬해 3~5월에 파종합니다. 채종은 잎과 줄기가 마르고 씨방이 갈색으로 변했을 때 합니다. 시기가 늦으면 씨방이 벌어지고 씨앗이 쏟아져 빈 껍데기만 남게 됩니다. 채종한 씨앗은 통풍이 원활한 그늘에 보관해야 합니다. 한편, 도라지는 종자의 수명이 1년 정도인 단명 종자입니다. 묵은 종자는 가급적 사용하지 않는 것이 좋습니다.

채종 시기가 도래한 씨방(10월 12일)

채종을 하기 위해 줄기를 자름(10월 26일)

잘 여문 씨방

씨방을 비벼 씨앗을 분리

도라지 수확

도라지 수확은 식용은 2~3년, 약용은 3~4년 이상 재배한 것을 수확하는 것이 일반적입니다. 수확 시기는 지상부가 말라 죽는 가을부터 이듬해 봄에 싹이 나기 전까지 땅이 얼지만 않는다면 언제든지 수확할 수 있습니다. 도라지는 가을에 캐면 단맛이 나고 봄에 캐면 쓴맛이 나는 것 같습니다. 더덕이나 삼(蔘)은 가을에 약효가 좋다는 말이 있는데 '도라지도 이와 마찬가지가 아닐까?' 하는 생각이 듭니다.

슈퍼 도라지는 일반 도라지에 비해 키가 크고 성장 속도가 빠릅니다. 일반 도라지에 비해 잔뿌리가 많지만, 가뭄에도 잘 견디고 뿌리가 굵고 크게 자라 생산량이 일반 도라지에 비해 30% 이상 많습니다. 통상 슈퍼 도라지는 2년생을 수확합니다.

도라지는 삽으로 캐는 것이 좋다(3월 3일).

2년생을 수확한 슈퍼 도라지(3월 17일)

도라지 효능과 이용 방법

도라지는 당질, 칼슘, 철분이 많고 섬유질이 풍부해 피로 회복과 빈혈 회복, 변비에 좋으며 사포닌이 함유돼 있어 항암 효과와 간 보호, 암 세포 증식 억제, 진통 작용 등이 있습니다. 특히 기관지에 좋아 호흡기의 건강에 많은 도움이 됩니다. 기침약으로 유명한 용각산에 가장 많이 들어 있는 성분이 바로 도라지 추출물입니다.

도라지를 먹기 위해서는 우선 껍질을 까야 합니다. 보통 칼로 긁어 껍질을 제거하는데 보통 힘든 일이 아닙니다. 이때 양파망을 이용하면 도라지 껍질을 쉽게 벗길 수 있습니다. 깨끗이 씻어 물기가 있는 도라지를 양파망으로 감싼 후 살살 문지르면 됩니다.

양파망을 이용해 도라지 까기

도라지는 여러 가지 방법으로 이용할 수 있습니다. 말린 도라지를 꿀에 잰 후 숙성해서 먹거나 도라지 술, 도라지 무침이나 볶음, 도라지 녹두 삼계탕, 생도라지 차, 말린 도라지 차, 도라지 분말, 도라지 환, 도라지 청 등 각종 요리에 이용할 수 있습니다.

블로그이웃들의수다

볼**   도라지는 3년 이상 되면 뿌리가 썩어 올해는 수확하려고 합니다. 기관지에 좋다고 해서 즐겨 먹습니다. ^^

소**   식용은 3살 정도가 좋아요. 오래될수록 약성은 좋아지지만, 질겨져서 나물로 먹을 때는 좋지 않답니다. ^^

스**   3년째부터 뿌리가 썩기 시작합니다. 20% 정도는 썩더라고요. 밭마다 조금씩 차이는 있는 거 같습니다.

초**   도라지는 11월 초에 뿌리면 봄에 더 빨리 올라온답니다. 초봄에 파종하면 숨 넘어가요. ^^

산**   도라지는 5월에 심으면 한 달 정도 후에 싹이 올라오고 6월에 심으면 15일 정도 걸립니다. 기온이 돼야 올라옵니다. 묵은 씨는 안 올라와요. 줄기를 자르면 굵기는 좋아지지만 잔뿌리가 많아지더군요.

노**   도라지는 씨앗이 작아 얕게 묻어야 하는데 수분이 마르면 발아가 안 됩니다. 그래서 씨앗을 파종한 후에는 수분 관리에 힘써야 합니다.

쓰**   도라지 500평 4년 키워 풀에 치어 죽고 가격에 치어 죽네요. 인건비도 못 건져요. 풀을 아무리 잡아도 1주만 안 들여다 보면 어느새 풀에 치어 말 그대로 쑥대밭이 됩니다. ㅠㅠ

식물계의 동충하초 **초석잠**

분류 꿀풀과

원산지 중국

재식 거리 포기 간격 30cm / 줄 간격 30cm

직파 ○ **육묘** ○

퇴비 20kg **복합비료(완효성)** 600g

추비 없음

비고 2평 기준

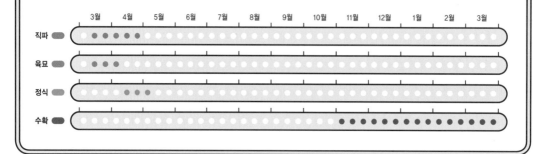

	3월	4월	5월	6월	7월	8월	9월	10월	11월	12월	1월	2월	3월
직파	●●●●												
육묘	●●●												
정식		●●											
수확								●●●●●●●●●●●●					

'천연 두뇌 영양제'라고 불리는 초석잠은 '석잠풀'이라고도 합니다. 꿀풀과에 속하는 다년생풀로. 키는 1m까지 자랍니다. 꽃은 자홍색이고 6월 중순 무렵부터 8월까지 가지와 줄기의 윗부분에 돌아가면서 층층으로 핍니다. 원산지는 중국이고 13세기에 재배가 시작됐으며 중국어로는 '차오스산(cao shi can)'이라고 합니다. 일본에서는 에도 시대(1603~1867년)에 들어와 재배하기 시작했고 오래 살고 늙지 않게 하며 기쁨을 주는 장수 식품으로 불렸다고 합니다. 또한 초석잠에는 뇌 기능을 활성화하는 페닐에타노이드 성분이 함유돼 있어 뇌 혈관 질환 예방과 치매 예방에 효과가 있는 것으로 알려져 있습니다. 노년에 정신줄을 놓고 살지 않으려면 미리 챙겨 먹읍시다.

초석잠 심는 시기

초석잠은 3월 중·하순부터 4월 하순까지 심습니다. 월동이 가능한 작물이라 조금 추워도 괜찮습니다. 초석잠은 내한성이 강하고 전국 어디서나 노지 월동이 가능하므로 파종 시기는 앞당길수록 유리합니다. 육묘 또는 직파 재배를 합니다.

판매 중인 초석잠 모종

초석잠 종근 준비

대부분 초석잠은 골뱅이형과 누에형이 있다고 알고 있습니다. 그러나 반은 맞고 반은 틀립니다.

기억력 향상, 치매 예방, 특히 뇌 건강에 좋다는 것은 바로 이 골뱅이 모양의 초석잠입니다.

누에형 초석잠이라고 불리는 초석잠은 사실 '택란'이라는 전혀 다른 식물입니다. 주 효능은 혈액 순환 등 주로 혈액 관련이고 잎줄기를 사용하며 뿌리는 장아찌용으로 사용해 왔습니다. 정리하면 골뱅이 모양은 '초석잠', 누에 모양은 '택란'입니다. 택란은 '쉽싸리'라고도 부릅니다.

골뱅이 모양의 초석잠

누에 모양의 택란

초석잠을 심으려면 우선 종근용 초석잠이 있어야 합니다. 재배가 흔치 않아 아직은 종묘상에서 보기 어렵습니다. 주변 재배 농가나 카페 또는 인터넷을 통해 구해 심어야 합니다. 이후 수확한 초석잠의 일부를 종근으로 다시 사용할 수 있습니다.

초석잠밭 만들기

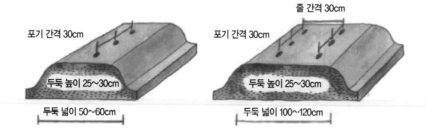

초석잠은 배수가 잘되고 비옥한 토양이라면 전국 어디서나 잘 자랍니다. 재식 간격은 30cm 정도가 적당하고 봄에 파종해 늦가을부터 이듬해 봄까지 수확하기 때문에 멀칭 재배가 좋으며 물 빠짐이 좋은 곳을 선택해야 합니다. 초석잠은 다비성 작물입니다. 2평당 퇴비 20kg, 완효성 복합비료 600g을 넣고 가급적 깊게 갈아 줍니다. 두둑은 높을수록 좋습니다. 두둑이 높으면 뿌리를 내리기도 쉽고 비가 많이 와도 피해가 없으며 땅속에서 굵은 초석잠이 많이 달립니다. 다만, 초석잠은 천근성 작물이라 뿌리가 가뭄을 많이 탑니다. 물 관리가 어려운 곳에서는 두둑을 낮추는 것이 좋습니다.

초석잠 재배 과정

싹이 난 조금 난 초석잠

◀ **2015년 4월 18일**
이웃에게 종자용 초석잠을 얻었습니다. 싹이 보이기 시작합니다. 종근은 큰 것을 선택합니다. 농사에는 우량 종자를 사용하는 것이 좋습니다.

세워 심기

◀ 초석잠은 천근성 작물이라고 했습니다. 따라서 너무 깊게 심지 않는 것이 좋습니다. 심는 깊이는 10cm 정도로 얕게 그리고 세워서 심습니다.

가급적 싹이 부러지지 않게 심는다.

◀ 한편 종근 부관 환경 및 심는 시기에 따라 싹이 상당히 자란 초석잠을 심어야 하는 경우도 있습니다. 이 경우 모종을 심듯이 싹이 부러지거나 흙에 묻히지 않도록 심어 줍니다. 하지만 심는 과정에서 싹이 부러져도 다시 나오므로 걱정은 하지 않아도 됩니다.

싹난 초석잠

◀ **5월 6일**
싹이 난 모습입니다. 초석잠은 천근성이라고 했습니다. 비닐 멀칭을 했더라도 가물지 않게 물 관리를 합니다.

한곳에 2~3포기를 심는 것이 좋다.

◀ **5월 20일**
싹이 한뼘 정도 자란 모습입니다. 한곳에 3포기씩 심었는데 비좁아 보이는 것 같습니다. 그럼 한곳에 심을 수 있는 적정 포기 수는 몇 개 일까요? 정답은 없지만, 대부분 2~3포기씩 심습니다.

도복 방지용 그물망 설치

◀ 6월 8일

도복 방지를 위해 오이망으로 미리 그물망을 설치한 모습입니다. 초석잠은 다른 작물에 비해 크게 자라지는 않지만, 비바람에 쉽게 쓰러집니다. 뿌리를 깊게 내리지 못하는 천근성 작물이기 때문입니다.

초석잠꽃

◀ 7월 5일

자홍색의 꽃이 피기 시작합니다. 꽃말은 '설원의 여인'입니다. 꽃은 크게 존재감이 없고 썩 예뻐 보이지는 않으며 꽃말과는 전혀 어울리지도 않는 것 같습니다.

만개한 초석잠

◀ 7월 26일

꽃이 만개했습니다. 꽃은 벌의 식량을 제공할 뿐, 씨앗도 맺히지 않고 꽃 차로도 거의 이용하지 않습니다. 한편 꽃을 제거해야 구근이 커진다는 의견도 있습니다. 필자는 제거하지 않았습니다.

추비는 하지 않는다.

◀ 8월 22일

무덥고 습한 여름철이지만, 무던하게 자라고 있습니다. 보통 추비는 하지 않으며 가물지 않게 물 관리에 신경 써야 하는 것 말고는 무난하게 재배할 수 있습니다.

초석잠 병충해

초석잠은 크게 신경쓸 만한 병충해가 없어 다른 작물에 비해 재배하기 쉬운 편입니다. 하지만 날이 가물 때는 진딧물이 꼬이기도 했습니다. 진딧물은 주로 연한 잎에 피해를 입히기 때문에 생육에 지장을 줍니다. 따라서 늦지 않게 방제를 해야 합니다.

잎이 오글거리면 살펴보자.

잎 뒷면의 낀 진딧물

초석잠 수확

일과 줄기가 마른 모습

◀ 11월 29일

수확은 잎과 줄기가 모두 마른 후부터 합니다. 초석잠은 서둘러 캐지 않아도 됩니다. 월동이 가능하기 때문에 땅이 얼지만 않았다면 언제든지 캐도 됩니다.

초석잠을 수확하는 모습

◀ 3월 6일

초석잠을 수확하는 모습입니다. 초석잠을 수확하다 보면 크기가 제각각인 것을 알 수 있습니다. 작은 것은 콩알 만하기 때문에 일일이 골라 내기 힘듭니다. 그래서 큰 것만 골라 내고 작은 것은 과감히 포기하는 게 좋습니다. 또한 날이 따뜻해지면 싹이 나기 때문에 늦지 않게 수확을 마쳐야 합니다.

◀ 4월 2일
싹이 난 초석잠의 모습입니다. 수확 시 종근으로 사용할 것을 한쪽에 남겨 두면 보관하는 수고를 하지 않아도 됩니다. 그럼 싹이 난 초석잠은 먹어도 될까요? 먹어도 됩니다. 하지만 싹을 틔우기 위해 자체 양분을 소모하기 때문에 식감은 많이 떨어집니다. 경우에 따라서는 푸석거려 먹지 못할 수도 있습니다.

싹이 난 초석잠은 종근으로 사용한다.

초석잠 보관

초석잠은 필요할 때마다 바로 캐서 먹는 것이 제일 좋습니다. 그러나 한겨울에는 땅이 얼기 때문에 필요한 양만큼 캐서 보관해야 합니다. 초석잠은 씻지 않은 상태로 공기가 들어가지 않게 밀봉해 냉장 보관하는 것이 가장 좋으며 필요한 만큼만 꺼내 이용합니다. 온도가 일정한 채소칸이 좋으며 2~3개월 정도 보관됩니다. 종근 역시 캐지 않고 보관했다가 사용는 게 가

초석잠은 씻지 않은 상태로 보관하는 것이 좋다.

장 좋지만, 어쩔 수 없는 경우도 있습니다. 이때는 양파 망 등에 넣어 땅에 묻었다가 종근으로 사용합니다.

초석잠 효능과 먹는 법

초석잠의 대표적인 효능은 뇌 건강에 도움을 준다는 것입니다. 초석잠에 많이 들어 있는 콜린 성분은 신경의 흥분 전달에 관여하는 물질로, 지방간의 예방 인자로 활동하며 동맥경화를 예방하는 효과도 있습니다. 이와 더불어 초석잠은 혈액 순환을 원활하게 해 주는 효과를 갖고 있기 때문에 간경화와 동맥경화 등을 개선하고 지방간의 형성을 억제하기도 합니다. 이 밖의 초석잠의 효능으로는 감기 예방, 인후염 예방, 기관지염 예방 등을 들 수 있습니다.

초석잠 말리기

초석잠 장아찌

초석잠은 생으로 먹는 게 제일 좋습니다. 우유나 요구르트와 함께 믹서기에 갈아 먹습니다. 또한 김치나 짱아치를 담을 수 있고 꿀에 재어 먹기도 하며 밥을 지을 때 넣거나 술을 담거나 감자 대용으로 카레나 볶음 요리, 찌개 등의 재료로 이용할 수 있습니다. 잘 말려서 가루 또는 환으로 만들어 먹거나 타지 않을 정도로 볶아 차로 이용하기도 합니다.

블로그이웃들의수다

대** 택란과 초석잠은 효과가 완전 달라요. 초석잠은 키우기가 은근 까다로운데 택란은 진짜 돼지감자 같아서 나중에 없애려면 힘들어집니다.

꽃** 초석잠은 줄기가 몽땅 사그라들고 나서 수확하거나 봄날에 싹이 트기 전에 수확하는 것이 좋아요.

엄** 보통 누에형 초석잠이라고 부르는 것은 사실 초석잠이 아니라 택란(쉽싸리)이라는 식물이랍니다.

파** 초석잠은 땅이 얼기 전이나 겨울이 갓 지난 초봄에 캐요.

동** 제가 초석잠을 심었는데 그 뿌리 중 하나만 남아도 계속 올라옵니다. 초석잠을 없애려고 엄청 애를 먹었습니다. 끈질긴 녀석이니 한 번 심으면 각오해야 합니다.

다** 택란을 없애기 위해 곤욕을 치르고 있습니다. 비닐도 뚫고 올라옵니다. ㅠㅠ

솔** 초석잠은 캐는 시간도 오래 걸리고, 흙을 털고 다듬고 크기별로 선별하고…. 참으로 못할 짓입니다.

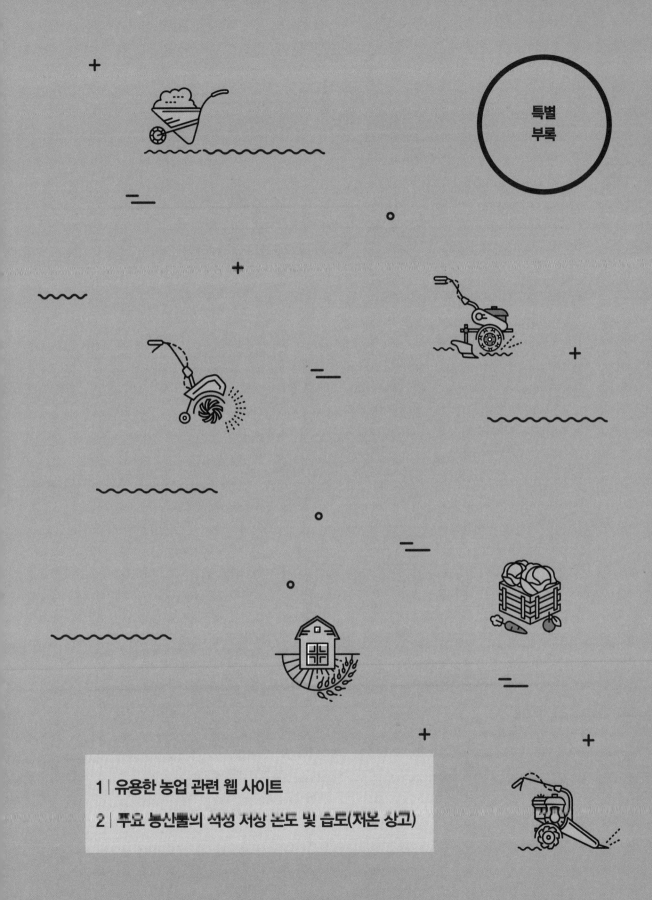

특별
부록

농촌진흥청 및 소속 기관

기관명	웹 사이트
농촌진흥청	https://www.rda.go.kr/
농업과학도서관	https://lib.rda.go.kr/
국립농업과학원	http://www.naas.go.kr/
농업기술실용화재단	https://www.koat.or.kr/
국립식량과학원	http://www.nics.go.kr/
국립축산과학원	https://www.nias.go.kr/
농촌인적자원개발센터	https://hrd.rda.go.kr/
농업정보포털(농사로)	https://www.nongsaro.go.kr/
국가기술협력포털시스템	https://www.iris.go.kr/
농업경영종합정보시스템	https://amis.rda.go.kr/
농촌진흥사업종합관리시스템(ATIS)	http://atis.rda.go.kr/
농촌진흥청어린이홈페이지	https://www.rda.go.kr/children/
농식품올바로	http://koreanfood.rda.go.kr/
씨앗은행	http://genebank.rda.go.kr/
축사로	https://chuksaro.nias.go.kr/
국가농작물병충해관리시스템	https://ncpms.rda.go.kr/
농업날씨365	http://weather.rda.go.kr/
농약안전정보시스템	https://psis.rda.go.kr/
흙토람	http://soil.rda.go.kr/

농업 기술원

기관명	웹 사이트
경기도 농업기술원	https://nongup.gg.go.kr/
강원도 농업기술원	https://www.ares.gangwon.kr/
충청북도 농업기술원	https://ares.chungbuk.go.kr/
충청남도 농업기술원	https://cnnongup.chungnam.go.kr/

전라북도 농업기술원	https://www.jbares.go.kr/	
전라남도 농업기술원	https://www.jares.go.kr/	
경상북도 농업기술원	https://www.gba.go.kr/	
경상남도 농업기술원	https://www.gnares.go.kr/	
제주특별자치도 농업기술원	https://agri.jeju.go.kr/	

농업기술센터

구분	기관명	웹 사이트
특별시·광역시 농업기술센터	서울시 농업기술센터	https://agro.seoul.go.kr/
	부산시 농업기술센터	https://www.busan.go.kr/nongup/
	기장군 농업기술센터	https://www.gijang.go.kr/agri/index.gijang
	대구시 농업기술센터	https://www.daegu.go.kr/
	달성군 농업기술센터	https://www.dalseong.daegu.kr/dsfarm/
	인천시 농업기술센터	https://www.incheon.go.kr/agro/
	강화군 농업기술센터	https://www.ganghwa.go.kr/open_content/agriculture/
	옹진군 농업기술센터	https://www.ongjin.go.kr/open_content/agriculture/
	광주시 농업기술센터	https://www.gjcity.go.kr/
	대전시 농업기술센터	https://www.daejeon.go.kr/far/
경기도 농업기술센터	수원시 농업기술센터	https://www.suwon.go.kr/
	성남시 농업기술센터	https://www.seongnam.go.kr/agri
	의정부시 농업기술센터	https://www.ui4u.go.kr/
	평택시 농업기술센터	https://agri.pyeongtaek.go.kr/
	고양시 농업기술센터	http://www.goyang.go.kr/agr
	남양주시 농업기술센터	https://www.nyj.go.kr/agri/
	시흥시 농업기술센터	https://www.siheung.go.kr/
	용인시 농업기술센터	https://www.yongin.go.kr/atc/
	파주시 농업기술센터	https://agri.paju.go.kr/agri/
	이천시 농업기술센터	https://www.icheon.go.kr/depart/
	안성시 농업기술센터	https://www.anseong.go.kr/farm/
	김포시 농업기술센터	https://www.gimpo.go.kr/agri/
	화성시 농업기술센터	http://atc.hscity.go.kr/
	광주시 농업기술센터	gjcity.go.kr/depart/bbs/

경기도 농업기술센터	양주시 농업기술센터	http://www.yangju.go.kr/atc/
	포천시 농업기술센터	https://www.pocheon.go.kr/agro/
	안산시 농업기술센터	https://www.ansan.go.kr/nongeop/
	여주시 농업기술센터	https://www.yeoju.go.kr/main/agriculture
	연천군 농업기술센터	https://www.yeoncheon.go.kr/agri/
	가평군 농업기술센터	https://www.gp.go.kr/gpnongup/
	양평군 농업기술센터	https://www.yp21.go.kr/ypatc/
강원도 농업기술센터	춘천시 농업기술센터	https://cityhall.chuncheon.go.kr/atc/
	원주시 농업기술센터	https://www.wonju.go.kr/wjatc/
	강릉시 농업기술센터	https://www.gn.go.kr/farm/
	동해시 농업기술센터	http://www.dh.go.kr/agriculture/
	태백시 농업기술센터	https://www.taebaek.go.kr/agriculture/
	속초시 농업기술센터	https://www.sokcho.go.kr/
	삼척시 농업기술센터	https://www.samcheok.go.kr/specialty/
	횡성군 농업기술센터	https://www.hsg.go.kr/life/agri.web
	영월군 농업기술센터	https://www.yw.go.kr/agri/
	평창군 농업기술센터	http://www.pc.go.kr/agri
	정선군 농업기술센터	https://www.jeongseon.go.kr/
	철원군 농업기술센터	https://www.cwg.go.kr/atc/
	화천군 농업기술센터	https://www.ihc.go.kr/
	양구군 농업기술센터	https://www.yanggu.go.kr/
	인제군 농업기술센터	http://www.inje.go.kr/farm/
	고성군 농업기술센터	https://www.gwgs.go.kr/atc/
	양양군 농업기술센터	https://yyatc.yangyang.go.kr/gw/agriculture
	홍천군 농업기술센터	https://www.hongcheon.go.kr/agri/
충청북도 농업기술센터	청주시 농업기술센터	http://www.cheongju.go.kr/nongup/
	충주시 농업기술센터	https://www.chungju.go.kr/cja/
	제천시 농업기술센터	http://jatec.jecheon.go.kr/jatec/
	보은군 농업기술센터	https://www.boeun.go.kr/bio/
	옥천군 농업기술센터	https://www.oc.go.kr/agri/
	영동군 농업기술센터	https://yd21.go.kr/
	증평군 농업기술센터	https://www.jp.go.kr/farm.do
	진천군 농업기술센터	https://www.jincheon.go.kr/jcact/

중정남도 농업기술센터	단양군 농업기술센터	https://www.danyang.go.kr/atec/587
	괴산군 농업기술센터	https://www.goesan.go.kr/gsat/
	음성군 농업기술센터	https://www.eumseong.go.kr/esatc/
	천안시 농업기술센터	https://www.cheonan.go.kr/atc.do
	공주시 농업기술센터	http://www.gongju.go.kr/farming/
	보령시 농업기술센터	https://www.brcn.go.kr/farm.do
	아산시 농업기술센터	https://farm.asan.go.kr/farm/
	서산시 농업기술센터	https://www.seosan.go.kr/agritech/index.do
	논산시 농업기술센터	https://gyeryong.go.kr/nongup/
	계룡시 농업기술센터	https://gyeryong.go.kr/nongup/
	당진시 농업기술센터	http://www.dangjin.go.kr/atc.do
	부여군 농업기술센터	https://www.buyeo.go.kr/html/nongup/
	서천군 농업기술센터	https://www.seocheon.go.kr/farm.do
	청양군 농업기술센터	https://www.cheongyang.go.kr/farm.do
	홍성군 농업기술센터	https://www.hongseong.go.kr/farm/
	예산군 농업기술센터	https://www.yesan.go.kr/
	태안군 농업기술센터	https://www.taean.go.kr/
	금산군 농업기술센터	https://www.geumsan.go.kr/nongup/
전라북도 농업기술센터	전주시 농업기술센터	http://nongup.jeonju.go.kr/
	군산시 농업기술센터	https://www.gunsan.go.kr/farm
	익산시 농업기술센터	https://www.iksan.go.kr/farm/index.iksan
	정읍시 농업기술센터	https://www.jeongeup.go.kr/agri/index.jeongeup
	남원시 농업기술센터	https://www.namwon.go.kr/
	김제시 농업기술센터	https://www.gimje.go.kr/jps/index.gimje
	완주군 농업기술센터	https://www.wanju.go.kr/atc/
	무주군 농업기술센터	https://www.muju.go.kr/
	진안군 농업기술센터	https://www.jinan.go.kr/jinanfarm/
	장수군 농업기술센터	https://www.jangsu.go.kr/jsatc/
	임실군 농업기술센터	https://www.imsil.go.kr/agri/
	순창군 농업기술센터	http://www.sunchang.go.kr/farm/
	부안군 농업기술센터	https://www.buan.go.kr/jbares/
	고창군 농업기술센터	http://www.gochang.go.kr/farm/

	여수시 농업기술센터	https://www.yeosu.go.kr/agr
	순천시 농업기술센터	https://www.suncheon.go.kr/sca/
	나주시 농업기술센터	https://www.naju.go.kr/atec
	광양시 농업기술센터	https://www.gwangyang.go.kr/jares/
	담양군 농업기술센터	http://www.damyang.go.kr/atc/
	곡성군 농업기술센터	https://www.gokseong.go.kr/fmtech/
	구례군 농업기술센터	https://www.gurye.go.kr/farmtech/
	고흥군 농업기술센터	https://www.goheung.go.kr/farm/
	보성군 농업기술센터	https://www.boseong.go.kr/atec
	화순군 농업기술센터	https://www.hwasun.go.kr/
전라남도 농업기술센터	장흥군 농업기술센터	https://jares.jangheung.go.kr/
	강진군 농업기술센터	https://www.gangjin.go.kr/atec
	해남군 농업기술센터	http://www.haenam.go.kr/
	영암군 농업기술센터	https://www.yeongam.go.kr/home/nong
	무안군 농업기술센터	https://www.muan.go.kr/atec/
	함평군 농업기술센터	https://www.hampyeong.go.kr/agri/
	영광군 농업기술센터	https://www.yeonggwang.go.kr/
	장성군 농업기술센터	https://www.jangseong.go.kr/home/agro
	완도군 농업기술센터	https://www.wando.go.kr/ares
	진도군 농업기술센터	https://www.jindo.go.kr/
	신안군 농업기술센터	https://jares.shinan.go.kr/
	포항시 농업기술센터	https://www.pohang.go.kr/atec/
	경주시 농업기술센터	http://agriculture.gyeongju.go.kr/
	김천시 농업기술센터	https://gca.gc.go.kr/
	안동시 농업기술센터	https://www.andong.go.kr/agritec/
	구미시 농업기술센터	https://www.gumi.go.kr/farm/
경상북도 농업기술센터	영주시 농업기술센터	https://www.yeongju.go.kr/atec/
	영천시 농업기술센터	https://www.yc.go.kr/farm/
	상주시 농업기술센터	https://sja.sangju.go.kr/
	문경시 농업기술센터	https://www.gbmg.go.kr/
	경산시 농업기술센터	https://www.gbgs.go.kr/gsa/
	군위군 농업기술센터	https://www.gwa.go.kr/
	의성군 농업기술센터	https://www.usc.go.kr/uisungatec/

경상북도 농업기술센터	청송군 농업기술센터	https://www.cs.go.kr/countyOffice/agriculture.web
	영양군 농업기술센터	https://www.yyg.go.kr/www/ares
	영덕군 농업기술센터	https://www.yd.go.kr/
	청도군 농업기술센터	https://www.cheongdo.go.kr/open.content/farm/
	고령군 농업기술센터	https://www.goryeong.go.kr/tec/
	성주군 농업기술센터	https://www.sj.go.kr/sj-atc/
	칠곡군 농업기술센터	https://www.chilgok.go.kr/atc/
	예천군 농업기술센터	https://www.ycg.kr/open.content/farm/
	봉화군 농업기술센터	https://www.bonghwa.go.kr/open.content/farm/
	울진군 농업기술센터	http://www.uljin.go.kr/agro
	울릉군 농업기술센터	http://www.ulleung.go.kr/ula
경상남도 농업기술센터	창원시 농업기술센터	https://www.changwon.go.kr/
	진주시 농업기술센터	https://www.jinju.go.kr/
	통영시 농업기술센터	https://www.tongyeong.go.kr/
	사천시 농업기술센터	https://www.sacheon.go.kr/
	김해시 농업기술센터	https://www.gimhae.go.kr/
	밀양시 농업기술센터	https://www.miryang.go.kr/agr/
	거제시 농업기술센터	https://www.geoje.go.kr/atc/
	양산시 농업기술센터	https://www.yangsan.go.kr/farm/
	의령군 농업기술센터	http://www.uiryeong.go.kr/
	함안군 농업기술센터	https://www.haman.go.kr/rda.web
	창녕군 농업기술센터	https://www.cng.go.kr/life/agri/
	고성군 농업기술센터	https://www.gwgs.go.kr/atc/
	남해군 농업기술센터	https://www.namhae.go.kr/agriculture/
	하동군 농업기술센터	https://www.hadong.go.kr/
	산청군 농업기술센터	https://www.sancheong.go.kr/
	함양군 농업기술센터	https://www.hygn.go.kr/
	거창군 농업기술센터	https://www.geochang.go.kr/agriculture/
	합천군 농업기술센터	http://www.hc.go.kr/
제주도 농업기술센터	제주 농업기술센터	https://agri.jeju.go.kr/
	서귀포 농업기술센터	https://agri.jeju.go.kr/seogwipo/
	동부 농업기술센터	https://agri.jeju.go.kr/dongbu/
	서부 농업기술센터	https://www.jeju.go.kr/

농업 관련 기관

기관명	웹 사이트
농림축산식품부	https://www.mafra.go.kr/
국립종자원	https://www.seed.go.kr/
국립농산물품질관리원	https://www.naqs.go.kr/
한국농어촌공사	https://www.ekr.or.kr/
국립산림품종관리센터	https://nfsv.forest.go.kr/
한국작물보호협회(농약정보센터)	https://www.koreacpa.org/
농림축산검역본부	https://www.qia.go.kr/
한국농촌경제연구원	https://www.krei.re.kr/krei/
산림청	https://www.forest.go.kr/
국가통계포털	https://kosis.kr/
FAOSTAT(FAO 통계 사이트)	https://www.fao.org/
한국농수산대학	https://www.af.ac.kr/

신문/잡지

신문/잡지명	웹 사이트
농민신문	https://www.nongmin.com/
농업인신문	http://www.nongupin.co.kr/
한국농어민신문	http://www.agrinet.co.kr/
한국4-H 신문	http://www.4hnews.kr/
한국농기계신문	http://www.kamnews.co.kr/
농수축산신문	http://www.aflnews.co.kr/
농촌여성신문	https://www.rwn.co.kr/
농축유통신문	http://www.amnews.co.kr/
원예산업신문	http://www.wonyesanup.co.kr/
농업정보신문	http://www.nongup.net/
월간원예	http://www.hortitimes.com/
농경과원예	http://www.digitalagro.com/
팜마켓	http://www.pharmmarket.net/
디지털농업	http://www.dnong.co.kr/

학회/연구회/동호회/귀농·귀촌/교육/기타

기관명	웹 사이트
한국응용생명화학회	https://ksabc.kr/
한국미생물 생명공학회	https://www.kormb.or.kr/
한국미생물학회	http://www.msk.or.kr/msk/main.asp
한국화훼산업육성협회	http://www.ksfs.kr/
한국균학회	https://www.mycology.or.kr/
대한본초학회	https://herbology.accesson.kr/
녹숭아사랑농호회	http://www.ilovepeach.or.kr/
더농부	https://post.naver.com/
도농인력중계 서비스	https://www.agriwork.kr/
한국도시농업연구회	http://www.urbanagrikorea.com/
감귤사랑동호회	http://www.jejunews.com/
한국약용작물학회	https://www.medcrop.or.kr/
고려인삼학회	https://www.ginsengsociety.org/
한국응용약물학회	https://www.ksap.or.kr/
우리한국배연구회	http://ilovepear.co.kr/
귀농귀촌종합센터	https://www.returnfarm.com
농다락	https://blog.naver.com/rda2448
농업교육포털	https://agriedu.net/
사과사랑동호회	http://www.iloveapple.co.kr/
한국원예학회	https://www.horticulture.or.kr/
한국육종학회	https://www.breeding.or.kr/
한국식물병리학회	https://www.kspp.org/
한국식품저장유통학회	http://www.kosfop.or.kr/
한국야생식물연구회	https://www.wildflower114.com/
전국귀농운동본부(사)	http://www.refarm.org/
모두가 도시농부	https://www.modunong.or.kr/

주요 농산물의 적정 저장 온도 및 습도(저온 창고)

재배 지역 기후, 생육 상태, 토질 등에 따라 저장 조건이 다소 변할 수 있습니다.

품명	온도(℃)	습도(%)	저장 기간	품명	온도(℃)	습도(%)	저장 기간
가지	7~10	85~90	7~10일	살구	−0.5~0	85~90	1~2주
감	1	85~90	1~2개월	상추	0~1	90~95	2~4주
감로메론	7~10	85~90	2~4주	생강	13~15	90~95	6~10개월
감자	1~4	80~05	5~8개월	서양추리	−0.6~0	80~85	3~4주
건포도	0	90	2주	석류	1~2	85~90	2~4주
검은딸기	−0.6~0	85~90	7일	송이버섯	0~5	65~70	7~10일
고구마	13~16	90~95	4~6개월	수박	2~4	85~90	2~3주
나무딸기(흑)	−0.6~0	85~90	7일	순무	−0.5~0	90~95	2~4개월
넝쿨월귤	2,4~4,4	85~90	1~4개월	시금치	0~10	90~95	10~14일
느타리버섯	0~1	85~90	3~5일	쌀	13~14	70~75	24개월
단감	−1~0.5	85~90	2개월	악어배	7~13	85~90	4주
당근(잎 없음)	0~1	90~95	4~5개월	야콘	3~7	90~95	4개월
돼지감자	−0.5~0	90~95	2~5개월	양배추	0~1	90~95	3~4개월
듀베리	0,6~0	85~90	7~10일	양파	−1~0	70~85	6~8개월
딸기	0.5~0	85~90	7~10일	여름밀감	3~5	80~85	2~3개월
레몬(녹색)	13~15	85~90	1~4개월	오이	7~10	90~95	10~14일
레몬(황색)	5	85~90	3~6주	옥수수	−0.5~0	85~90	4~8개월
마늘	−0.5~0	70~75	6~8개월	완두(생)	0	85~90	1~2개월
망고	10	85~90	2~3주	우엉	0~1	85~90	2~4주
매실	−0.5~0	85~90	3~8주	월귤	0~1,7	85~90	3~6주
메론	2	85	1개월	인삼	0	95~98	4~5개월
무	0~1	85~90	4~5개월	자두	−0.5~1	85~90	3~4주
무화과	−1~0	85~90	5~7주	죽순	0~1	85~90	2~4주
밀감	2~4	85~90	4~5개월	코코넛	0,6~0	85~90	1~2개월
바나나(녹색)	12~15	85~90	10~20일	키위	0	90	4~6개월
바나나(황색)	15~22	85~90	5~10일	토마토(미숙)	13~21	85~90	2~4주

밤	−1~1	85~90	3개월	토마토(완숙)	7~10	85~90	3~7일
배	−1~0	85~90	3~5개월	파	0~1	90~95	1~3개월
배추	0~1	85~90	1~3개월	파인애플(미)	10~16	85~90	3~4일
버섯	0~2	85~90	3~5일	파인애플(완)	4~7	85~90	2~3주
버찌	−0.5~0	85~90	10~14일	파파야	7,2	85~90	2~3주
복숭아	−0.5~0	85~90	2~4주	포도	−0.5~0	85~90	3~6주
부추	0~1	85~90	1~3개월	표고버섯	0~1	85~90	3~5일
블루베리	−0.6~0	90~95	2주	풋콩	0~4	85~90	7~13일
사과	−1~0	85~90	2~3개월	호박(겨울)	10~13	70~75	2~6개월
사향참외	7~10	85~90	4~6주	호박(여름)	0~4	85~90	10~14일

Memo

Memo

Memo